古典名著普及文库

幼学琼林

曹日升 导读 注译

岳麓書社·长沙

出版说明

中国古典名著是中华优秀传统文化的重要载体，今天人们要学习传统文化，如果说有所谓捷径可寻，那恐怕就是直接阅读古典名著了。长期以来，为大众读者出版古典名著的普及读物一直是本社的重要使命。约三十年前，我们便出版了“古典名著普及文库”，收书五十余种，七十余册，蔚为大观。这套书命名为“普及”，首先是因为采用了简体字横排的排版方式。当时的古典名著图书，以未经整理的影印本和繁体竖排本居多，大众读者阅读有障碍，故本文库的推出，确有普及之效。其次，我们提出要让读者“以最少的钱买最好的书”，定价远低于当时同类型品种。基于此，这套“普及文库”迅速流向读者的书架，销量极大，功在普及不浅。

当年这套书，所收各书都是文言文全本，无注释，不翻译，对于今天的大众读者来说，已经很难起到普及作用了。而且，读者如果仅仅出于品鉴、入门的需要，也无须通读大部头的全本古籍。因而，我们推出这套全新的“古典名著普及文库”，在选目上广泛听取国内名校学者们的建议，收录经、史、子、集四部之中第一流的名著一百余种，邀请学有专攻的学者精心注释、翻译，并加以导读。篇幅大的经典，精选菁华，篇幅适中的出版全本，个别篇幅小的，则将主题相近的品种合刊为一册。

我们希望有更多的人能够买得起、读得懂中国的古典名著，接受中华优秀传统文化的滋养。这一套轻松好读又严谨可靠的普及文库，便是我们努力实践这一理念的结果。

前 言

在传统的蒙学书中，有一种流行很广、影响很大的体裁，就是用骈俪句式编写的各种知识读物，特别是历史文化常识读物。

句式对偶，如果再押韵，用一句或几句话来介绍一位历史人物或历史典故，介绍自然界和人类社会各方面的知识，使儿童读起来朗朗上口，饶有兴味，既能识字，又能增长知识，以至终生不忘，这是古代蒙学书在内容和编写方法上的一个革新，一个进步，一个新的发展。唐代的《兔园册》今天已看不到原书了，是否属于这方面的内容，难以肯定。唐李翰的《蒙求》可能是这类书流传至今的最古的一种，后来又发展为明清以来广泛流行的《幼学琼林》一书。

这本书原名《幼学须知》，又有过《成语考》《故事寻源》等异名，一般认为明末西昌人程登吉（字允升）原编，但也有人说是明代景泰年间进士丘濬所编，后来通行的本子则是清代人邹圣脉增补注释的《幼学故事琼林》。但在过去私塾中，常略去增补部分不读。为求篇幅和内容的精悍适用，本书也略去了增补部分，加以今注今译，以求适合今天的广大读者阅读欣赏。

“读了《增广》会说话，读了《幼学》走天下。”这是旧时人们对二书的评语。这话有一定的道理。过去一些读书不多的人，却能懂得不少成语典故，在日常应用中还能得心应手，往往是得力于《幼学琼林》一书。这是一本古代启蒙用的正宗类书，是一本兼百科全书和资料汇编性质的古籍。三国魏时类书《皇览》今已不存。唐代类书中的巨著《艺文类聚》分四十六部，列子目七百二十七；专供唐玄宗诸子学习用的《初学记》分二十三部，列子目三百一十三。《幼学琼林》分三十三部，未分子目，计联一千二百六十一。三书都是按天、地、人分类，人部又以朝廷为首，文臣、武职次之，亲、师、友等又次之，然后是身体、衣服、饮食、器用、制作、技艺，以鸟兽、花木等结束。《幼学琼林》作为类书，远不如《北堂书钞》《艺文类聚》《太平御览》那样声名赫赫，但其入人之深、普及之广、效用之大，则胜过这些皇皇巨著。它包括了自然界和人类社会各方面的知识，书中辑录的资料，不仅涉及群经正史、诸子百家，还涉及许多稗官野史、方志异闻，特别是广泛吸收了多种"蒙求"的材料，分类录事，对偶成句，言简意赅，易读易记。古时人们日常所用文字、成语典故，多包括在内。在一定意义上，它也可以说是一本可诵读的成语典故小词典。它释文简练而又比较恰当，用语不多而又解释清楚。如：

无言曰缄默，息怒曰霁威。

大笑曰绝倒，众笑曰哄堂。

彼此不合曰龃龉，欲进不前曰趑趄。

受人牵制曰掣肘，不知羞愧曰厚颜。

只有几个字，就把词语的意思解释明白了。有时字数稍多，也不超过一个简单的句子，如：

赞襄其事，谓之玉成；分裂难完，谓之瓦解。

同恶相帮，谓之助桀为虐；贪心无厌，谓之得陇望蜀。

事有大利，曰奇货可居；事宜鉴前，曰覆车当戒。

不修边幅，谓人不饰仪容；不立崖岸，谓人天性和乐。蕞尔幺麽，言其甚小；卤莽灭裂，言其不精。

读熟了这些句子，也就记住了这些成语的意义。词典而可读，事半而功倍，这是编撰者的一个创造。

在内容上，书中包括了许多神话传说、历史故事、人物掌故。如：

后羿妻，奔月宫而为嫦娥；傅说死，其精神托于箕尾。

刎颈交，相如与廉颇；总角好，孙策与周瑜。

苻坚自夸将广，投鞭可以断流；毛遂自荐才奇，处囊便当脱颖。

还包括了许多格言，或将典故、格言二者结合在一起。如：

智欲圆而行欲方，胆欲大而心欲小。

为善则流芳百世，为恶则遗臭万年。

兼听则明，偏听则暗，此魏徵之对太宗；众怒难犯，专欲难成，此子产之讽子孔。

求士莫求全，毋以二卵弃干城之将；用人如用木，毋以寸朽弃连抱之材。

成语、典故、格言，三者结合得天衣无缝，既是妙语，又是对句，一经记诵，即终生不忘，终生受用。

本书编写的高明之处，还在于它打破了四言、五言、七言的限制，内容决定形式，当长则长，当短则短，只求偶句成对，不强求整齐押韵；同时按内容分类编排，便于检索。古时的平民百姓从中学习了圣贤经传、诸子百家的伦常观念和历史知识，熟悉了常见的成语典故和生活常识，对他们的文化传递就是通过这些书完成的。

本书成书于明代，不可避免地带有封建思想意识，如“何谓三从？从父、从夫、从子；何谓四德？妇德、妇言、妇工、妇容”，即是宣扬“三从四德”的封建伦常，而这正是封建社会套在妇女身上的枷锁。还有一些宣扬宿命论的内容，如“命之修短有数，人之富贵在天”之类，不过也都来源于其他典籍，并非杜撰。如上述两句，即出自《论语》中的“死生有命，富贵在天”。因而，它作为一种文化史和教育史的研究资料，一种文化的历史积淀，读者略予涉猎，仍然可以起到了解古代文化和社会的作用——使读者了解我们的先人是在一种什么样的文化氛围里形成自己的伦理道德观念、价值观念和其他传统观念，了解封建时代的文化教育是怎样向平民阶层、儿童教育领域进行渗透的。从这个意义上说，保存并刊印这些图书，无疑是十分必要的。

由于此书曾风行全国，遍及城乡，一些老年读者重读此书，大有返老还童、如逢旧友之感，因而对他们来说，还有愉悦身心的作用。但不管从什么角度去阅读此书，都既要看到它作为优秀蒙学课本的一面，也要看到书中部分内容的思想局限性。相信读者自能鉴别，取其有益，避其所短，从而真正做到开卷有益。

喻岳衡

目 录

卷一

卷二

卷三

卷四

卷一

天 文[1]

导读

本篇分为两部分。前一部分从日、月、风、雷等的运行情况，形象地说明宇宙间的自然现象，并引出各类天神，使传说更为生动、逼真。

后一部分紧扣前一部分，形象地说明人事与自然现象的关系。在作者看来，上天可以主宰人事，但人事也可以感动上天，天人合一也就顺理成章。例如“齐妇含冤”，上天就“三年不雨”；“邹衍下狱”，上天就“六月飞霜”。

原文

混沌初开[2]，乾坤始奠[3]。气之轻清，上浮者为天；气之重浊，下凝者为地[4]。日月五星，谓之七政[5]；天地与人，谓之三才[6]。日为众阳之宗[7]，月乃太阴之象[8]。虹名䗖蝀[9]，乃天地之淫气[10]；月里蟾蜍，是月魄之精光[11]。

译文

混沌的元气一经分开，天和地也就奠定了。轻薄的清气向上浮起便成了天，厚重的浊气向下凝结就成了地。太阳、月亮和金、木、水、火、土五大行星，称之为七政；天、地和人，称之为三才。太阳是一切阳性事物的宗主，月亮是极盛阴气的象征。虹的别名叫䗖蝀，古人认为是天地间的不正之气所形成；月亮里的蟾蜍，是月亮的精华和光彩。

注释

1 **天文:**日月星辰等天体在宇宙间分布运行等现象。古人把风、云、雨、露、霜、雪等现象也列入天文范围。

2 **混沌:**我国传说中指宇宙形成以前模糊一团的元气状态。

3 **乾坤:**《易经》中的两个卦名。“乾”指天,“坤”指地。

4 **“气之轻清”联:**《说文解字》:“地,元气初分,轻清阳为天,重浊阴为地。”

5 **七政:**指太阳、月亮和金、木、水、火、土五大行星。

6 **三才:**指天、地和人。因为天地能生万物,人又是万物之灵,所以合称“三才”。才,能也。

7 **众阳之宗:**一切阳性事物的宗主。

8 **太阴之象:**极盛阴气的象征。日月对举,日称太阳,故月称太阴。

9 **虹:**天空中的小水珠经日光照射发生折射和反射作用而形成的圆弧形彩带,别名蝃蝀(dì dōng)。

10 **淫气:**不正之气。古人认为虹乃阴气所为,阳气下而阴气应则为虹。天地之淫气,随日所映,朝西暮东。

11 **蟾蜍:**传说月亮里面有三条腿的蟾蜍,因此古代诗文里常用来指月亮。张衡《灵宪》载,夏代后羿请不死之药于西王母,其妻嫦娥窃而食之,奔月宫,遂化为蟾蜍。 **月魄:**指月初生或圆而始缺时不明亮的部分。亦泛指月亮、月光。 **精光:**精华和光彩。

原文

风欲起而石燕飞[1],天将雨而商羊舞[2]。旋风名为羊角[3],闪电号曰雷鞭[4]。青女乃霜之神[5],素娥即月之号[6]。雷部至捷之鬼曰律令[7],雷部推车之女曰阿香[8]。云师系是丰隆[9],雪神乃为滕六[10]。

译文

大风将要刮起时,石燕就会飞起来;上天将要下雨时,商羊就会舞起来。旋风的别名叫羊角,闪电的称号叫雷鞭。青女是管霜的神,素娥就是月亮的名号。雷部里跑得最快的鬼叫律令,雷部里推车的女鬼叫阿香。管云的法师是丰隆,管雪的天神是滕六。

注释

1 **石燕:**形状如燕的石块。《舆地志》载,零陵山多石燕,遇风雨起而群飞,雨止仍复为石。

2 **商羊:**传说中的鸟名。《说苑·辨物》载,齐有一足鸟,遣使问孔子,孔子说:“此商羊也。昔有童子屈其一足,展臂而跳,歌曰:‘天将大雨,商羊鼓舞。’今齐有之,将大雨矣。”

3 **羊角:**形容旋风旋转如羊角的状态。

4 **雷鞭:**驱雷的鞭子。《淮南子·天文训》:“雷以电为鞭。电光照处,谓之列缺。”

5 **青女:**神话传说中掌管霜雪的女神。

6 **素娥:**月中女神嫦娥的别称。因月色白,故嫦娥又称素娥。

7 **至捷:**跑得特别快。 **律令:**人名。传说是周穆王时人,因走路很快,死后在雷部做小鬼。

8 **阿香:**神话中的雷部推车女鬼。《搜神后记》载,晋时,仪兴有一个姓周的,一天到郊外,日暮时至道旁草舍中,见一女子,周求宿。二更时候,闻门外有小儿呼曰:“阿香,官唤汝推车。”女出,忽然雷雨骤至。第二天视宿处,乃一新冢。

9 **丰隆:**管云的法师,一说为神话中的雷神。

10 **滕六:**神话中的雪神。牛僧儒《玄怪录》载,唐代衡州刺史萧志忠欲外出打猎,有樵者见群兽求救于九冥使者,使者曰:“若祈滕六降雪,巽二起风,萧使君不复出矣。”天未明,风雪大作,忠果不出。

原文

欻火、谢仙,俱掌雷火[1];飞廉、箕伯,悉是风神[2]。列缺乃电之神[3],望舒是月之御[4]。甘霖、甘澍,俱指时雨[5];玄穹、

译文

欻火和谢仙,都掌管雷火;飞廉和箕伯,都是风神。列缺是闪电神,望舒是月宫里驾车的神。甘霖和甘澍,都是指下得及时的好雨;玄穹和彼苍,都称代上天。六瓣的雪花飞舞,预兆明年将是一个丰收年;太阳已经

彼苍，悉称上天[6]。雪花飞六出，先兆丰年[7]；日上已三竿，乃云时晏[8]。蜀犬吠日，比人所见甚稀[9]；吴牛喘月，笑人畏惧过甚[10]。

升上三竿高，是说时间不早了。蜀地因山高少日，所以当地的狗看见太阳就对着太阳狂吠，是比喻人见识太少；吴地的水牛看见月亮便气喘吁吁，用来讥笑人畏惧得太过分了。

注释

1 **欻(xū)火、谢仙**:神话中两个掌管雷火的鬼。

2 **飞廉、箕伯**:传说中的风神。

3 **列缺**:神话中的闪电神。

4 **望舒**:神话中为月亮驾车的神。

5 **甘霖、甘澍**:犹时雨。指适时而有益于农事的雨。

6 **玄穹、彼苍**:二者均指天。玄，天青色；穹，穹隆，古人视天形圆如穹隆；苍，青色。

7 **六出**:雪花的结晶成六角形，称为六出，因用为雪花的别名。

8 三竿:形容太阳已升得很高，时近中午。**晏**:晚。

9 **蜀犬吠(fèi)日**:柳宗元《与韦中立论师道书》载，蜀地山高雾重，很少见到阳光，因而当地的狗见到太阳，就狂吠不已。人们以此讥讽人少见多怪。蜀，四川；吠，狗叫。

10 **吴牛喘月**:吴牛，江淮一带的水牛。吴地炎热的时间较长，水牛怕热，见到月亮以为是太阳，就喘起气来。比喻因疑心而害怕。

原文

望切者，若云霓之望[1]；恩深者，如雨露之恩。参商二星，其出没不相见[2]；牛女两宿，唯七夕一相逢[3]。后羿妻，奔月宫而为嫦娥[4]；傅说死，其精神托于箕尾[5]。

译文

希望迫切的人，就像久旱望云霓；受恩深厚的人，如同万物得到了雨露的滋润。参、商二星，你出我没，永远不能相见；牛郎、织女两个星宿，只有每年的七月初七才相会一次。后羿的妻子，跑到月宫变成了嫦娥；傅说死后，他的灵魂依托在箕星、尾星之间。

注释

1 **云霓**(ní)**:**下雨的征兆。云常为下雨的先兆，虹的出现在雨后。云霓之望，即盼望下雨。霓，虹的一种。

2 **参**(shēn)**商:**二星名。参星在西，商星在东，此出彼没，永远不得相见。《左传·昭公元年》载，传说高辛氏有两个儿子，大的叫阏伯，小的叫实沈。因为不能相容，每天互相攻打，帝尧就把阏伯迁到商丘，主商星，将实沈迁到大夏，主参星。后以此比喻兄弟不和，也比喻双方隔绝。

3 **牛女两宿:**即牛郎星和织女星。《续齐谐记》载，天河之东有织女，是天帝孙女，勤习女工，无暇整理仪容。天帝怜其独居，将织女许嫁河西牵牛郎。织女嫁后竟废女工。天帝因此发怒，令织女仍回河东，只有每年七月七日才能与牛郎相会一次。

4 **嫦娥:**月神名。关于神话嫦娥奔月的故事流传既早又广，而且说法也各异。《山海经·大荒西经》作"常羲"，说是帝俊之妻。《淮南子·览冥训》作"姮娥"，说是后羿之妻，因偷吃了不死之药奔月宫。《灵宪》说嫦娥奔月后化成了蟾蜍。但历代文学艺术作品中都把她作为美人的典型。 **后羿:**夏代东夷族首领，原为有穷氏部落首领，善射。神话传说尧时十日并出，植物枯死，猛兽大鸟长蛇为害。他射去九日，射杀猛兽大鸟长蛇，为民除害，于是天下太平。

5 **傅说**(yuè)**:**殷商贤臣。他原是傅岩从事版筑的奴隶，后被武丁任用为相，治理天下。傅说死后，其精神升天，乘东维，骑箕尾两星之间，与众星并列。 **箕、尾:**星名，都属二十八宿。

原文

披星戴月，谓早夜之奔驰[1]；沐雨栉风，谓风尘之劳苦[2]。事非有意，譬如云出无心[3]；恩可遍施，乃曰阳春有脚[4]。馈物致敬，曰敢效献曝之忱[5]；托人

译文

身披星光出去，头顶月亮回来，是说早晚都在奔忙操劳；雨洗头，风梳发，是说尘世间的奔波劳苦。事情并非有意去做，好比白云无意间从山峰中飘浮而出；恩惠可以遍施，就说是阳春普照万物。赠送礼物表达敬意，要说是敢效仿古人献曝的诚

转移,曰全赖回天之力[6]。感救死之恩曰再造[7],颂再生之德曰二天[8]。势易尽者若冰山[9],事相悬者如天壤[10]。晨星谓贤人寥落[11],雷同谓语言相符[12]。	意;托人斡旋,要说是全靠他的回天之力。感谢别人的救命之恩,说是再次给我生命;称颂别人再生的德行,说是有两个天的庇佑。权势易于衰落,就像容易消融的冰山;事情相差悬殊,就像相距遥远的天和地。晨星是说贤人稀少,雷同是说话语相同。

注释

1 **披星戴月:**身披星光出去,头顶月亮回来。形容早出晚归或日夜奔波,备极辛劳。

2 **沐雨栉(zhì)风:**雨洗头,风梳发。形容旅途奔波的劳苦。

3 **云出无心:**陶渊明《归去来兮辞》:"云无心以出岫。"是说白云无意识地从山峰中飘浮而出。岫(xiù),本指山中洞穴,这里泛指山峦、山峰。

4 **阳春有脚:**春天的阳光就像有脚一样,普照万物。比喻给人带来温暖。

5 **献曝之忱:**言所献之物不足珍贵,但情真意切。《列子·杨朱》:"宋国有田夫,常衣缊黂,仅以过冬。暨春冬作,自曝于日,不知天下之有广厦隩室,绵纩狐狢。顾谓其妻曰:'负日之暄,人莫知者,以献吾君,将有重赏。'"后因以"献曝"为献计或献物的谦词。献,进;曝,日晒,这里用作名词。

6 **转移:**迁徙、移动。这里是周旋、斡旋的意思。 **回天:**封建社会以皇帝为天,凡能谏止皇帝某种行为者称"回天"。后以"回天"比喻力能转移极难挽回的事势。

7 **再造:**再生,获得第二次生命。对重大恩德的感激之词。

8 **二天:**是说得到两个天的庇佑。古诗文中常以"二天"为感恩之词。

9 **冰山:**冰山见太阳就消融,比喻不可长久依傍的权势。

10 **天壤:**天上和地下。比喻相距遥远,差别极大。

11 **晨星:**清晨的星。比喻稀少。 **寥落:**稀疏。

12 **雷同:**人云亦云,也泛指相同。

原文

心多过虑，何异杞人忧天[1]；事不量力，不殊夸父追日[2]。如夏日之可畏，是谓赵盾；如冬日之可爱，是谓赵衰[3]。齐妇含冤，三年不雨[4]；邹衍下狱，六月飞霜[5]。父仇不共戴天[6]，子道须当爱日[7]。

译文

心中忧虑过多，与杞人忧天没有什么差别；做事不量力而行，与夸父追日没有什么不同。像夏日那样炎热可怕，是说晋国大夫赵盾使人畏惧；像冬日那样和暖可爱，是说赵盾的父亲赵衰令人亲近。齐国有个孝妇含冤而死，那个地方三年没有下雨；邹衍蒙冤下狱，六月间竟然飞起霜来。不能跟杀父的仇人同在一个天底下生活，为人子女的尽孝道就应当珍惜父母在世的每一天。

注释

1 **杞人忧天:**《列子 · 天瑞》载，杞国有个人，怕天塌下来他将无处存身，因此愁得觉也不睡，饭也不吃。比喻不必要的或无根据的忧虑。

2 **夸父追日:**传说古代有个夸父，拼命追赶太阳，在路上渴得厉害，先后饮了黄河和渭河的水，还觉不够，又赶往北方的大湖，还没到就渴死在路上，他丢下的木杖后来化成了一片桃林。见《山海经·海外北经》。这则神话故事表现了古代人民征服自然的坚强决心，也用以指不自量力。

3 **"夏日之可畏"联:**《左传 · 文公七年》："酆舒问于贾季曰：'赵衰、赵盾孰贤？'对曰：'赵衰，冬日之日也；赵盾，夏日之日也。'"杜预注："冬日可爱，夏日可畏。"赵衰(cuī)，即赵成子，春秋时晋国之卿。赵盾，即赵宣子，赵衰之子，春秋时晋国执政。

4 **齐妇含冤:**汉代东海郡有孝妇窦氏，赡养婆婆非常恭顺。婆婆怕拖累守寡的儿媳，便上吊身亡。事后，小姑诬告窦氏杀母，郡守竟杀孝妇，因此郡中连续干旱三年。见《汉书 · 于定国传》。

5 **邹衍下狱:**邹衍，战国时齐人，阴阳家的代表人物。他曾在燕国事奉昭王，颇得信任，昭王师事之。后昭王崩，惠王听信谗言，下衍于狱，冤不能白。衍仰天大哭，时值六月（一说五月），天忽然下起霜来。见《太平御览·天部·霜》。

6 **不共戴天**：不跟仇敌在同一个天底下生活，形容仇恨极深。戴，顶着。

7 **子道须当爱日**：扬雄《法言·孝至》："不可得而久者，事亲之谓也，孝子爱日。"后因称子奉侍父母的时日为爱日。子道，子女事奉父母的职责。

原文

盛世黎民，嬉游于光天化日之下[1]；太平天子，上召夫景星庆云之祥[2]。夏时大禹在位，上天雨金[3]；《春秋》《孝经》既成，赤虹化玉[4]。箕好风，毕好雨，比庶人愿欲不同[5]；风从虎，云从龙，比君臣会合不偶[6]。雨旸时若，系是休征[7]；天地交泰，斯称盛世[8]。

译文

兴盛时代的百姓，能在光天化日之下嬉戏游乐；太平时候的皇帝，可感召上天出现景星、庆云的祥瑞。夏朝大禹在位时，因治水有功，天上下起了黄金雨；孔子修成《春秋》《孝经》后，天上一道赤虹化成了黄玉。箕星爱好风，毕星喜欢雨，好比众人的愿望各不相同；风随虎起，云从龙生，好比君臣相遇并非偶然。晴雨适时，气候调和，这是吉祥的预兆；天地之气融通，成就泰运，这就叫作太平盛世。

注释

1 **光天化日**：原来形容太平盛世，后来转而形容大庭广众或是非好坏谁都看得清楚的场合。光天，白天；化日，太阳光，亦借指白昼。

2 **景星庆云**：古人认为是太平盛世出现的祥瑞。景星，也称瑞星、德星。"其状无常，常出于有道之国"。见《史记·天官书》。庆云，五色云，祥瑞之云。"庆云见，喜气也"。见《汉书·天文志》。

3 **上天雨金**：传说大禹平治水土，功齐天地，是时天雨金三日，雨稻三日三夜。见任昉《述异记》。

4 **《春秋》**：儒家经典之一。我国第一部编年体史书，相传孔子依据鲁国史官所编《春秋》加以整理修订而成。**《孝经》**：儒家经典之一。作者说法不一，以孔门后学所作一说较为合理。 **赤虹化玉：**传说孔子修成《春秋》《孝经》，告于天，赤虹自天而下，化为黄玉，长三尺，上有刻文，孔子跪而受之。见干宝《搜神记》。

5 **箕好风，毕好雨：**比喻百姓的好恶不同。箕、毕，星宿名。 **庶人：**西周、春秋时对农业生产者的称谓。秦汉以后泛指没有官爵的平民。

6 **风从虎，云从龙：**《易·乾》："云从龙，风从虎，圣人作而万物睹。"比喻明君贤臣意气相投。 **会合不偶：**相遇并非偶然。

7 **雨旸(yáng)时若：**晴雨适时，气候调和。雨，下雨；旸，天晴；若，顺。 **休征：**美好的征兆。

8 **天地交泰：**指天地万物都处在一种顺畅通达、兴旺发达的状态。《易·泰》："天地交，泰。"泰，卦名。

地　舆[1]

导读

本篇分为两部分。前一部分从"黄帝画野，始分都邑；夏禹治水，初奠山川"的历史传说说起，然后说到各地称谓的变迁，如南京别名金陵，东鲁西鲁即指山东山西，脉络清晰，读来一目了然。接着明确地指出"天下之五岳"与"天下之五湖"的构成，最后说到与湖海相关联的一些人和事，使人耳目一新。

本篇后一部分，作者紧扣篇名作文章，大量运用成语，如"平地风波""中流砥柱"等，还常将相对立或相关联的两件事连在一起，说服力极强，读来令人印象深刻，受益匪浅。

原文

黄帝画野，始分都邑[2]；夏禹治水，初奠山川[3]。宇宙之江山不改[4]，古今之称谓各殊。北京原属幽燕，金台是其异号[5]；南京原为建业，金陵又是别名[6]。浙江是武林之区，原为越国[7]；江西是豫章之郡，又曰吴皋[8]。福建省属闽中[9]，湖广地名三楚[10]。

译文

黄帝划分疆土之后，才区分了都、邑等行政区域；夏禹治理洪水之后，才奠定了山河的走向和位置。天地之间的山河不会改变，但古往今来对它们的称呼却各有不同。北京原本属于幽燕的地域，金台是它的别号；南京原来叫建业，金陵又是它的别名。浙江省是武林所在的地域，在古代原是越国的领土；江西省古代属于豫章郡，又叫吴皋。福建省秦代属于闽中郡，湖广行省的地域古代名叫三楚。

注释

1 **地舆**：地理学的旧名。

2 **黄帝画野**：黄帝时开始划分疆土的界限。黄帝，古代传说中中原各族的共同祖先，姬姓，有熊国国君，号有熊氏，居轩辕之丘，又号轩辕氏。画野，划分界限。 **都邑**：古代行政区划名。《周礼·地官·小司徒》："九夫为井，四井为邑，四邑为丘，四丘为甸，四甸为县，四县为都。"

3 **夏禹治水**：夏禹，原为夏后氏部落领袖，奉舜帝之命治理洪水，后因治水有功，被舜选为继承人。 **奠**：定。这里指以山川定界域。

4 **宇宙**：天地万物的总称。《淮南子·原道训》："纮宇宙而章三光。"高诱注："四方上下曰宇，古往今来曰宙，以喻天地。"

5 **幽燕**：地区名。今河北北部及辽宁一带。战国时属燕国，唐以前属幽州，所以称"幽燕"。 **金台**：相传为燕国昭王所筑。燕昭王置千金于台上，招揽天下有才干的人，故名金台。后世慕名，今北京市及保定市皆有台以"黄金"为名。这里指代北京。

6 **南京**：今南京市。战国楚威王七年灭越国后置金陵邑；东汉建安十六年孙权自京口徙治秣陵,第二年改名建业,治所在今南京市,后定都于此;东晋及南朝诸帝均建都于此,改名建康;五代杨吴置金陵府;南唐改为江宁府;明洪武帝建都于此,改名南京。

7 **武林:**杭州的别称。因杭州西有武林山(又名灵隐山)而得名。 **越国:**古国名,亦称“於越”,姒姓。相传始祖是夏代少康的庶子无余,建都会稽。浙江在春秋时主要为越国之地。

8 **豫章:**郡名。楚汉之际置,郡治南昌,辖境相当于今江西省地。元朝置江西行中书省,故有江西省之称。 **吴皋:**吴国的边界。皋,岸。江西在春秋战国时是吴、越两国的交界,因此又称“吴皋”。

9 **闽中:**郡名。战国秦王嬴政二十五年置,郡治在冶县,辖境相当于福建全省和浙江宁海、天台以南地区。

10 **湖广:**即湖广行省,元朝至元中置。明朝初年地域有所变动,辖境在今湖南、湖北两省地。三**楚:**古地区名。秦汉时分楚地为西楚、东楚、南楚,概称“三楚”。后多用“三楚”泛指湖南、湖北一带。

原文

东鲁西鲁,即山东山西之分[1];东粤西粤,乃广东广西之域[2]。河南在华夏之中,故曰中州[3];陕西即长安之地,原为秦境[4]。四川为西蜀[5],云南为古滇[6]。贵州省近蛮方,自古名为黔地[7]。

译文

东鲁和西鲁,就是山东、山西两省的名号;东粤和西粤,就是广东、广西两省的地域。河南省地处华夏的中部,所以叫作中州;陕西省就是长安所在的地方,原本是古代秦国的辖境。四川省就是西蜀,云南省就是古代的滇国。贵州省接近古代南蛮的区域,自古以来就被称作黔地。

注释

1 **鲁:**今山东泰山以南的汶、泗、沂、沭水流域,是春秋时鲁地。秦汉以后仍沿称这地区为鲁,近代又用为山东省的简称。古时称山东、山西为东鲁、西鲁。

2 **粤**:同“越”,古族名,泛称百粤。广东、广西本百粤之地,因此又称粤东、粤西,或称东粤、西粤。粤,后用作广东省的简称。

3 **华夏**:原指我国中原地区,后又为我国的古称。 **中州**:古地区名。指中原地区。狭义的中州指今河南一带,因其地处九州之中得名。

4 **长安**:中国古都之一。汉高祖五年置县,七年定都于此。 **秦**:古国名。周分封的诸侯国,战国时成为七雄之一,后秦始皇统一中国,建立秦朝。

5 **西蜀**:指四川。蜀,古国名,秦时置蜀郡,三国时刘备建立蜀汉,因其地在中原以西,故称西蜀。

6 **滇**:云南省的简称。因有滇池得名。又因地在云岭之南,故称云南。

7 **蛮**:中国古代对长江中游及其以南地区少数民族的泛称。亦称“南蛮”。 **黔**:贵州省的简称。因省境大部分地区在战国、秦代属黔中郡,在唐代属黔中道,故名。

原文

东岳泰山,西岳华山,南岳衡山,北岳恒山,中岳嵩山,此为天下之五岳[1];饶州之鄱阳,岳州之青草,润州之丹阳,鄂州之洞庭,苏州之太湖,此为天下之五湖[2]。

译文

东岳泰山、西岳华山、南岳衡山、北岳恒山、中岳嵩山,这是天下著名的五座大山;饶州的鄱阳湖、岳州的青草湖、润州的丹阳湖、鄂州的洞庭湖、苏州的太湖,这是天下闻名的五个大湖。

注释

1 **五岳**:中国五大名山的总称。汉宣帝确定以今河南省登封市的嵩山为中岳,山东省泰安市的泰山为东岳,安徽省潜山市的天柱山为南岳,陕西省华阴市的华山为西岳,河北省曲阳县的恒山为北岳。其后又改湖南省衡阳市的衡山为南岳,隋以后遂成定制。明代又改今山西省浑源县的恒山为北岳。

2 **饶州**:隋开皇九年置州,治所在鄱阳,元至元中升为路,明初改鄱阳府,旋改饶州府。 **岳州**:隋开皇九年改巴州为岳州,治所在巴陵,元改为路,明改为府。 **润州**:隋开皇十五年置,治所在延陵,北宋时升为镇江府。 **鄂州**:隋开皇九年改郢州为鄂州,治所在江夏,元至元十四年改为路。 **苏州**:隋开皇九年改吴州为苏州,因姑苏山得名。明初改为苏州府。 **五湖**:五个大湖的总称。历来说法不一,近代一般以湖南省的洞庭湖、江西省的鄱阳湖、江苏省的太湖和洪泽湖、安徽省的巢湖为五湖。

原文

金城汤池,谓城池之巩固[1];砺山带河,乃封建之誓盟[2]。帝都曰京师[3],故乡曰梓里[4]。蓬莱弱水,唯飞仙可渡[5];方壶员峤,乃仙子所居[6]。沧海桑田,谓世事之多变[7];河清海晏,兆天下之升平[8]。

译文

城墙好像金属铸成,护城河如同沸水流淌,是说城池坚不可破;即使泰山变得像磨刀石一样小,黄河变得像衣带一样窄,但封国长存,这是汉高祖分封王侯的盟词。皇帝居住的国都叫作京师,家乡称作梓里。蓬莱和弱水,只有会飞的仙人能够渡过去;方壶和员峤,是神仙居住的地方。沧海桑田,是说人世间的事情有太多变化;河清海晏,是预兆天下太平。

注释

1 **金城汤池**:城墙好像金属铸成,护城河如同沸水流淌。比喻防守严密、坚不可摧的城池。汤,热水、开水。 **城池**:古时都邑四周有城垣及护城河,用来防守,故有"城池"之称。城,城墙;池,护城河。

2 **砺山带河**:泰山变得像磨刀石一样小,黄河变得像衣带一样细。比喻历时绵长而久远,任何动荡也决不变心。砺,磨刀石。 **誓盟**:誓言、盟词。

3 **京师**:天子所居之地,后世泛称国都。

4 **梓里**:犹桑梓,指故乡。古代家宅旁边常栽种桑树和梓树,因此后来用作故乡的代称。

5 **蓬莱**:古代传说东海中神山之一,为神仙所居。 **弱水**:古代神话传说中称险恶难渡的河海。

6 **方壶员峤**:古代传说中的两座仙山。《列子·汤问》:"渤海之东,不知几亿万里,有大壑焉……其中有五山焉:一曰岱舆,二曰员峤,三曰方壶,四曰瀛州,五曰蓬莱。"

7 **沧海桑田**:大海变为桑田,桑田又变为大海。比喻世事变化很大。

8 **河清海晏**:黄河的水变清了,大海也平静了。比喻天下太平。河,指黄河;晏,平静。

原文

水神曰冯夷,又曰阳侯[1];火神曰祝融,又曰回禄[2]。海神曰海若[3],海眼曰尾闾[4]。望人包容,曰海涵[5];谢人恩泽,曰河润[6]。无系累者,曰江湖散人[7];负豪气者,曰湖海之士[8]。

译文

水神叫冯夷,又叫阳侯;火神叫祝融,又叫回禄。海神叫海若,海眼叫尾闾。希望人家原谅自己,就说海涵;感谢别人的恩惠,叫作河润。没有牵挂、束缚的人叫作江湖散人,具有豪迈气概的人称为湖海之士。

注释

1 **冯夷**:传说中的黄河之神,即河伯。泛指水神。 **阳侯**:古代传说中的波涛神。他原是陵阳国侯,其国近水,溺死后成为波涛神。

2 **祝融**:传说中的火神。为高辛氏帝喾的火正(掌火官),以光明四海而称为祝融,死后为火神。后世称火灾为"祝融之灾",本此。 **回禄**:传说中的火神。后用作火灾的代称。

3 **海若**:传说中的海神名。

4 **海眼**:即泉眼。古人认为井泉的水,潜流地下,通江海,随潮涨落,故称海眼。 **尾闾**:古代传说中海水的归宿之处。尾,指百川之下;闾,指水聚之处。

5 **海涵**：气量大，能包容，如海之能纳百川。后常用为请人原谅之词。涵，包含、包容。

6 **河润**：施恩惠于人，就像河水浸润土地。

7 **系累**：牵累，连累。 **江湖散人**：闲散不拘、毫无牵挂的人。

8 **湖海之士**：形容性格爽朗豪放的人。

原文

问舍求田，原无大志[1]；掀天揭地，方是奇才[2]。凭空起事，谓之平地风波[3]；独立不移，谓之中流砥柱[4]。黑子弹丸，极言至小之邑[5]；咽喉右臂，皆言要害之区[6]。独立难持，曰一木焉能支大厦[7]；英雄自恃，曰丸泥亦可封函关[8]。事先败而后成，曰失之东隅，收之桑榆[9]；事将成而终止，曰为山九仞，功亏一篑[10]。

译文

只会买田置房的人，原本就没有什么大志；能够翻天覆地的人，才称得上才能出众。凭空发生的事情，称之为平地风波；一个人坚定不移地维持大局，称之为中流砥柱。黑子和弹丸，说的都是极小的城邑；咽喉和右臂，都是比喻重要的地方。仅凭一个人的力量维持不了局面，就说一根木头怎能支撑起即将倒塌的大屋子；英雄倚仗自己的勇敢，就说用一颗泥丸也能封住函谷关。做一件事情开头失败而最终获得成功，便说是失之东隅，收之桑榆；做一件事情快要成功了却忽然停止下来，这便叫作为山九仞，功亏一篑。

注释

1 **问舍求田**：置屋买田。形容只求个人小利，胸无大志。

2 **掀天揭地**：翻天覆地。

3 **平地风波**：刘禹锡《竹枝词》："常恨人心不如水，等闲平地起波澜。"比喻意外的纠纷或事故。

4 **中流砥柱**：比喻能担当重任、支撑危局的人。砥柱，河南省三门峡东的一座山，屹立于黄河中流。以山在激流中矗立如柱，故名

5 **黑子弹丸：**比喻地方极小。黑子，黑痣；弹丸，弹弓所用的泥丸、石丸或铁丸。

6 **咽喉：**咽与喉的并称。比喻扼要之处或关键部门。 **右臂：**人大多习惯于用右手做事，故以右臂比喻事物的要害部分。

7 **一木焉能支大厦：**比喻一个人的力量不能维持全局。焉，何，怎么。

8 **丸泥亦可封函关：**比喻地势险要，只要少量兵力就可以把守。后用为守险拒敌的典故。丸泥，揉泥使成丸形；封，封住，比喻阻挡来犯的敌人；函关，即函谷关，古关在今河南省灵宝市东北，战国秦置，因关在谷中，深险如函得名。

9 **失之东隅，收之桑榆：**东汉初，冯异与赤眉军作战，先败后胜。光武帝安慰他说："始虽垂翅回谿，终能奋翼黾池，可谓失之东隅，收之桑榆。"见《后汉书·冯异传》。后用以比喻开始虽然有失，但最终获得成功。东隅，东方，因日从东方出，故以东隅指早晨；桑榆，日落时光照桑榆树端，因以指日暮。

10 **为山九仞，功亏一篑：**堆很高的土山，由于只差一筐土而不能完成。比喻一件事只差最后一点而不能成功。含惋惜之意。仞，长度单位；亏，欠，差；篑，盛土的筐，这里指用筐装的土。

原文

以蠡测海，喻人之见小[1]；精卫衔石，比人之徒劳[2]。跋涉谓行路艰难[3]，康庄谓道路平坦[4]。跷地曰不毛之地[5]，美田曰膏腴之田[6]。得物无所用，曰如获石田[7]；为学已大成，曰诞登道岸[8]。淄渑之滋味可辨[9]，

译文

用瓢去测量海水，比喻人的见识极小；精卫鸟衔石头去填大海，比喻人做事白费力气。跋山涉水，形容行路艰难；康庄大道，是说道路平坦。坚硬瘠薄的土地叫作不毛之地，美好肥沃的田地叫作膏腴之田。得到一件没有用处的东西，就说好比得到一块不能耕种的石头田；做学问已经大有成就，就说达到了彻悟的境界。淄、渑二水的不同滋味，春秋时齐国人易牙能够辨别出来；清澈的泾

泾渭之清浊当分[10]。 | 水和浑浊的渭水合流时，清浊仍然分明。

注释

1 **以蠡(lí)测海**：用瓢来量海水，比喻见闻浅陋。蠡，贝壳做的瓢。

2 **精卫衔石**：古代神话传说，炎帝的女儿到东海游历，被淹死后灵魂化为精卫鸟，经常衔西山上的木头、石块去填东海。后来用以比喻深仇必报，意志坚决，也比喻白费力气。事见《山海经·北山经》。

3 **跋涉**：跋山涉水，形容旅途艰苦。

4 **康庄**：宽阔平坦、四通八达的道路。《尔雅·释宫》："五达谓之康，六达谓之庄。"

5 **硗(qiāo)地**：土地坚硬而贫瘠。 **不毛之地**：不生植物的地方。指荒瘠。

6 **膏腴(yú)**：形容土地肥沃。

7 **石田**：田里多石，不可耕种。比喻无用的东西。

8 **诞登道岸**：达到彻悟的境界。比喻做学问大有成就。诞，句首助词，无义；道岸，这里指彻悟的境界。

9 **淄渑(zī shéng)之滋味可辨**：《列子·说符》："(白公问)曰：'若以水投水何如？'孔子曰：'淄渑之合，易牙尝而知之。'"易牙是春秋时齐桓公的名厨，能分辨淄、渑二水的滋味。淄水和渑水，均在今山东省境内。传说淄水味道甘甜，而渑水味道苦涩，若将二水掺和，则甘苦难辨。

10 **泾渭之清浊当分**：《晋书·王濛传》："岂可令泾渭混流，亏清穆之风。"后用泾渭喻人品格的清浊。泾水清澈，渭水浑浊，两水在陕西境内合流时，清浊仍然分得很清楚。

原文

泌水乐饥，隐居不仕[1]；东山高卧，谢职求安[2]。圣人出则黄河清[3]，太守廉则越石见[4]。美

译文

山间涌出的泉水使人乐而忘饥，所以隐居的士人不愿出来做官；在东山过着高枕无忧的日子，所以东晋的谢安为求安逸而多次谢绝朝廷的官位。只有圣人出现了，那黄河的水才会变得清澈起来；只有太守清廉，那云雾中的越王石

俗曰仁里[5]，恶俗曰互乡[6]。里名胜母，曾子不入[7]；邑号朝歌，墨翟回车[8]。击壤而歌，尧帝黎民之自得[9]；让畔而耕，文王百姓之相推[10]。

才会显现出来。风俗美好的地方叫仁里，风俗恶劣的地方叫互乡。一个地方取名胜母里，所以以孝著称的曾子不肯进去；殷商的都城叫朝歌，墨翟认为这个名字不妥，因此临近朝歌时掉转车子就走了。击壤而歌，这是唐尧时代百姓自得其乐的盛世景象；互让田界耕种，这是周文王时百姓互相推让的君子之风。

注释

1 **泌(bì)水乐饥**：形容隐居的快乐。泌水，涌出的泉水。

2 **东山高卧**：晋朝谢安早年筑室隐居于东山，以山水文章自娱，朝廷屡征辟皆不至。后因以东山指隐居。谢安，字安石，少有重名，始就桓温为司马，其时已四十余岁。将发新亭，朝士咸送之，中丞高崧戏之曰："卿屡违朝旨，高卧东山。"孝武帝时，位至宰相。见《晋书·谢安传》。东山，山名，在浙江省绍兴市上虞区西南。

3 **黄河清**：黄河自内蒙古河口镇以下穿行于黄土高原一千多公里，水色浑黄，王嘉说"黄河千年一清"（《拾遗记》）。所以古人认为，黄河一旦变清，就会有圣人出现。

4 **越石见**：传说福州府城南海边有越王石，常隐于云雾中，只有清廉的太守来了，它才会显现出来。南朝宋时虞愿任晋安太守，很是清廉。他去观赏越王石时，越王石就从云雾中显露出来了。见《南齐书·良政传》。

5 **仁里**：《论语·里仁》："里仁为美。"原指仁者居住之地，后指风俗淳朴的地方。仁，仁德。

6 **互乡**：《论语·述而》："互乡难与言。"意思是互乡这个地方的人不讲道理，难于打交道。

7 **里名胜母**：因为这个地方叫胜母里，有不孝之嫌，所以曾子不入。里，古代居民聚居的地方。 **曾子**：名参，字子舆，孔子的学生，以孝著称。

8 **邑号朝歌**：墨翟主张非乐，认为都邑用"朝歌"命名十分不妥，因此当车驾临近朝歌时便掉转车头走了。朝歌，古都邑名，在今河南省淇县。商代帝乙、帝辛(纣)的别都。

9 **击壤而歌：**相传唐尧时有老人含哺鼓腹，击壤而歌曰："日出而作，日入而息。凿井而饮，耕田而食。帝力于我何有哉！"见《击壤歌》。后用来赞颂太平盛世的景象。击壤，古代一种投掷游戏。

10 **让畔而耕：**《史记·周本纪》："西伯阴行善，诸侯皆来决平。于是，虞、芮之人，有狱不能决，乃如周。入界，耕者皆让畔，民俗皆让长。虞、芮之人未见西伯，皆惭。"让畔，推让共有的田界，说明君子礼让之风盛行；畔，田界。

原文

费长房有缩地之方[1]，秦始皇有鞭石之法[2]。尧有九年之水患[3]，汤有七年之旱灾[4]。商鞅不仁而阡陌开[5]，夏桀无道而伊洛竭[6]。道不拾遗，由在上有善政[7]；海不扬波，知中国有圣人[8]。

译文

东汉人费长房有缩短两地距离的方法，秦始皇有鞭打石头造桥的法力。尧帝时有连续九年的洪水患害，商汤时有一连七年的干旱灾荒。商鞅不仁厚，让百姓开出纵横交错的田界；夏桀荒淫无道，伊水和洛水同时枯竭。东西掉在地上，没有人捡起据为己有，是由于在上位的人执政有方；大海不起狂澜，由此知道中国有圣人治国。

注释

1 **费长房：**东汉方士。汝南人。传说他从卖药翁壶公入山学仙，未成辞归，翁给以竹杖、符和缩地鞭，从此能医众病，鞭笞百鬼，驱使社公。欲至某处，缩之即在目前。一日之内，人见其在千里之外者数处。后失其符，为众鬼所杀。见《后汉书·费长房传》。

2 **鞭石之法：**传说秦始皇欲作石桥，渡海看日出处。时有神人，驱石下海。石走不快，神人就用鞭抽，石头都流了血，至今石头还呈红色。后传秦始皇有鞭石之法。

3 **尧有九年之水患:**《史记·夏本纪》:“当帝尧之时,洪水滔天,浩浩怀山襄陵,下民其忧。尧求能治水者……于是尧听四岳,用鲧治水。九年而水不息,功用不成。”

4 **汤有七年之旱灾:**《竹书纪年》载,商汤时,天大旱。太史占之曰:当以人祷。汤曰:祷为民耳。若以人,请自当。遂剪发断爪,身婴白茅,以为牺牲,祷于桑林,于是大雨数千里。

5 **商鞅:**战国时卫国人。公孙氏,名鞅,因封于於、商,也称商鞅、商君。初为魏相公叔痤家臣,后入秦辅佐秦孝公变法,废井田,开阡陌,奖励耕战,使秦国富强。孝公死后,被公子虔等诬陷谋反,死后被车裂。见《史记·商君列传》。 **阡陌:**田间纵横交错的小路。南北曰阡,东西曰陌。

6 **夏桀:**相传为夏朝的亡国之君,名履癸,暴虐荒淫。后夏朝为汤所灭,桀被俘后流死于南巢。 **伊洛:**二水名。伊河是洛河的支流,都在河南省西部。

7 **道不拾遗:**东西掉在地上,没有人捡走据为己有。形容社会风气好。

8 **海不扬波:**相传周成王时,周公摄政,越裳国来献白雉,使臣对周公说:“久矣,天之不迅风疾雨也,海不波溢也,三年于兹矣。意者中国殆有圣人,盍往朝之。”后因以“海不波溢”或“海不扬波”比喻圣人治世,天下太平。见《尚书大传》《韩诗外传》。

岁时

导读

本篇分为两部分。前一部分从大年初一辞旧迎新开始,逐一介绍一年之中的各种节日。同时,也适当地交代了一些与节日有关的风俗、典故。

例如为什么十二月称作腊月，为什么直到现在仍把正月的“正(zhèng)”读作“征(zhēng)”。最后详细地道出了分别主管东、南、西、北、中五帝的具体情况，使人对五帝的传说有了较为明确的了解。

后一部分先就气候的变化解说具体时间的别称，接着指出什么是“三浣”“三余”；然后列举历史上与岁时有关的人和事，使文章内容更为充实。最后勉励大家珍惜光阴，抓紧时间奋力前行。

原文

爆竹一声除旧[1]，桃符万户更新[2]。履端是初一元旦[3]，人日是初七灵辰[4]。元旦献君以椒花颂，为祝遐龄[5]；元日饮人以屠苏酒，可除疠疫[6]。新岁曰王春[7]，去年曰客岁[8]。火树银花合，谓元宵灯火之辉煌[9]；星桥铁锁开，谓元夕金吾之不禁[10]。

译文

一声爆竹响，人们辞去了旧岁；贴上桃符，千家万户更换了新气象。履端是大年初一，又叫元旦；人日是正月初七，是吉日良辰。元旦这天，晋代刘臻的妻子陈氏献给君王一篇《椒花颂》，祝他健康长寿；元旦请人喝屠苏酒，据说能够免除瘟疫。新的一年叫王春，过去的一年称客岁。火树上的银花交相辉映，是说元宵晚上灯火的辉煌；皇城桥梁上的铁锁通通打开，是说元宵夜京城解除警戒。

注释

1 **爆竹：**古时节日或喜庆日，用火烧竹，发出啪啪响声，称为爆竹，以为能驱除鬼怪。火药发明后，改用纸张密裹火药，接以引药，点燃引线，引爆发声，称为炮仗、爆仗。

2 **桃符：**王充《论衡·订鬼》引《山海经》，相传东海度朔山有大桃树，其下有神荼、郁垒二神，能食百鬼。于是人们便在农历元旦，用桃木板画二神或写二神名，悬挂门旁，以为能驱鬼压邪。《宋史·西蜀孟氏》载，蜀主孟昶在桃符板上题写了“新年纳余庆，嘉节号长春”的联语。后来改写在纸上，正式演变为春联。

3 **履端：**一年的开始。 **元旦：**也叫元日。吴自牧《梦粱录·正月》："正月朔日，谓之元旦，俗呼为新年。"

4 **人日：**指农历正月初七日。《北史·魏收传》引晋议郎董勋《答问礼俗说》："正月一日为鸡，二日为狗，三日为猪，四日为羊，五日为牛，六日为马，七日为人。"

5 **椒花颂：**晋代刘臻的妻子陈氏尝在正月初一给君王献《椒花颂》。见《晋书·列女传》。后用作新年祝词的典故。 **遐(xiá)龄：**高龄，长寿。

6 **屠苏酒：**酒名。古代习俗，农历正月初一，家人先幼后长，饮屠苏酒，以此来避免瘟疫。见《荆楚岁时记》。 **厉疫：**即疠疫，瘟疫。

7 **王春：**《公羊传·隐公元年》曰："元年春，王正月……春者何？岁之始也；王者孰谓？谓文王也。"后以"王春"代称新的一年。

8 **客岁：**去年。客，过去的。

9 **火树银花：**形容灯火或烟火或绚丽灿烂。特指上元节（农历正月十五日）的灯景。唐睿宗元宵做灯树，高二十丈，燃灯五万，号为火树。银花，是说燃灯就像开出的银白色的花朵。 **元宵：**农历正月十五日叫上元节，这天晚上叫元宵，也叫元夜。唐代以来有观灯的风俗，故又称灯节。

10 **星桥铁锁开：**唐苏味道《正月十五夜》诗中有"火树银花合，星桥铁锁开"之句，指元宵时皇城放开宵禁。 **金吾之不禁：**金吾，汉置官名，武帝时更名执金吾。掌管京城戒备，巡徼传呼，禁人夜行。唯正月十五日夜及其前后各一日，敕许金吾开放夜禁，叫作放夜。因此称元宵节彻夜游乐为"金吾之不禁"。

原文

二月朔为中和节[1]，三月三为上巳辰[2]。冬至百六是清明[3]，立春五戊为春社[4]。寒食节是清明前一日[5]，初伏日是夏至第三庚[6]。四月乃

译文

二月初一是中和节，三月初三是上巳节。冬至过后一百零六天是清明，立春后第五个戊日是春社。寒食节是清明的前一天，初伏是夏至后第三个庚日。四月是小麦收割的季

是麦秋[7],端午却为蒲节[8]。六月六日,节名天贶[9];五月五日,节号天中[10]。

节,端午节又称为蒲节。六月初六名叫天贶节,五月初五名叫天中节。

注释

1 **朔:**农历每月初一。许慎《说文解字》:"朔,月一日始苏也。"是说月亮在初一开始复生。 **中和节:**唐德宗贞元五年,根据李泌的建议,下诏废止正月晦日之节,以二月初一日为中和节,取春天之中而气候和暖的意思。这天,百姓用青囊盛百谷瓜果互相慰问,酿春酒祭神以祈丰年。百官进农书,以示务本。见《旧唐书·德宗纪》。

2 **上巳:**节日名。古代以农历三月第一个巳日为上巳。这一天官民都到水边嬉游洗涤,以驱邪避怪。魏晋以后改为三月初三日。

3 **冬至:**农历二十四节气之一。冬至起进入数九寒天,白天短,夜晚长。**清明:**农历二十四节气之一。取气候温暖,天气清和明朗之意。

4 **立春:**这是农历新年的第一个节气。我国古代将一年分为二十四节气。 **五戊:**指立春后第五个戊日。 **春社:**古时祭名。春耕前祭祀土地神,以祈丰年。社,土地神。

5 **寒食节:**节令名。传说春秋时晋国贵族介子推,曾从公子重耳流亡国外。重耳回国后立为晋文公,赏赐随从臣属,他未得赏,因与其母隐居绵山。晋文公为逼他出来,放火烧山。他坚持不出,母子均被烧死。人们同情他的遭遇,相约于其忌日禁火冷食,以示悼念。后来以清明前一天或二天为寒食节,断火冷食三天。

6 **初伏日:**节候名,第一个伏日。伏日亦称伏天,是初伏(头伏)、中伏(二伏)、末伏(三伏)的总称。从入伏至出伏,正是一年中最热的时候,民间有热在三伏的说法。伏,指阴气藏伏,不能升起。 **夏至:**农历二十四节气之一。夏天来到的意思。这时白天最长,夜晚最短。农历夏至后第三个庚日起为初伏,第四个庚日起为中伏,立秋后第一个庚日起为末伏。

7 **麦秋:**小麦收割的季节。蔡邕《月令章句》:"百谷各以其初生为春,熟为秋，故麦以孟夏为秋。”

8 **端午：**农历五月初五日，我国传统的民间节日。本名端五，亦名端阳、重五。端，初也；“午”与“五”同音通用。 **蒲节：**民间在端午节常将菖蒲叶与艾叶结扎成束，悬挂于门上，以避邪驱鬼，或用菖蒲泡酒以避毒。蒲，即菖蒲，多年生水生草本植物，有香气，可入药。所以端午节又叫蒲节。

9 **天贶**(kuàng)**：**天赐。贶，赐。宋真宗大中祥符四年诏，以六月六日天书再降，定为天贶节。

10 **天中：**端午节的别称。

原文

端阳竞渡，吊屈原之溺水[1]；重九登高，效桓景之避灾[2]。五戊鸡豚宴社，处处饮治聋之酒[3]；七夕牛女渡河，家家穿乞巧之针[4]。中秋月朗，明皇亲游于月殿[5]；九日风高，孟嘉落帽于龙山[6]。秦人岁终祭神曰腊，故至今以十二月为腊[7]；始皇当年御讳曰政，故至今读正月为征[8]。

译文

端阳节赛龙舟，是哀悼屈原投水死在汨罗江；重阳节登高，是仿效汉朝桓景躲避灾难。立春后第五个戊日，是宰鸡杀猪祭神的日子，到处都喝防治耳聋的酒；七月初七夜，是牛郎、织女渡过银河相会的时间，家家妇女穿针引线乞求学到织女灵巧的手艺。中秋之夜月光明亮，唐明皇亲游于月宫；重阳节登高风大，孟嘉的帽子在龙山被大风吹落。秦时人们把年终祭神叫作腊，所以直到现在仍把十二月称作腊月；秦始皇当年的名讳叫政，所以直到现在仍把正月的“正(zhèng)”读作征“(zhēng)”。

注释

1 **屈原：**战国时楚国贵族，伟大的爱国诗人。名平，字原。屈原因谗言被楚怀王流放后，秦国攻陷郢都，屈原忧愤交加，于公元前278年农历五月初五日投汨罗江，以身报国。后人便把他投江这天定为端午节，以表示对他的敬仰和怀念。《荆楚岁时记》:“五月五日竞渡,俗为屈原投汨罗日,伤其死,故并命舟楫以拯之。”后相沿成习。

2 **重九:**农历九月初九日。道家以奇为阳数,偶为阴数,阳数中“九”为极阳,“九九”则是两极阳相遇,所以叫重九,又叫重阳。据吴均《续齐谐记》载,汉代大夫桓景,随费长房学仙法。一天,费长房告诉弟子,九月九日有大难,须请家人臂挂茱萸,登高饮菊花酒,方可避难。桓景按照先生的指点,幸免于难。晚上回家,只见家禽全都患瘟疫死亡。当然这种说法很荒诞,但九九登高却成了以后的一种习俗。“高”也意味着年龄高、辈分高,所以今天的重阳节已成为敬老尊祖之日。

3 **治聋之酒:**五戊,即春社日。传说社日饮酒可以治耳聋,因称社日酒为治聋酒。

4 **七夕:**农历七月初七夜。传说牛郎、织女每年在这个晚上渡过银河相会。 **乞巧:**民间风俗,妇女于七夕向织女星乞求智巧,谓之乞巧。《荆楚岁时记》:“七月七日,为牵牛织女聚会之夜。是夕,人家妇女结彩缕,穿七孔针,或以金银鍮石为针,陈瓜果于庭中以乞巧。”

5 **中秋:**即中秋节,农历八月十五日。因八月居秋季之中,十五又是八月的月半,故而得名。 **明皇亲游于月殿:**乐史《杨太真外传》引《逸史》云,罗公远有道术,中秋于宫中赏月,他将桂枝化为桥,邀唐玄宗一同来到月宫游玩。月中仙女舞于庭,奏《霓裳羽衣曲》。返回时,桥随步而灭。又《龙城录》载,唐代开元六年,因天师作术,唐玄宗亲游广寒宫,见十余名素娥皆穿皓衣,乘坐白鸾,歌舞于桂树之下,乐音清丽。

6 **孟嘉落帽于龙山:**东晋孟嘉担任征西大将军桓温参军时,桓温于九月九日游龙山,大小官员聚在一起。酒宴上,孟嘉的帽子被风吹落,他很久没有发现。后孟嘉上厕所,桓温叫人将帽子还他,并叫孙盛作文嘲笑他。孟嘉从容作答,四座皆服。见《晋书・桓温传》。

7 **腊:**祭名。古代祭百神称“蜡”,祭祖先称“腊”;秦汉以后统称“腊”。腊,猎也,谓猎取禽兽以祭先祖五祀。因腊祭在岁终,后因称农历十二月为腊月。

8 **御讳:**避帝王名字的忌讳。御,对帝王所作所为及所用物的敬称。 **正月:**我国古代,一月份是天子召集文武朝臣商定一年政务的日子,因此这个月也称政月，即“议政之月”。后来因避秦始皇嬴政名讳，将“政月”改为“正月”，而且强行将“正(zhèng)”读为“征(zhēng)”。

原文

东方之神曰太皞，乘震而司春，甲乙属木，木则旺于春，其色青，故春帝曰青帝[1]。南方之神曰祝融，居离而司夏，丙丁属火，火则旺于夏，其色赤，故夏帝曰赤帝[2]。西方之神曰蓐收，当兑而司秋，庚辛属金，金则旺于秋，其色白，故秋帝曰白帝[3]。北方之神曰玄冥，乘坎而司冬，壬癸属水，水则旺于冬，其色黑，故冬帝曰黑帝[4]。中央戊己属土，其色黄，故中央帝曰黄帝[5]。

译文

东方的神叫太皞，居在震卦的方位，主管春令，天干为甲乙，五行属木，木在春天旺盛，它的颜色是青色，所以春帝又叫青帝。南方的神叫祝融，居在离卦的方位，主管夏令，天干为丙丁，五行属火，火在夏天旺盛，它的颜色是赤色，所以夏帝又叫赤帝。西方的神叫蓐收，居在兑卦的方位，主管秋令，天干为庚辛，五行属金，金在秋天旺盛，它的颜色是白色，所以秋帝又叫白帝。北方的神叫玄冥，居在坎卦的方位，主管冬令，天干为壬癸，五行属水，水在冬天旺盛，它的颜色是黑色，所以冬帝又叫黑帝。中央在天干中属戊己，在五行中属土，它的颜色是黄色，所以中央帝又叫黄帝。

注释

1 **太皞**(hào)：传说中古帝名，即伏羲氏。秦汉阴阳家以五帝配四时五方，认为太皞以木德天下，故配东方，为司春之神。 **震**：卦名，八卦之一。《易·说卦》：“震，东方也。” **甲乙**：天干名。在天干的第一位和第二位。 **木**：五行之一。

2 **祝融**：南方之神，火神，司夏。 **离**：卦名，八卦之一。《易·说卦》：“离也者，明也，万物皆相见，南方之卦也。”

3 **蓐(rù)收:**西方之神,司秋。**兑:**卦名,八卦之一。《易·说卦》:"兑,正秋也,万物之所说(悦)也,故曰说(悦)言乎兑。"

4 **玄冥:**北方之神,水神,司冬。 **坎:**卦名,八卦之一。《易·说卦》:"坎者,水也,正北方之卦也,劳卦也,万物之所归也。"

5 **黄帝:**即轩辕黄帝,中央之神。以土德王,土色黄,故曰黄帝。

原文

夏至一阴生,是以天时渐短[1];冬至一阳生,是以日晷初长[2]。冬至到而葭灰飞[3],立秋至而梧叶落[4]。上弦谓月圆其半,系初八九[5];下弦谓月缺其半,系廿二三[6]。月光都尽谓之晦,三十日之名[7];月光复苏谓之朔,初一日之号;月与日对谓之望,十五日之称[8]。初一是死魄,初二旁死魄[9],初三哉生明,十六始生魄[10]。

译文

从夏至那天起阴气开始形成,所以白天的时间逐渐缩短;从冬至那天起阳气逐渐回升,所以太阳的影子一天天加长。冬至到了,律管中的葭灰就飞了出来;立秋到了,梧桐树的叶子就落了下来。上弦月是说月亮圆了一半,是每月的初八、初九;下弦月是说月亮缺了一半,是每月的二十二、二十三。月光全都消失了称之为晦,是每月三十日那天的别名;月光开始恢复称之为朔,是每月初一那天的别号;月亮与太阳遥遥相对称之为望,是每月十五日那天的别称。初一起月亮光亮渐增称作死魄,初二便称作旁死魄,初三时的月亮才发出光亮,十六以后又开始出现无光的地方。

注释

1 **夏至:**夏至这天,阳光几乎直射北回归线,北半球白天最长,夜最短;南半球则相反。其后阳光直射位置向南移动,北半球白昼渐短。夏至在公历6月21日或22日。至,指阳气至极,阴气始至,日行北至。这天阴气始生而阳气始衰。

2 **冬至:**冬至这天,阳光几乎直射南回归线,北半球白天最短,夜最长;南半球则相反。其后阳光直射位置向北移动,北半球白天渐长。冬至在公历12月22日左右。古人认为,冬至日阴气至极,阳气始生,日行南至。 **日晷**(guǐ):日影。

3 **葭**(jiā)**灰**:葭莩(芦苇中的薄膜)的灰。古代为了测定节候,将苇膜烧成灰,放在律管内,到某一节气,相应律管内的灰就会自行飞出。见《后汉书·律历志》。

4 **立秋**:二十四节气之一,在公历8月8日前后。中国习惯将立秋作为秋季的开始,此后天气渐凉。

5 **上弦**:一种月相。月球的黄经比太阳的黄经大90° 时,地球上可看见月球右边的半圆,这时的月相称为上弦。发生在农历每月初八或初九。弦,以月相如张方施弦而得名。

6 **下弦**:月球的黄经比太阳的黄经大270° 时,地球上可看见月球左边的半圆,这时的月相称为下弦。发生在农历每月二十二日或二十三日。下弦和上弦的月相正好相反。 **廿**(niàn):二十的合写。

7 **晦**:许慎《说文解字》:"晦,月尽也。"因此"晦"是农历每月最后的那一天。

8 **望**:月圆之时,常指农历每月十五日。《释名·释天》:"望,月满之名也。月大十六日,小十五日,日在东,月在西,遥相望也。"

9 **死魄**:旧谓月亮的有光部分为明,无光部分为魄。朔后月明渐增,月魄渐减,故谓之死魄。反之,望后月明渐减,月魄渐生,即谓之生魄。 **旁死魄**:农历每月初二的月相,亦借指农历每月初二。《尚书·武成》:"惟一月壬辰,旁死魄。"孔颖达疏:"魄者,形也,谓月之轮廓无光之处名魄也。朔后明生而魄死,望后明死而魄生。"旁,近也。初一日谓死魄,初二日则谓旁死魄。

10 **哉生明**:月亮开始有光。哉,始。

原文

翌日诘朝,皆言明日[1];毂旦吉旦,悉是良辰[2]。片晌即谓片时[3],日曛乃云日暮[4]。畴昔曩者,

译文

翌日、诘朝,说的都是明天;毂旦、吉旦,都是指好日子。片晌就是说片刻,日曛就是说天晚。畴昔

俱前日之谓[5]；黎明昧爽，皆将曙之时[6]。月有三浣：初旬十日为上浣，中旬十日为中浣，下旬十日为下浣[7]；学足三余：夜者日之余，冬者岁之余，雨者晴之余[8]。

和曩者，都是对过去时光的称谓；黎明和昧爽，都是指天快亮的时候。一个月有三浣：上旬十天叫上浣，中旬十天叫中浣，下旬十天叫下浣；补足学问的时间有三余：夜晚是一天的空闲时间，冬天是一年的空闲时间，雨天是晴天的空闲时间。

注释

1 **翌(yì)日：**明天。 **诘朝(jié zhāo)：**明晨，明日。

2 **榖旦吉旦：**都指好日子。榖，善。

3 **片晌(shǎng)：**指极短的时间。晌，这里是泛指时间短。

4 **日曛(xūn)：**日暮之时。曛，落日的余光。

5 **畴昔曩(nǎng)者：**都指往日或从前。

6 **昧爽：**拂晓，黎明。昧，暗也；爽，明也。由暗到明，天将亮而未亮之时。**曙：**破晓，日出。

7 **三浣(huàn)：**浣，洗。唐制，官吏每十天休息沐浴一次，所以一个月有三浣。后因称十日为浣，每月的上旬、中旬、下旬分别为上浣、中浣、下浣。

8 **三余：**三国时魏人董遇常教学生利用"三余"的时间读书，谓"冬者岁之余，夜者日之余，阴雨者时之余也"。见《三国志·魏书·王肃传》裴松之注引鱼豢《魏略》。后以"三余"泛指空闲时间。

原文

以术愚人，曰朝三暮四[1]；为学求益，曰日就月将[2]。焚膏继晷，日夜辛勤[3]；俾昼作夜，晨昏颠倒[4]。自愧无成，曰虚延岁月[5]；与人共语，曰少叙寒暄[6]。可

译文

用权术来愚弄别人，叫作朝三暮四；读书能求上进，叫作日就月将。点着灯来接替日光，形容一个人日夜勤劳；把白天当黑夜的人，自然是晨昏颠倒。为自己没有成就而感到愧疚，就说是虚延岁月；与人交谈时讲一些客套话，叫作少叙

憎者，人情冷暖[7]；可厌者，世态炎凉[8]。

寒暄。使人憎恨的是人情有冷暖，使人厌恶的是世态有炎凉。

注释

1 **朝三暮四**：原意指以诈术欺人，现在指反复无常。《列子·黄帝》："宋有狙公者……将限其食，恐众狙之不驯于己也，先诳之曰：'与若芧，朝三而暮四，足乎？'众狙皆起而怒。俄而曰：'与若芧，朝四而暮三，足乎？'众狙皆伏而喜。"

2 **日就月将**：日有所得，月有所进。形容日积月累。就，成就；将，前进。

3 **焚膏继晷**(guǐ)：点着灯烛接替日光来照明。形容夜以继日地工作或学习。焚，烧；膏，油脂，指灯烛；晷，日光。

4 **俾昼作夜**：把白天当作黑夜，是说晨昏颠倒。这里是斥责夜间寻欢作乐的荒淫生活。俾，使。

5 **虚延岁月**：白白地浪费时间，形容一事无成。

6 **寒暄**：见面时问候起居冷暖的客套话。暄，温暖。

7 **人情冷暖**：人与人之间的情义随着地位高低的变化而有冷淡亲热之别。

8 **世态炎凉**：指一些人在别人得势时就百般亲热，别人失势时就十分冷淡。世态，指社会上的人情世故，多指人情淡薄而言。

原文

周末无寒年[1]，因东周之懦弱；秦亡无燠岁[2]，由嬴氏之凶残。泰阶星平曰泰平[3]，时序调和曰玉烛[4]。岁歉曰饥馑之岁[5]，年丰曰大有之年[6]。唐德宗之饥年，醉人为瑞[7]；梁惠王之凶岁，野

译文

周朝衰败的时候没有寒冷的年份，这是因为东周政权的虚弱；秦朝灭亡的时候没有暖和的年份，这是由于嬴氏政权的凶残。泰阶的六星如果平正，就可以说天下太平；四时的次序能够调和，就可以说天照玉烛。庄稼歉收的年份叫饥馑之岁，丰收的年份叫大有之年。唐德宗时的饥荒年岁，见到醉人，人们便认为是祥瑞的兆头；梁惠王时的凶荒

殍堪怜[8]。

年份，野外有许多饿死的人，这情景实在可怜。

注释

1 **周末无寒年：**《汉书·五行志》载，周朝的过失在于软弱，秦朝的过失在于急刻，所以周朝衰败时没有寒冷年，秦朝灭亡时没有炎热年。无论是无寒冷年还是无炎热年，都是天气反常的表现，是亡国的征兆。当然，这种用自然现象比附政治现象的"天人合一"观念，是很荒诞的。

2 **燠(yù)岁：**暖年。

3 **泰阶：**古星座名，即三台星。上台、中台、下台共六星，两两并排而斜上，如阶梯，故名。三阶平则世治。 **泰平：**即太平。

4 **时序：**时间的先后；季节的次序。 **玉烛：**四时风调雨顺，寒燠合序。

5 **饥馑(jǐn)：**灾荒。《尔雅·释天》："谷不熟为饥，蔬不熟为馑。"

6 **大有：**卦名，六十四卦之一。盛大富有的意思。

7 **唐德宗之饥年：**据史书载，唐德宗时，因连年战乱和灾荒，民不聊生，没有米酿酒。因此市井上偶然有一醉酒人，大家便围拢来观看，以为这是一种祥瑞的兆头。

8 **梁惠王之凶岁：**《孟子·梁惠王上》："庖有肥肉，厩有肥马，民有饥色，野有饿殍，此率兽而食人也。"野殍(piǎo)，野外有饿死的人。殍，饿死的人。

原文

丰年玉，荒年谷，言人品之可珍[1]；薪如桂，食如玉，言薪米之腾贵[2]。春祈秋报，农夫之常规[3]；夜寐夙兴，吾人之勤事[4]。韶华不再，吾辈须当惜阴[5]；日月其除，志士正宜待旦[6]。

译文

丰年玉，荒年谷，是说人的品格珍贵；薪如桂，食如玉，是说柴米价格的昂贵。春祈秋报，是农民祭祀的寻常规矩；夜寐夙兴，是说我们做事要勤劳。青春年华不会再来，我们应当珍惜光阴；日月不停地流逝，有志之士更应该抓紧时间奋力而前行。

注释

1 **丰年玉,荒年谷:**玉是太平日子的宝物,谷是饥荒之年的宝物。用来比喻人品的珍贵。

2 **薪如桂,食如玉:**形容柴米价格的昂贵。薪,柴草;桂,桂树。

3 **春祈秋报:**乡里于春、秋时的两种社祭。古人春耕时祈祷丰收曰祈,秋收后报答神功曰报。

4 **夜寐夙(sù)兴:**晚睡早起。形容人勤奋不懈。寐,睡眠;夙,早;兴,起。

5 **韶华:**美好的时光,这里指美好的青年时光。 **惜阴:**珍惜光阴。阴,指日影,光阴。

6 **日月其除:**时光流逝。日月,借日、月的运转指光阴;除,去,流逝。 **待旦:**等候天明。常用来形容勤于政事。

朝　廷[1]

导读

本篇分为两部分。前一部分作者讲"皇帝",从"皇帝"这一称呼的由来说起,指出"天子""诸侯""陛下""殿下"之所指,并说明国君传位给贤人和传位给儿子的两种情况。随之介绍与皇帝有关的活动、器物名称,如皇帝登基叫龙飞,皇帝的印章叫玉玺。

后一部分讲后宫。周宣王的王后姜氏,换上普通女子的装束,请周宣王治罪,使周宣王觉醒,用心治理国家,开创了"宣王中兴"的太平局面。东汉明帝的马皇后,穿着节俭,受到大家的敬仰。篇末用帝王、后妃的闪光表现激励后人。

原文

三皇为皇[2]，五帝为帝[3]。以德行仁者王，以力假仁者霸[4]。天子天下之主，诸侯一国之君[5]。官天下，乃以位让贤；家天下，是以位传子[6]。陛下尊称天子[7]，殿下尊重宗藩[8]。皇帝即位曰龙飞[9]，大臣觐君曰虎拜[10]。

译文

远古时的燧人、伏羲、神农叫作皇，上古时的黄帝、颛顼、帝喾、唐尧、虞舜称作帝。凭借德行施行仁政的是王道，依靠武力假借仁义的是霸道。天子是天下的主宰，诸侯是一国的国君。认为天下是公有的，于是把帝位传给贤人；认为天下是自家私有的，这就将帝位传给儿子。陛下是对天子的尊称，殿下是对皇族的尊重。皇帝登基叫龙飞，大臣朝见君主叫虎拜。

注释

1 **朝廷：**本指帝王接受朝见和处理政事的地方，因即以为封建时代中央政府的代称。

2 **三皇：**传说中的远古帝王。但说法不一。一般认为燧人、伏羲、神农为三皇。皇，君主，秦汉后称君主为皇帝。燧人氏，传说中钻木取火的发明者。伏羲氏，传说人类由他和女娲兄妹相婚而产生，又传他教民结网，从事渔猎畜牧。神农氏，传说中农业和医药的发明者。

3 **五帝：**传说中的上古帝王。时在三皇之后，夏代以前。但说法不一。一般称黄帝、颛顼(Zhuān xū)、帝喾(Kù)、唐尧、虞舜为五帝。帝，古代君主的称号。远古和上古的君主，实际上就是部落或部落联盟的酋长。

4 **"以德行仁者王"联：**这里是指王道和霸道。德，指道德、品德。仁，指仁政。儒家的政治主张认为，统治者不仅要对人民进行道德教育，更重要的是以仁施政，争取民心。王，即王道，以仁义治天下，以德服人。霸，即霸道，凭借威势，压服别国。

5 **天子：**古代以君权为神授，谓君主秉承天意治理人民，故称天子。 **诸侯：**古代对中央政权所分封各国国君的统称。周分公、侯、伯、子、男五等，汉分王、侯二等。周制，诸侯名义上服从王朝的政令，向王朝朝贡、述职、出兵、服役。汉时诸侯国由皇帝派相或长吏治理，王、侯仅食赋税。

6 **“官天下”联：**官天下就是以天下为公有，家天下就是以天下为一家所私有。

7 **陛下：**对帝王的尊称。蔡邕《独断》：“陛下者，陛，阶也，所由升堂也。天子必有近臣执兵陈于阶侧，以戒不虞。谓之陛下者，群臣与天子言，不敢指斥天子，故呼在陛下者而告之，因卑达尊之意也。上书亦如之。”秦以后专称天子为陛下。

8 **殿下：**殿阶之下。汉代以后，为对太子、亲王的尊称。唐代以后，唯太子、皇太后、皇后称殿下。 **宗藩：**受分封的皇族。

9 **龙飞：**比喻皇帝即位。《易·乾》：“飞龙在天，利见大人。”孔颖达疏：“若圣人有龙德，飞腾而居天位。”

10 **觐(jìn)：**诸侯秋朝天子称觐。后为朝见国家元首的通称。 **虎拜：**召穆公名虎，奉周宣王命，征伐淮夷有功，宣王赏以土地礼器，召穆公稽首拜谢。后因称大臣拜君为虎拜。

原文

皇帝之言，谓之纶音[1]；皇后之命，乃称懿旨[2]。椒房是皇后所居[3]，枫宸乃人君所莅[4]。天子尊崇，故称元首[5]；臣邻辅翼，故曰股肱[6]。龙之种，麟之角，俱誉宗藩[7]；君之储，国之贰，皆称太子[8]。帝子爰立青宫[9]，帝印乃是玉玺[10]。

译文

皇帝说的话，称之为纶音；皇后的命令，就称作懿旨。椒房是皇后居住的地方，枫宸是君王所在之处。天子至高无上，所以称作元首，近臣辅佐帝王，所以叫作股肱。龙种和麟角，都是对皇族的赞誉；储君和国贰，都是称呼太子。立为太子的帝子住在青宫，皇帝的印章就是玉玺。

注释

1 **纶音：**皇帝的诏令。《礼记·缁衣》：“王言如丝，其出如纶。”比喻帝王的一句极细微的话也会产生很大的影响。

2 **懿旨：**皇太后或皇后的诏令。懿，美，美德。

3 **椒房：**原指皇后宫室，后泛指后妃所住的宫殿。用椒和泥涂壁，取其温暖有香气，兼有多子之意，故名。亦用为后妃的代称。

4 **枫宸**(chén)**：**帝王所住的宫殿。枫，汉代宫殿中多植枫树；宸，北极星所处的方位，后借指帝王宫殿。 **莅**(lì)**：**到，临。

5 **元首：**本义指头，比喻君主。今亦称代表国家的最高领导人。

6 **股肱**(gōng)**：**大腿和胳膊。比喻辅佐帝王的大臣。

7 **龙之种：**古代用龙象征皇帝，因称皇帝子孙或皇族后代为龙种。**麟之角：**比喻稀罕可贵的人才或事物。

8 **君之储：**指太子。 **国之贰：**指太子。

9 **爰立青宫：**于是立为太子。爰，于是；青宫，太子所居之宫，也指太子。按古制，天子、诸侯之太子居东宫。《易·说卦》称震为东方，为长子。东方五行属木，于色为青，所以东宫又称青宫。

10 **玉玺**(xǐ)**：**皇帝的玉印。古代印、玺通称，以金或玉刻成，尊卑共用。自秦以后，天子独以印称玺，又独以玉，群臣莫敢用，玉玺遂为皇帝所专用。玺，印信。

原文

宗室之派，演于天潢[1]；帝胄之谱，名为玉牒[2]。前星耀彩，共祝太子以千秋[3]；嵩岳效灵，三呼天子以万岁[4]。神器大宝，皆言帝位[5]；妃嫔媵嫱，总是宫娥[6]。姜后脱簪而待罪，世称哲后[7]；马后练服以鸣俭，共仰贤妃[8]。唐放勋德配昊天[9]，遂动华封之三祝[10]；汉太

译文

皇室的分支派别，是从天池繁衍而来的；帝王后裔的族谱，名字叫作玉牒。前星闪耀光彩，一同用千秋祝愿太子；中岳嵩山显灵性，用万岁三呼天子。神器和大宝，说的都是皇位；妃、嫔、媵、嫱，指的都是宫女。周宣王时，姜后摘下头簪等待惩罚，世人称赞她是明智的后妃；汉明帝时，马皇后穿着粗布衣服以示节俭，大家都敬仰这位贤德的皇妃。唐尧的功德配比上天，于是感动华州的守疆人对他有三项祝

子恩覃少海[11]，乃兴乐府之四歌[12]。

告；汉明帝做太子时对人恩深似海，于是乐人为此写出了四首乐府诗歌。

注释

1 **宗室**：同一祖宗的贵族，指国君或皇帝的宗族。 **天潢**(huáng)：犹天池。古用以指皇室。说皇族分支派别，如导源于天池。

2 **帝胄**(zhòu)：指帝王的后裔。 **玉牒**：皇族的谱牒。牒，古代的书板，特指谱籍。

3 **前星**：即太子星。《晋书·天文志上》载，北极五星中，第一星太子，第二星帝王，第三星庶子。太子在前，故称前星。 **千秋**：即千秋节。唐明皇生于八月初五日。开元十七年，唐明皇宴百官于花萼楼下，左、右丞相源乾曜、张说等上表，请以每年此日为千秋节，布于天下，咸令欢乐。见《资治通鉴·唐纪》。

4 **嵩岳**：即嵩山，五岳之中岳。在今河南省登封市北。 **三呼天子以万岁**：元封元年春季正月，汉武帝登上嵩山，御史等跟车随员以及在庙旁的官员和卫兵，都曾三次听到高呼万岁的声音。后来登山向神灵致祭，无不回应。见《汉书·武帝纪》。

5 **神器大宝**：均指帝位。

6 **妃嫔媵嫱**：妃，本指妻。《仪礼·少牢馈食礼》："以某妃配某氏。"后世专指皇帝的姬妾，太子和王侯的妻。嫔，古代宫廷女官名，也指帝王的姬妾。媵，古代诸侯嫁女时陪嫁的女子，后用以称妾。嫱，古代宫廷女官名。 **宫娥**：宫女。

7 **姜后脱簪而待罪**：姜后认为周宣王早睡晚起贻误朝政，是自己的罪过，因而除下头簪在永巷等候处罚。周宣王得以醒悟，说是自己无德，不是姜后的过错。遂勤于政事。见刘向《列女传》。

8 **马后练服以鸣俭**：马后是东汉明帝的皇后，伏波将军马援之小女，有贤德。《后汉书·马皇后纪》载，马后说："吾为天下母，而身服大练，食不求甘，左右但着帛布，无香薰之饰者，欲身率下也。"练服，用大练做衣服。练，大练，粗帛。鸣俭，俭朴表著于外。

9 **放勋:**尧帝名放勋。一说言尧之功无所不至也。放,至;勋,功。 **昊(hào)天:**指天。昊,大,亦用为天的代称。

10 **华封之三祝:**传说唐尧游于华,华封人祝其寿、富、多男子。见《庄子·天地》。成玄英疏:"华,地名也,今华州也。封人者,谓华地守封疆之人也。"后因用"华封三祝"为祝颂之词。

11 **汉太子恩覃少海:**汉太子对人恩深似海。汉太子,指汉明帝刘庄做太子的时候。覃,深。少海,渤海,这里泛指大海。一说以大海比皇帝,以少海比太子。

12 **乐府:**古代管理音乐的官署,职责是搜集、整理民间诗歌,后来就称这一类诗歌为乐府或乐府诗。 **四歌:**即《日重光》《月重轮》《星重辉》《海重润》。崔豹《古今注·音乐》:"明帝为太子,乐人作歌诗四章,以赞太子之德。"

文　臣

导读

本篇分为两部分。前一部分详细介绍了中央和地方官吏的职位和职权,也介绍了官员受封的母亲或妻子的等级,使人对当时官职的情况有一个大致的了解。

本篇后一部分列举历代治国安邦、正直廉洁、为民办实事的清官事例,说明他们一直以来为世人所称颂的原因。汉相萧何、曹参原是沛县的文书小吏;汉武帝的大臣汲黯常直言切谏,治民有方;诸葛孔明有辅佐帝王的才干,所以刘备三顾茅庐,请他出山;渤海太守龚遂,奖励农桑,使百姓改业归田。

原文

帝王有出震向离之象[1],大臣有补天浴日之功[2]。三公上应三台[3],郎官上应列宿[4]。宰相位居台铉[5],吏部职掌铨衡[6]。吏部天官大冢宰[7],户部地官大司徒[8]。礼部春官大宗伯[9],兵部夏官大司马[10]。刑部秋官大司寇[11],工部冬官大司空[12]。

译文

帝王应当有如日中天、光照万物的气象,大臣应当有为天补缺、给太阳沐浴的功劳。三公与天上的三台星相应,郎官也与天上排列的星宿相应。宰相的位置如同台铉般紧要,吏部的职责是管理官吏的考核、选拔、任免。吏部长官相当于《周礼》上说的天官,叫作大冢宰;户部长官相当于《周礼》上说的地官,叫作大司徒。礼部长官相当于《周礼》上说的春官,叫作大宗伯;兵部长官相当于《周礼》上说的夏官,叫作大司马。刑部长官相当于《周礼》上说的秋官,叫作大司寇;工部长官相当于《周礼》上说的冬官,叫作大司空。

注释

1 **出震向离:**震、离都是卦名。震在东方,离在南方,太阳由东向南,到了中天,光照万物,这正是帝王的气象。

2 **补天浴日:**《淮南子·览冥训》载,古时天缺了一大块,女娲炼五色石来修补它。《山海经·大荒南经》载,古代帝俊的妻子羲和生了十个太阳,在甘渊里给太阳洗澡。后来把这两个神话合成"补天浴日",比喻人有战胜自然的能力,这里是形容功勋伟大。

3 **三公上应三台:**三公与天上的三台星相应。三公,周代有两说。一说司马、司徒、司空,一说太师、太傅、太保。西汉时丞相(大司徒)、太尉(大司马)、御史大夫(大司空)合称三公。东汉时太尉、司徒、司空合称三公。为共同负责军政的最高长官。明清以太师、太傅、太保为三公,只用作大臣的最高荣衔。三台,星宿名。上台、中台、下台为三台,共六星,两两而居。见《晋书·天文志》。汉晋以后,以"三台"比喻辅佐皇帝执掌朝政的"三公"。

4 **郎官上应列宿**:郎官与天上的众星相应。郎官,帝王侍从官的通称。郎官的职责原为护卫陪从,随时建议,备顾问及差遣。汉代称中郎、侍郎、郎中为郎官。自唐以来指郎中、员外郎。列宿,排列的星宿,即众星宿。

5 **宰相**:中国封建时代对君主负责、总揽政务的人为宰相。宰是主宰,相是辅佐的意思。但历代所用官名与职权广狭程度,各有不同。 **台铉**(xuàn):犹言台鼎。鼎三足,有三公之象,故喻指宰相的职位。铉,鼎的两耳。

6 **吏部**:官署名。东汉改尚书常侍曹为吏曹,又改为选部,魏晋以后称吏部。隋唐列为六部之首,主管全国官吏任免、考课、升降、调动等事务,长官为吏部尚书。 **铨衡**:本指衡量轻重的器具,引申为评量人才或职掌铨选的职位。

7 **吏部天官大冢宰**:古时吏部尚书称天官,又叫大冢宰。因为总理百官,有如天道统理万物。

8 **户部地官大司徒**:古时户部尚书称地官,又叫大司徒。掌管土地和人民,有如地道长养万物。

9 **礼部春官大宗伯**:古时礼部尚书叫春官,又叫大宗伯。主管典礼。因礼仪繁缛,像春天生发万物。

10 **兵部夏官大司马**:古时兵部尚书叫夏官,又叫大司马。主管军政和军赋。因兵威震赫,像夏天草木长盛。

11 **刑部秋官大司寇**:古时刑部尚书叫秋官,又叫大司寇。掌刑狱。因刑法严厉,像肃杀的秋气。

12 **工部冬官大司空**:古时工部尚书叫冬官,又叫大司空。主管工程制作。奠民攸居,像冬季敛藏。

原文

都宪中丞[1],都御史之号;内翰学士[2],翰林院之称[3]。天使称誉行人[4],司成尊称祭酒[5]。称都堂曰大抚

译文

都宪和中丞,是都御史的别号;内翰和学士,是翰林院属官的别称。天使,是对行人司官员的赞美称呼;司成,是对国子监祭酒的尊崇。人们称都堂为大抚

台[6]，称巡按曰大柱史[7]。方伯藩侯，左右布政之号[8]；宪台廉宪，提刑按察之称[9]。宗师称为大文衡[10]，副使称为大宪副[11]。

台，称巡按为大柱史。方伯和藩侯，是左、右布政使的别号；宪台和廉宪，是提刑按察使的别称。宗师称为大文衡，副使称为大宪副。

注释

1 **都宪**：官署名，即御史台。秦汉都有御史官，官衙叫御史府，汉以后称御史台，长官为御史大夫，职责是“临制百司，纠绳不法”。北周叫司宪，属秋官府。唐龙朔二年改为宪台，改御史大夫为大司宪，御史中丞为司宪大夫。 **中丞**：官名。汉御史大夫下设两丞，一称御史丞，一称中丞。东汉以来，御史大夫转为大司空，以中丞为御史台长官。明初设都察院，其中副都御史或佥都御史职位相当于御史中丞。明清常以副都御史或佥都御史出任巡抚，清代各省巡抚例兼右都御史衔，因此明清的巡抚也称中丞。

2 **内翰**：唐宋称翰林为内翰。 **学士**：唐开元年间始置学士院，官员称翰林学士，掌起草皇帝诏命。

3 **翰林院**：官署名。唐代初置，明代正式成为外朝官署。清沿明制，所属职官，统称翰林。

4 **天使**：皇帝派遣的使臣。 **行人**：官名。管朝觐聘问。春秋、战国时各国都有设置。汉代大鸿胪属官有行人，后改称大行令。明代设行人司，掌传旨、册封等事。

5 **司成**：官名。古代教国子（贵族子弟）之官。后世以国子监祭酒当之。唐高宗时一度改国子监为司成馆，祭酒为大司成。 **祭酒**：学官名。汉武帝设五经博士，长官称博士仆射，东汉改为博士祭酒，祭酒遂成为学官名。西晋时改为国子祭酒，隋以后称国子监祭酒，为国子监的主管官。

6 **都堂**：唐代尚书省的总办公处称为都堂。明代称各衙署长官为都堂；都察院长官都御史、副都御史、佥都御史，以及被派遣到外省带有这些兼衔的总督、巡抚，均称都堂。 **大抚台**：即巡抚。古代偶有派官员到各地巡抚之举，但非专设之官。明置巡抚，宣德以后专设巡抚，遂与总督同为地方最高长官。台,本为官署名,后以台为对官的尊称。

7 **巡按:**分至各地考察。唐玄宗天宝五年,命礼部尚书席豫等,分道巡按天下风俗及黜陟官吏。巡按之名自此始。明永乐元年二月遣御史至各地巡察,称巡按御史,三年一换,职权与刺史相同。清因之,后废。 **大柱史:**柱史、柱下史的简称。周秦官名,相当于汉以后的御史,后来遂以柱下史为御史的代称。大柱史,是对巡按御史的美称。

8 **方伯:**古代诸侯中的领袖称号,谓为一方诸侯之长。明清时用作对布政使的称呼。 **藩侯:**诸侯,以其藩屏王室,故称。明清时用作对布政使的称呼。 **布政使:**官名。简称藩司、藩台。明洪武九年改行中书省为承宣布政使司。宣德后,全国的府、州、县等分统于两京和十三布政使司,每司设左、右布政使各一人,为一省最高行政长官。后因加强统治力量,专设总督、巡抚等,布政使权位渐轻。

9 **宪台:**御史台的别称。秦汉时中央政府的监察机构,长官为御史大夫。 **廉宪:**廉访使的俗称。 **提刑按察:**官名。元代设提刑按察使,后改为肃政廉访使,明初恢复原名。按察使为提刑按察使司的长官,主管一省司法。清承明制,又称臬台、廉访。因其职责与秦汉的御史台相类似,故尊称为宪台。

10 **宗师:**官名。汉置,晋代也有,属宗正卿,掌训导宗室子弟。 **大文衡:**宗师是师道的宗主,而评文如以秤称物,所以宗师被称为大文衡。

11 **副使:**是司宪的副贰,因为御史大夫为大司宪,所以副使称为大宪副。

原文

郡侯邦伯,知府名尊[1];郡丞贰侯,同知誉美[2]。郡宰别驾,乃称通判[3];司李廌史,赞美推官[4]。刺史州牧,乃知州之两号[5];廌史台谏,即知县之尊称[6]。乡宦曰乡

译文

郡侯和邦伯,是知府的尊称;郡丞和贰侯,是同知的美称。郡宰和别驾,是称呼通判;司李和廌史,是推官的美称。刺史和州牧,是知州的两个代号;廌史和台谏,是对知县的尊称。居乡的官宦叫作乡绅,主管农事的官员叫作田

绅[7]，农官曰田畯[8]。钧座台座，皆称仕宦[9]；帐下麾下[10]，并美武官。

畯。钧座和台座，都是尊称官吏的；帐下和麾下，都是赞美武官的。

注释

1 **郡侯邦伯**：秦始皇灭诸侯改为郡县，至唐朝又改郡为州，改太守为刺史。侯、伯，本是爵位名，郡侯后指一郡之长，邦伯指州牧，后亦称刺史。 **知府**：官名。宋代于升府之处，命朝臣出任长官，称为知（主持）某府事，简称知府。明代始以知府为正式名称，管辖州县，为府一级的行政长官。

2 **郡丞**：官名。秦于郡守下置郡丞，以辅佐郡守。 **贰侯**：郡侯的副职。 **同知**：官名。辽代设同知府事、同知州事。明清定为知府、知州的佐官，分掌督粮、缉捕、水利等。

3 **郡宰**：一郡的主宰。 **别驾**：官名。汉制，是州刺史的佐吏。因随刺史出巡时另乘驿车，故称别驾。宋改置诸州通判，地位略次于州府长官，因职守相同，故通判也有别驾之称。

4 **司李**：官名。主管狱讼。 **廌（zhì）史**：治法的官员。廌，即獬豸（xiè zhì），传说中的异兽名，能辨曲直，见人斗，即以角触不直者，闻人争，即以口咬不正者。因此，古时以廌喻法。 **推官**：官名。唐代在节度、观察等使下置推官，宋、元、明在各府置推官，主管司法事务。清初沿置，后废。

5 **刺史州牧**：官名。西汉武帝时，分全国为十三部（州），部置刺史，本为监察官的性质，其官阶低于郡守。成帝时改刺史为州牧。东汉初又称刺史。灵帝时再改刺史为州牧，居郡守之上，掌握一州的军政大权。隋初撤销郡，只有州、县两级，州的长官称刺史。此后州刺史实际上等于从前的郡太守。宋代以朝臣充任知州，但习惯上仍以刺史、太守用作知州的别称。清代也以刺史作知州的别称。 **知州**：宋代派朝臣为州一级的行政长官，称“权知某军州事”，简称知州。明清以知州为州的长官名称。

6 **台谏**：唐宋以主管纠弹的御史为台官，以主管建言的给事中、谏议大夫等为谏官，合称台谏。宋制，凡知县两任考满称最，得升任御史，因此以台谏誉称知县。 **知县**：官名。唐称佐官代理县令为知县事。宋制，往往派遣中央官员知（主持）某县事，简称知县。明代始正式用为一县长官的名称。

7 **乡宦**:居乡的官宦。 **绅**:古代士大夫束在衣外的大带,引申为束绅的人士。

8 **田畯**(jùn):官名。周掌管田土和农业生产的官员。

9 **钧座台座**:对尊者或上级的敬词。钧,比喻权力;台,对官的尊称。 **仕宦**:做官,这里指做官的人。

10 **帐下麾**(huī)**下**:帐,指军帐。古代行军作战,大将住在军帐里。麾,古代用来指挥军队的旗帜,即帅旗。所以帐下、麾下都是对武官的敬称。

原文

秩官既分九品[1],命妇亦有七阶[2]。一品曰夫人,二品亦夫人,三品曰淑人,四品曰恭人,五品曰宜人,六品曰安人,七品曰孺人。妇人受封曰金花诰[3],状元报捷曰紫泥封[4]。唐玄宗以金瓯覆宰相之名[5],宋真宗以美珠钳谏臣之口[6]。金马玉堂,羡翰林之声价[7];朱幡皂盖,仰郡守之威仪[8]。台辅曰紫阁明公[9],知府曰黄堂太守[10]。府尹之禄二千石[11],太守之马五花骢[12]。

译文

官吏的职位和俸禄既然分成了九等,受朝廷诰命封号的妇女也有七个等级。一品叫夫人,二品也叫夫人,三品叫淑人,四品叫恭人,五品叫宜人,六品叫安人,七品叫孺人。妇人接受皇帝的册封叫作金花诰,为新科状元报捷的文书叫作紫泥封。唐玄宗选宰相,先用金碗覆盖宰相的名字;宋真宗要封禅,就用美珠堵住谏臣的嘴。金马和玉堂,是说羡慕翰林的名声和社会地位;朱幡和皂盖,是说仰望郡守出巡时的威仪。宰相被称为紫阁明公,知府被称作黄堂太守。府尹的俸禄是两千石,太守出巡拉车的马有五匹。

注释

1 **秩官**:即官秩,指官职及俸禄的等级。 **九品**:古代官吏的等级。始于魏晋,从第一品到第九品,共分九等;北魏时每品始各分正、从,第四品起正、从品又各分上、下阶，共为三十等；唐、宋文职与北魏同，武职自三品起即分上下。隋及元、明、清保留正、从品，而无上、下阶之称，共分十八等，文武职并同。品，等级。

2 **命妇**：古代妇女中受诰命封号的。一般指官员的母亲或妻子。命妇享有各种仪节上的待遇。 **七阶**：元明以来，命妇的封号从夫爵的高低分为七个等级。封官员的母亲时，要在“夫人”等前面冠以“太”字。

3 **金花诰**：命妇接受册封时，诰命写在绘有金花罗纹的纸上，因此称作金花诰。诰，诰命，皇帝赐爵或授官的诏令。

4 **状元**：科举考试以名列第一者为元，乡试第一称解元，会试第一称会元，殿试第一称状元。 **紫泥封**：古代皇帝的诏书，盛以锦囊，用紫泥封口，在泥上加盖印章，叫紫泥封。后世称新科状元报捷的文书为紫泥封。

5 **唐玄宗以金瓯覆宰相之名**：唐玄宗任命宰相，都先写上他的姓名。一天写上崔琳等的名字，用金碗盖上。正好太子进来，玄宗叫太子猜，太子说：“莫非是崔琳、卢从愿？”玄宗说：“是的。”事见《新唐书·崔琳传》。

6 **宋真宗以美珠钳谏臣之口**：宋真宗赵恒迷信道教，决心封禅，但又怕宰相王旦反对，便召王旦饮酒，并赐一樽酒给王旦说：“此酒极佳，归与妻孥共之。”王旦回家开樽一看，里面都是珠玉，从此再也不提异议了。事见《宋史·王旦传》。钳，钳制；谏臣，直言规劝的臣子。

7 **金马玉堂**：汉代有金马门和玉堂殿。《史记·滑稽列传》：“金马门者，宦署门也。门傍有铜马，故谓之曰金马门。”玉堂，官署名，汉侍中有玉堂署。后以指官位显贵，也指翰林院，表示对翰林院的尊崇。

8 **朱幡(fān)皂盖**：汉代郡守春日出行时车骑的颜色。朱幡，红色的旗帜；皂盖，黑色的车盖。 **郡守**：官名。始置于战国时，初为武职，防守边郡。后逐渐成为地方长官。秦统一全国后，以郡为最高的地方行政区域，郡守为一郡的行政长官。汉景帝时改称太守。

9 **台辅**：指宰相。言其位列三台，职居宰辅。 **紫阁**：唐开元间改中书省为紫微省，中书令为紫微令，后因称宰相府第为紫阁。

10 **黄堂**：太守办事的厅堂。明清时知府为太守之职，所以也称知府为黄堂。

11 **府尹**：官名。汉代于京师设京兆尹。唐西都、东都、北都等各置府尹，掌宣教令、岁巡所属县等事务，属从三品。明代的应天、顺天，清代的顺天、奉天，均置府尹，主管京府的政令。 **二千石**：汉代府尹、郡守的俸禄为二千石，即月俸百二十斛。

12 **五花骢**(cōng)：汉代太守出巡时，一驾五马，后即以五马称太守。骢，青白杂色的马，也泛指马。

原文

代天巡狩[1]，赞称巡按；指日高升[2]，预贺官僚。初到任曰下车[3]，告致仕曰解组[4]。藩垣屏翰[5]，方伯犹古诸侯之国；墨绶铜章，令尹即古子男之邦[6]。

译文

说代替天子出巡，这是赞美巡按的话；说指日高升，这是预祝官吏升职的言辞。官员初次上任叫下车，宣告辞职叫解组。藩垣屏翰用来称呼镇守一方的长官，如同方伯是古代诸侯国的长官一样；墨绶铜章用来指代令尹，他们所管辖的地域就是古代子男爵位的小诸侯国的封地。

注释

1 **代天巡狩**(shòu)：代替天子出巡。巡狩，古时皇帝五年一巡狩，视察诸侯所守的地方。

2 **指日**：不日，为期不远。

3 **下车**：《礼记·乐记》："武王克殷，反商，未及下车而封黄帝之后于蓟。"后称官吏到任为下车。

4 **致仕**：退还官职，即辞官。 **解组**：解下印绶，即辞去官职。组，古人佩印或佩玉的丝带子，这里指印绶。

5 **藩垣屏翰**：都是藩篱、屏障的意思。本用来比喻卫国的重臣，后多用来称呼诸侯藩国。

6 **墨绶铜章**：墨绶，黑色的绶带。绶，古代系印纽的丝带。铜章，铜铸的官印。按汉制，县令，秩千石至六百石，当为铜印墨绶。见《汉书·百官公卿表》。因此，墨绶铜章借以指代县令。 **令尹**：官名。春秋、战国时楚国最高官职，掌军政大权。秦汉以来，一县之长叫县令，元代叫县尹，因而也合称令尹。 **子男：**古爵位名。《礼记·王制》："王者之制禄爵，公、侯、伯、子、男，凡五等。"子男之邦，指古代小诸侯的封地。

原文

太监掌阉门之禁令，故曰阉宦[1]；朝臣皆搢笏于绅间，故曰搢绅[2]。萧曹相汉高，曾为刀笔吏[3]；汲黯相汉武，真是社稷臣[4]。召伯布文王之政，尝舍甘棠之下，后人思其遗爱，不忍伐其树[5]；孔明有王佐之才，尝隐草庐之中，先主慕其令名，乃三顾其庐[6]。鱼头参政，鲁宗道秉性骨鲠[7]；伴食宰相，卢怀慎居位无能[8]。王德用，人称黑王相公[9]；赵清献，世号铁面御史[10]。

译文

太监掌管各宫门的出入，所以叫作阉宦；朝廷大臣把手板插在衣带上，所以称为搢绅。萧何、曹参是汉高祖的丞相，他们原先做过沛县的文书小吏；汲黯是汉武帝的丞相，真可说是治国安邦的重臣。召伯施行周文王的政令，曾在一棵甘棠树下办理公事，后人怀念他留下的仁爱，不忍心砍伐那棵甘棠树；诸葛孔明有辅佐帝王的才干，曾经隐居在隆中的草庐之中，蜀先主刘备仰慕他的美名，于是三次到他的草庐拜访，请他出山。鲁宗道生性耿直，权贵们讥讽他为鱼头参政；卢怀慎居官无能，被人称为伴食宰相。王德用受人尊敬，人们叫他黑王相公；赵清献刚正不阿，世人称他铁面御史。

注释

1 **太监：**官名。唐高宗时，曾改殿中省为中御府，主官称太监。明代置十二监、四司、八局，共二十四衙门，各设掌印太监，为在宫内侍奉皇帝及其家族的官。自此太监遂成为宦官的专称。 **阉门：**即宫门。阉，指看守宫门的太监。

2 **搢笏(jìn hù)于绅间：**把笏板插在腰间衣带上。搢，插；笏，即朝笏，古时大臣朝见天子时手中所执狭长板子，用玉、象牙或竹片制成，以为指画、记事之用,也叫手板。 **搢绅:**旧时官宦的装束,亦用为官宦的代称。

3 **萧曹:**指萧何、曹参。萧何,汉初大臣,沛县人,曾为沛县主吏掾,后随刘邦起义,任丞相,封酂侯。曹参,汉初大臣,沛县人,曾为沛县狱吏,后继萧何为丞相。 **汉高:**即汉高祖刘邦,西汉王朝的建立者。 **刀笔吏:**文书小吏。古代在竹简、木板上书写,写错了就用刀刮去重写,由此把那些用刀和笔从事文墨工作的小吏称作刀笔吏。后世称讼师为刀笔吏,言其笔如利刀,能杀伤人。

4 **汲黯:**汉武帝时大臣,好黄老之术,治民有方,而且常直言切谏,汉武帝曾称他为社稷之臣。 **汉武:**即汉武帝刘彻,西汉皇帝。 **社稷臣:**能捍卫国家的重臣。社稷,古代帝王、诸侯所祭的土神和谷神,后来用作国家的代称。

5 **召(shào)伯:**即召公,周文王的庶子。曾佐周武王灭商,被封于燕。召伯巡行南方时,曾在甘棠树下理政。他死后,人们相戒不要伤害这树,并作《甘棠》诗以示怀念。见《诗经·召南·甘棠》。 **文王:**即周文王,商末周族领袖。

6 **孔明:**诸葛亮的字。三国蜀汉政治家、军事家。东汉末,隐居隆中。建安十三年,刘备三顾草庐,请他出山,从此成为刘备的重要谋士。后任蜀汉丞相,被封为武乡侯。 **先主:**古称开国君主。这里指刘备,三国时蜀汉的建立者。 **令名:**美名。

7 **鱼头参政:**宋代鲁宗道为参知政事,立朝刚正,疾恶敢言,枢密使曹利用恃权骄横,宗道屡于帝前折之,因而为贵戚用事者所惮,称他为鱼头参政。这不仅因为他生性耿直,难以对付,而且“鲁”姓也是鱼字头,因此干脆叫他“鱼头”。事见《宋史·鲁宗道传》。 参政,参知政事的省称。宋代以同中书门下平章事为宰相,以参知政事为副相。 **骨鲠(gěng):**鱼骨、鱼刺。这里比喻性情耿直。

8 **伴食宰相:**《旧唐书·卢怀慎传》:“(唐玄宗)开元三年,迁黄门监,怀慎与紫微令姚崇对掌枢密。怀慎自以为吏道不及崇,每事皆推让之。时人谓之伴食宰相。”伴食,对不称职、无所作为的人的讽刺语。

9 **黑王相公:**北宋名将王德用的绰号。德用系将家子弟,英勇善战,屡立战功，仁宗时官至枢密使。他宽厚仁慈，善抚士众，深得百姓爱戴。因他身材魁伟，面色正黑，民间乃至外国皆知其名，识与不识，都称他黑相或黑王相公。事见《宋史·王德用传》。

10 **铁面御史：**宋仁宗时赵抃(biàn)为殿中侍御史，弹劾不避权贵，京师号为铁面御史。事见《宋史·赵抃传》。铁面，比喻不畏权势，不徇私情。清献，赵抃的谥号。

原文

汉刘宽责民，蒲鞭示辱[1]；项仲山洁己，饮马投钱[2]。李善感直言不讳，竞称鸣凤朝阳[3]；汉张纲弹劾无私，直斥豺狼当道[4]。民爱邓侯之政，挽之不留[5]；人言谢令之贪，推之不去[6]。廉范守蜀郡，民歌五裤[7]；张堪守渔阳，麦穗两歧[8]。

译文

汉代刘宽，只是用蒲鞭责罚百姓，让其感到羞耻而已；项仲山洁身清廉，每次到渭河饮马，都会投钱。李善感直言谏上，不怕犯忌，人们竞相称赞他是鸣凤朝阳；东汉张纲，弹劾不法，公直无私，申斥不法权贵为豺狼当道。百姓喜爱邓侯的德政，数千人挽留他却留不住；人们说谢令是个贪官，但推他他也不走。廉范做蜀郡太守，百姓由穷到富，于是百姓作歌唱道"平生无襦今五裤"；张堪做渔阳太守，劝民耕作，百姓喜悦，唱道"桑无附枝，麦穗两歧"。

注释

1 **蒲鞭示辱：**以蒲草为鞭，聊以示辱，谓刑罚宽仁。

2 **饮(yìn)马投钱：**《初学记》卷六引《三辅决录》："安陵清者有项仲山，饮马渭水，每投三钱。"后用来比喻人廉洁不苟取。

3 **鸣凤朝(zhāo)阳：**比喻贤臣遇明君。唐高宗年间，灾荒流行，高宗欲封禅五岳。监察御史李善感上书直谏。自褚遂良、韩瑗等人死后，已有二十年无人敢直言进谏，因而当时人称为鸣凤朝阳。

4 **豺狼当道：**比喻坏人掌权。东汉顺帝汉安元年选取八使，巡行都邑，侍御史张纲年少，官次最微。其他七人皆受命离京巡察，唯独张纲仍停留于洛阳都亭，曰：“豺狼当道，安问狐狸！”遂入朝弹劾专权不法的梁冀等人。事见《后汉书·张纲传》。豺狼，指把持国政的外戚、大将梁冀及其弟河南尹梁不疑。 **弹劾**(tán hé)**：**对政府官吏的违法失职行为进行检举并追究其法律责任的行动。中国自秦汉以后，设御史或监察御史等官，专司弹劾之职，如有官吏失职，得向皇帝提出，请求惩办。

5 **邓侯：**即邓攸，东晋大臣，字伯道。东晋元帝时任吴郡太守，清廉自持，百姓欢悦。后因病辞职，数千百姓牵船挽留，他便乘夜间发船离开。

6 **谢令：**邓攸之前的吴郡太守姓谢，是个贪官，百姓痛恨。吴人因此作歌曰：“纨如(击鼓声)打五鼓，鸡鸣天欲曙。邓侯挽不留，谢令推不去。”事见《晋书·邓攸传》。

7 **廉范：**字叔度，东汉京兆杜陵人。章帝建初年间任蜀郡太守时，当地旧制禁止百姓夜作，以防火灾，民众遂相隐蔽，火灾更多。廉范便废除前令，只严格要求家家储水，百姓称便，于是作歌唱道：“廉叔度，来何暮？不禁火，民安作。平生无襦今五裤。”事见《后汉书·廉范传》。

8 **张堪：**字君游，东汉南阳宛人。张堪任渔阳太守时，开稻田八千余顷，劝民耕作，百姓富足，于是作歌曰：“桑无附枝，麦穗两歧。张君为政，乐不可支。”事见《后汉书·张堪传》。 **麦穗两歧：**即一麦两穗，是丰收吉祥的兆头，用以称颂吏治成绩显著。歧，叉开。

原文

鲁恭为中牟令，桑下有驯雉之异[1]；郭伋为并州守，儿童有竹马之迎[2]。鲜于子骏，宁非一路福星[3]；司马温公，真是万家生佛[4]。鸾凤不栖枳

译文

鲁恭做中牟县令，桑树下有雉鸡很驯顺，这是仁政的异征；郭伋第二次到并州做太守，因为深得百姓拥护，所以有几百儿童骑着竹马，在路上迎拜。鲜于子骏担任京东路转运使，人们称赞他是一路福星；温国公司马光为人正直廉洁，被人誉为拯救百姓的活佛。县令王涣仰慕仇香的贤名，召他做了主簿，但又不忍心

棘，羡仇香之为主簿[5]；河阳遍种桃花，乃潘岳之为县官[6]。刘昆宰江陵，昔日反风灭火[7]；龚遂守渤海，令民卖刀买牛[8]。此皆德政可歌，是以令名攸著[9]。

让鸾凤栖息在荆棘上，因此拿出一个月的俸禄资助他进了太学；河阳全县种遍了桃花，因此名为花县，这是潘岳当河阳县令时的成绩。刘昆做江陵县宰时，常发生火灾，叩头拜神能反风灭火；龚遂做渤海太守时，号令百姓卖刀买牛，使百姓改业归田。以上这些人都行德政值得歌颂，所以他们的美名历代流传。

注释

1 **鲁恭：**字仲康，东汉扶风平陵人。汉章帝时为中牟令，以德化为理，不任刑罚。建初七年，河南蝗虫为害，而虫不入中牟。河南尹袁安派肥亲前往察看，鲁恭陪同，在桑树下休息，有雉鸡止于树旁，儿童不捕。肥亲十分敬佩地说："今虫不犯境，此一异也；化及鸟兽，此二异也；竖子有仁心，此三异也。"还告袁安，袁安遂荐恭为大司徒。事见《后汉书·鲁恭传》。

2 **郭伋：**字细侯，东汉扶风茂陵人。王莽时为并州牧。光武帝建武年间，由颍川太守复调并州太守。郭伋前在并州清明廉洁，素结恩德，及再至，所到县邑，老幼相携，逢迎道路。至西河美稷，有儿童数百，各骑竹马迎拜于路旁。离去时，诸儿复送至城外，问使君："何日当还？"事见《后汉书·郭伋传》。

3 **一路福星：**宋代鲜于侁，字子骏。鲜于，复姓。宋哲宗时任京东路转运使，临行前，司马光对人说："福星往矣。"事见秦观《淮海集·鲜于子骏行状》。福星，即岁星，旧时术士谓岁星照临能降福于民。宋代行政大区称"路"，一路福星，指京东路的百姓都会得到福星的照临。这是对鲜于侁的高度评价和期盼。后来"路"指道路的"路"，一路福星是祝人旅途平安。

4 **司马温公：**即司马光，北宋大臣、政治家、史学家。字君实，陕州夏县涑水乡人。死后追封温国公。司马光以清廉正直著称，被人赞为"万家生佛"，意即搭救民众的活佛。宋人戴翼在《贺陈待制启》中称赞鲜于侁和司马光说："福星一路之歌谣，生佛万家之香火。"

5 **仇(qiú)香**：即仇览，字季智，一名香，东汉陈留考城人。汉桓帝延熹年间为蒲亭长，以德化人，百姓欢悦。县令王涣慕其贤名，召为主簿。仇香贤良而有大志，王涣不忍心他久居荆棘之地，说："枳棘非鸾凤所栖，百里（县令所管辖之地）岂大贤之路。"于是以一个月的俸禄资助他入了太学。事见《后汉书·仇览传》。鸾凤，鸾鸟和凤凰，比喻心有大志的俊贤之士。枳棘，两种多刺的树，比喻不好的环境。

6 **潘岳**：西晋文学家，长于诗赋。字安仁，荥阳中牟人。后为司马伦及孙秀所杀。他担任河阳县令时，喜欢种桃树。百姓有拖欠税赋的，便令植桃树一株，其赋税由官府缴纳。离任时，河阳遍地皆桃花，因此人称河阳为花县。事见《晋书·潘岳传》。

7 **刘昆**：东汉大臣。字桓公，东汉陈留东昏人。他任江陵县令时，县内经常发生火灾。每有火灾，刘昆便向火叩头，求助神灵，多能降雨反风灭火。事见《后汉书·刘昆传》。

8 **龚遂**：西汉大臣。字少卿，西汉山阳南平阳人。宣帝时，渤海和附近各郡闹饥荒，农民纷起反抗。他任渤海太守，在郡开仓借粮，奖励农桑，便叫民间卖去刀剑，买进耕牛，农民都改业归田。事见《汉书·龚遂传》。

9 **攸著**：显之久远。

武　职

导读

本篇分为两部分，前一部分交代武职和军事术语，后一部分则着重刻画武将事迹。本篇紧扣文题，由文学大家“韩柳欧苏”承上，自然而然地引出战国时秦国大将白起、王翦和赵国大将廉颇、李牧，过渡到武职。

东汉将军冯异，不矜夸自己的功绩；汉文帝慰劳军队，一切按守将周亚夫的军规办事；汉初大臣韩信曾受胯下之辱；张良曾为黄石公捡鞋、穿鞋；西汉名将卫青，小时候曾做过牧羊的奴隶；汉初将领樊哙，早年曾以屠狗为业。篇末，作者列举自古以来英雄人物的壮举，说明“君子之身，可大可小；丈夫之志，能屈能伸”的道理，很有说服力。

原文

韩柳欧苏[1]，固文人之最著；起翦颇牧[2]，乃武将之多奇。范仲淹胸中具数万甲兵[3]，楚项羽江东有八千子弟[4]。孙膑吴起[5]，将略堪夸；穰苴尉缭[6]，兵机莫测。姜太公有《六韬》，黄石公有《三略》[8]。韩信将兵，多多益善[9]；毛遂讥众，碌碌无奇[10]。

译文

韩愈、柳宗元、欧阳修和苏氏父子，是文人中最著名的大家；白起、王翦、廉颇和李牧，是武将中的奇才。范仲淹胸中自有雄兵数万，楚霸王项羽从江东带来八千子弟兵。孙膑和吴起用兵的谋略值得夸赞；穰苴和尉缭作战的机谋变化莫测。姜太公著有兵书《六韬》，黄石公著有兵书《三略》。韩信带兵，说是越多越好；毛遂讥笑同去的门客，说是平庸无能。

注释

1 **韩柳欧苏**：指唐代文学家韩愈、柳宗元，宋代文学家欧阳修及苏洵、苏轼、苏辙。

2 **起翦颇牧**：指战国时秦国大将白起、王翦，赵国大将廉颇、李牧。

3 **范仲淹**：北宋中期杰出的政治家和文学家。字希文，苏州吴县人。宋仁宗宝元三年，西夏攻延州，他与韩琦同任陕西经略副使，改革军制，巩固边防。西夏认为范仲淹“腹中自有数万甲兵”，不敢贸然来犯。

4 **项羽**：秦末反秦义军领袖。名籍，字羽，下相人，楚将项燕之后。秦二世元年，从叔父项梁杀死会稽郡守殷通起义，收吴中子弟八千人。**江东：**长江在芜湖市、南京市间作西南南、东北北流向，是南北往来主要渡口所在。秦汉以后，习称自此以下的长江南岸地区为江东。

5 **孙膑**(bìn)**：**战国时军事家。著有《孙膑兵法》。**吴起：**战国时军事家。《汉书·艺文志》有《吴起》四十八篇之说。今本《吴子》六篇，系后人所托。

6 **穰苴**(jū)**：**即田穰苴，春秋时齐国大夫，官司马，精通兵法，人称司马穰苴。**尉缭：**战国中期军事家。《汉书·艺文志》有《尉缭》三十一篇之说，今存二十四篇。

7 **姜太公：**即姜子牙。西周初年官拜太师(武官名)，辅佐武王灭商有功，后封于齐。有太公之称，俗称姜太公。兵书《六韬》是战国时人托名于他的作品。六韬是文、武、龙、虎、豹、犬。

8 **黄石公：**即圯上老人。传说张良刺秦始皇失败后，逃亡下邳，遇老人于圯(桥)上。老人授以《太公兵法》，自称十三年后"济北谷城山下黄石即我矣"。十三年后，张良从汉高祖过济北，果在谷城山下得黄石。良死，遂与石并葬。事见《史记·留侯世家》。后代流传有兵书《黄石公三略》三卷。

9 **韩信：**汉初军事家，淮阴人。初从项羽，后归刘邦，拜为大将。有次刘邦与韩信谈论带兵打仗的事，问韩信："像我这样能统率多少兵？"韩信答："皇上不过能指挥十万。"刘邦问："那你能带多少？"韩信说："臣多多益善。"后即以"韩信将兵，多多益善"，比喻越多越好。事见《史记·淮阴侯列传》。

10 **毛遂：**战国时赵国人，平原君门下食客。赵孝成王九年，秦国的军队围攻赵国的都城邯郸，平原君到楚国求救，准备带二十人前去，但尚缺一人，于是毛遂自荐同往。平原君与楚王谈判不决，毛遂按剑而上，直陈利害，说服楚王同意赵楚合纵。于是毛遂左手拿着盛血的铜盘，右手招呼十九个人说："公相与歃此血于堂下。公等碌碌，所谓因人成事者也。"事见《史记·平原君虞卿列传》。**碌碌无奇：**平庸无能。碌碌，无能力，随从附和的样子。

原文

大将曰干城[1]，武士曰武弁[2]。都督称为大镇国[3]，总兵称为大总戎[4]。都阃即是都司[5]，参戎即是参将[6]。千户有户侯之仰[7]，百户有百宰之称[8]。以车为户曰辕门[9]，显揭战功曰露布[10]。

译文

大将保卫国家，被称为干城；武士头戴武冠，被称为武弁。都督称作大镇国，总兵称为大总戎。都阃又称都司，参戎又称参将。统领千户的将领叫户侯，统领百户的长官叫作百宰。用相向的车辕交接成半圆形的门，叫作辕门；用来公开宣布战功的文书，叫作露布。

注释

1 **干城**：干和城都是用来防御的，比喻捍卫者，因此后来称大将为干城。干，盾牌；城，城郭。

2 **武弁**(biàn)：即武冠，古代武士所戴的帽子，因此称武士为武弁。

3 **都督**：官名。元置大都督府，统领诸卫，专为武官。明代改元之枢密院为大都督府，又改为五军都督府，置左右都督及诸官，分领全国卫所，制与元同。后誉称五军都督为大镇国。

4 **总兵**：官名。明代总兵官本为差遣的名称，无品级，无定员，后渐成常驻武官。总兵官省称总兵，后誉称总兵为总戎。总戎，犹主将、统帅。清代总兵别称镇台，为绿营兵高级武官，受提督节制，掌理本镇军务，又称总镇。

5 **都阃**(kǔn)：都司的俗称。明代都指挥使司为一省掌兵的最高机构，简称都司。清代都司为绿营军官，职位次于游击，为四品武官。

6 **参戎**：参将的别称。参将是明代镇守边区的统兵官，无定员，职位次于总兵、副总兵，分守各路。清承明制，参将为绿营的统兵官，职位次于副将，掌理本营军务。

7 **千户**：官名。宋、元、明卫所的武官名，掌兵千人。千户为千户所的长官。

8 **百户**：官名。元代军制，设百户为百夫之长，隶属于千户，为世袭军职。明代卫所兵制亦设百户所，百户为一所的长官。

9 **辕门：**古代帝王巡狩、田猎，止宿在险阻的地方，用车子作为屏藩。出入的地方，仰起两车，使两车的辕相向交接成半圆形门，称辕门。后也指领兵将帅的营门及督抚等官署的外门。辕，车前驾牲畜的直木或曲木，汉以后多为双辕，左右各一。

10 **露布：**不封口的文书。后多指捷报、檄文或其他紧急文书。

原文

下杀上谓之弑[1]，上伐下谓之征[2]。交锋谓对垒[3]，求和曰求成[4]。战胜而回谓之凯旋[5]，战败而走谓之奔北[6]。为君泄恨曰敌忾[7]，为国救难曰勤王[8]。胆破心寒，比敌人慑服之状[9]；风声鹤唳，惊士卒败北之魂[10]。

译文

下级杀上级叫作弑，上级讨伐下级叫作征。两军交战叫对垒，失败求和叫求成。打了胜仗回来称作凯旋，吃了败仗脱逃称作奔北。为君主抵抗所愤恨的敌人叫敌忾，替国君解救危难叫勤王。胆破心寒，比喻敌人惊恐畏惧的情状；风声鹤唳，形容士卒战败溃逃时丧魂落魄的样子。

注释

1 **弑**(shì)**：**封建时代称臣杀君、子杀父母为弑。

2 **征：**指君上对臣下的讨伐。

3 **对垒：**两军相持。垒，营垒。

4 **求成：**求和。成，平定、讲和。

5 **凯旋：**军队打了胜仗，奏着胜利的乐曲回来。凯，军队得胜所奏的乐曲；旋，返回。

6 **走：**跑，这里指逃跑。 **奔北：**临阵脱逃。北，败走，败逃。

7 **敌忾**(kài)**：**抵抗所愤恨的敌人。忾，怨恨、愤怒。

8 **勤王：**原指尽力于王事，后多指臣子君主危难之时起兵救援王朝。

9 **胆破心寒：**形容极度恐惧。北宋时，范仲淹、韩琦都曾镇守陕西，抵御西夏。当时有歌谣曰："军中有一韩，西贼闻之心骨寒；军中有一范，西贼闻之惊破胆。”**慑服**:因畏惧而屈服。

10 **风声鹤唳**(lì):形容惊慌失措或自相惊扰。《晋书·谢玄传》载,东晋时,前秦苻坚率众号称百万,攻打东晋王朝,列阵淝水。谢玄等率精兵八千渡水击之,前秦兵大败,“闻风声鹤唳(鸣叫),皆以为王师已至”。**败北**:战败而逃。

原文

汉冯异当论功,独立大树下,不夸己绩[1];汉文帝尝劳军,亲幸细柳营,按辔徐行[2]。苻坚自夸将广,投鞭可以断流[3];毛遂自荐才奇,处囊便当脱颖[4]。羞与哙等伍,韩信降作淮阴[5];无面见江东,项羽羞归故里[6]。韩信受胯下之辱[7],张良有进履之谦[8]。卫青为牧猪之奴[9],樊哙为屠狗之辈[10]。

译文

东汉将军冯异,当诸将并坐论功时,他却独自站在大树下,不去矜夸自己的功绩;汉文帝曾经慰劳军队,亲自去周亚夫的细柳营,遵守军规牵着马缰绳慢慢地走进去。苻坚进攻东晋,自我吹嘘兵多将广,说把马鞭扔到长江里可以截断水流;毛遂推荐自己有奇才,说只要有机会,就会像囊中的锥子一样脱颖而出。韩信被降作淮阴侯,为与樊哙等人为伍感到羞耻;项羽败走乌江,认为没有脸面见江东父老,不敢回到家乡。韩信年轻时,能受得了从别人胯下爬过去的侮辱;张良在下邳桥上,有为圯上老人捡鞋、穿鞋的谦恭。卫青小时候家贫,曾做过牧猪的奴隶;樊哙早年,也曾是杀狗的屠夫。

注释

1 **冯异**:字公孙,东汉初颍川父城人。新莽末,任郡掾。后归刘秀(即光武帝),为偏将军,封应侯。为人谦逊,不夸己功。诸将并坐论功,他常退避树下,军中誉为“大树将军”。见《后汉书·冯异传》。

2 **汉文帝**:名刘恒,西汉皇帝。文帝后元六年,匈奴大举入侵,文帝任命河内郡守周亚夫为将军,驻军细柳(古地名)。周亚夫治军严谨,皇上亲自去慰劳军队,因无军令不得入营。入营后,守营门的军官向文帝的随从交代:“将军规定军营中不准车马奔跑。”于是文帝便控着缰绳慢慢前进。文帝赞叹说:“啊！这才是真正的将军呢！”事见《史记·绛侯周勃世家》。 **幸:**指帝王驾临。 **辔**(pèi)**:**驾驭牲口的缰绳。

3 **苻坚:**十六国时期前秦国君。一名文玉,字永固,略阳临渭人,氐族。建元十九年,苻坚征调九十万大军攻打东晋王朝时骄傲地说:“以吾之众旅,投鞭于江,足断其流。”事见《晋书·苻坚载记》。后来就用投鞭断流形容兵士众多或兵力强大。

4 **脱颖:**《史记·平原君虞卿列传》:“平原君曰:‘夫贤士之处世也,譬若锥之处囊中,其末立见……’毛遂曰:‘臣乃今日请处囊中耳。使遂蚤(早)得处囊中,乃颖脱而出,非特其末见而已。’”因用脱颖比喻有才能的人得到机会,即能显现出来。颖,原指禾穗的芒尖,这里指锥子尖。

5 **羞与哙等伍:**汉朝建立,刘邦收回韩信兵权,并改封其为楚王。后因怀疑韩信谋反,刘邦用陈平计擒韩信归朝,降为淮阴侯。韩信从此日夜怨恨,常常装病不参加朝见和侍行。韩信曾经拜访以前的部属樊哙。樊哙用跪拜的礼节迎送,口称臣子。韩信出门,苦笑着说:“我这一生竟然与樊哙这类人处于同等地位！”事见《史记·淮阴侯列传》。伍,行列,同列。

6 **无面见江东:**楚汉战争中,项羽为刘邦所击败,最后从垓下突围到乌江,乌江亭长停船靠岸等他过河。项羽说:“籍与江东子弟八千人渡江而西,今无一人还,纵江东父兄怜而王我,我何面目见之?”乃自刎而死。事见《史记·项羽本纪》。 **故里:**家乡。

7 **韩信受胯**(kuà)**下之辱:**韩信当年在淮阴时,有个年轻的屠夫说:“你虽然个子高大,喜欢佩带刀剑,内心却是胆怯的。”并当众侮辱他说:“你当真不怕死,就刺我;如果怕死,就从我胯下爬过去。”韩信仔细打量那年轻人,就弯着身子,从他胯下爬了过去。后来韩信被封为王,回到楚都,召见那个曾经侮辱自己的年轻人,任命他做了楚国的中尉。事见《史记·淮阴侯列传》。胯,两股之间。

8 **张良:**汉初大臣。字子房,相传为新郑人。汉朝建立,封留侯。张良早年在博浪沙刺杀秦始皇未中，逃到下邳。有一天，在下邳桥上遇到一位老人。老人故意让鞋掉到桥下，对张良说："孺子，下取履！"张良强忍着，把鞋捡上来。老人又说："履我！"张良又强忍着，跪着给他穿好鞋。这老人就是黄石公，后来送给他一部《太公兵法》。事见《史记·留侯世家》。

9 **卫青**：西汉名将。字仲卿，河东平阳人。少年家贫，曾以牧羊为生。后因姐姐卫子夫得到汉武帝的宠爱，他也为武帝所重用，官至大将军，封长平侯。西汉初年起，匈奴不断攻扰北方诸郡。卫青前后七次率军出击，解除了匈奴对汉王朝的威胁。事见《史记·卫将军骠骑列传》。

10 **樊哙**：汉初将领。沛县人。曾以屠狗为业，后随刘邦起义，任左丞相，封舞阳侯。见《史记·樊郦滕灌列传》。

原文

求士莫求全，毋以二卵弃干城之将；用人如用木，毋以寸朽弃连抱之材[1]。总之，君子之身，可大可小；丈夫之志，能屈能伸[2]。自古英雄，难以枚举[3]；欲详将略，须读《武经》[4]。

译文

求才不必要求十全十美，不要因为两个鸡蛋的小事，就丢掉了真正能捍卫国家的将才；用人就像用木，不要因为有一寸朽木，就废弃了两抱合围的大材。总之，对于才德之士，可以做大事，也可以做小事；有远大志向的人，一定要做到能屈能伸。自古以来的英雄，难以一一列举；要想全面了解将士的谋略，就必须诵读《武经七书》。

注释

1 **求士莫求全**：《子思子·任贤》载，战国时，孔子之孙子思在卫国向卫侯推荐苟变为将，说他可以指挥五百辆战车。卫侯却说："吾知其才可将，然变也，尝为吏，赋于民而食人二鸡子（鸡蛋），以故弗用也。"子思曰："夫圣人之官人（任人为官），犹大匠之用木也，取其所长，弃其所短。故杞梓连抱（两手合抱）而有数尺之朽，良工不弃，何也？知其所妨者细也，卒成不訾（无可挑剔）之器。今君处战国之世，选爪牙（比喻武臣）之士，而以二卵（鸡蛋）弃干城之将，此不可使闻于邻国者也。”卫侯最终听取了子思的意见，任苟变为将。

2 **能屈能伸：**能弯曲也能伸直。指人能适应各种境遇，在失意时能暂时忍耐，在得意时能大干一番。

3 **枚举：**一一列举。

4 **将略：**将士的谋略。《**武经**》**：**即《武经七书》，亦称《武学七书》。宋代官方颁行的兵学丛书，内收《孙子》《吴子》《六韬》《司马法》《尉缭子》《三略》《李卫公问对》。元丰三年诏命朱服、何去非校订，颁为武学必读书。

卷二

祖孙父子

导读

本篇分为两部分。前一部分作者主要交代祖孙父子称谓,从"五伦""九族"写起,逐渐介绍祖孙父子之间的称谓和关系。同时也明确地指出,做长辈的要有意装聋作哑,做晚辈的必须得到长辈的欢心,这样才能搞好关系,才称得上合格的长辈和晚辈。

后一部分作者列举相关典故。隋朝的杨广毒杀父亲自即帝位,春秋时齐国的易牙烹杀儿子来讨好桓公,这都是没有人性的表现。春秋末年,老莱子年七十,常穿五彩衣,以娱父母;东汉时庐江人毛义,违背心愿,手捧文书去上任,是为了求得母亲的欢心。正反典型,对比鲜明,使人警醒。最后,作者衷心祝愿各家各户都子孙众多,后代繁盛。

原文

何谓五伦[1]?君臣、父子、兄弟、夫妇、朋友。何谓九族?高、曾、祖、考、己身、子、孙、曾、玄[2]。始祖曰鼻祖[3],远孙曰耳孙[4]。父子创造,曰肯构肯堂[5];父子俱贤,曰是

译文

什么叫五伦?五伦就是指君臣之间、父子之间、兄弟之间、夫妇之间、朋友之间的五种关系。什么叫九族?九族就是指高祖、曾祖、祖父、父亲、自己、子、孙、曾孙、玄孙,共九辈。最早的祖先叫鼻祖,即始祖;远代孙叫耳孙,即第八世孙。父亲创业,儿子继承,叫作肯构肯堂;父子都很贤能,就说有其

父是子[6]。祖称王父[7]，父曰严君[8]。父母俱存，谓之椿萱并茂[9]；子孙发达，谓之兰桂腾芳[10]。

父必有其子。祖父称作王父，父亲叫作严君。父母都健在，称之为椿萱并茂；子孙发达，称之为兰桂腾芳。

注释

1 **五伦：**封建宗法社会以君臣、父子、夫妇、兄弟、朋友等五种关系为五伦。伦，即人伦，指人与人之间的关系和应遵守的行为准则。即父子有亲，君臣有义，夫妇有别，长幼有序，朋友有信。

2 **九族：**指自身以上的父、祖、曾祖、高祖和以下的子、孙、曾孙、玄孙。也有包括异姓亲属而言的，如以父族四、母族三、妻族二为九族。 **考：**称已死的父亲。

3 **始祖：**最初得姓的祖先，后称可考的最早祖先。 **鼻祖：**即始祖、初祖。

4 **耳孙：**关于耳孙的说法，历来不一。颜师古据《尔雅》"曾孙之子为玄孙，玄孙之子为来孙，来孙之子为昆孙，昆孙之子为仍孙"，以为"仍""耳"声相近，仍孙即耳孙，是为八世孙。后世用以泛指远代孙。

5 **肯构肯堂：**比喻子能继承父业。构，盖屋；堂，立堂基，打基础。

6 **是父是子：**有这样的父亲就有这样的儿子。形容父子都很贤能。

7 **王父：**祖父。

8 **严君：**《易·家人》："家人有严君焉，父母之谓也。"后专以称父。

9 **椿萱并茂：**指父母都健在。古称父为椿庭，称母为萱堂，因以椿萱为父母的代称。

10 **兰桂腾芳：**晋朝谢玄以芝兰喻子侄，五代后周窦禹钧的五个儿子相继登科，号为窦氏五桂，俗称"五子登科"。后因以兰桂腾芳比喻子孙兴旺发达。兰桂，芝兰和丹桂，儿孙的美称。见《晋书·谢玄传》《宋史·窦仪传》。

原文

乔木高而仰，似父之道；梓木低而俯，如子

译文

乔木高大，树冠向上，象征父亲的威严不可侵犯；梓木矮小，树冠向下，好像做之卑[1]。不痴不聋,不作阿家阿翁[2];得亲顺亲,方可为人为子[3]。盖父愆,名为干蛊[4];育义子,乃曰螟蛉[5]。生子当如孙仲谋,曹操羡孙权之语[6];生子须如李亚子,朱温叹存勖之词[7]。菽水承欢[8],贫士养亲之乐;义方是训[9],父亲教子之严。

儿子的谦恭。不能装聋作哑,就做不了阿婆阿公;能够得到父母的欢心,顺从父母的心愿,这才可以在社会上做人,在家里做儿子。儿子能纠正父亲的过错,叫作干蛊;被收养的义子,就叫螟蛉。生子当如孙仲谋,这是曹操羡慕孙权的话;生子须如李亚子,这是朱温赞叹李存勖的话。粗茶淡饭也能使父母高兴,这是贫穷士人孝养双亲的乐趣;用行事应当遵守的规矩法度作为典式,这是父亲教育儿子的严格准则。

注释

1 **乔、梓:**二木名。《尚书大传·梓材》载,伯禽与康叔见周公,三见而三笞。乃见贤人商子而问。商子曰:"南山之阳有木焉,名乔。"二三子往观之,见乔实高高然而上,返回以告商子。商子曰:"乔者,父道也。南山之阴有木焉,名梓。"二三子复往观之,见梓实晋晋然而俯,返回以告商子。商子曰:"梓者,子道也。"二人受教后又去见周公,"入门而趋,登堂而跪",这次周公和颜悦色地接待了二人。儒家以为父权不可侵犯,似乔;儿子应卑躬屈节,似梓。后因以乔梓喻父子。

2 **不痴不聋:**指有意装聋作哑。唐代宗大历二年,郭暧与升平公主斗嘴,有不敬之言,暧父郭子仪因暧入朝待罪。代宗说:"鄙谚有之:'不痴不聋,不为家翁。'儿女子闺房之言,何足听也!"事见《资治通鉴·唐纪》。 **阿家(gū)阿翁:**即阿婆阿公。家,通"姑",婆婆。

3 **得亲顺亲:**《孟子·离娄上》:"不得乎亲,不可以为人;不顺乎亲,不可以为子。"意思是说,不得到父母的欢心,不能算作人;不孝顺父母,不能算作儿子。

4 **盖父愆:**超越父亲的不足。盖,超过,胜过;愆,过失,罪过。 **干蛊(gàn gǔ):**即干父之蛊。谓儿子能继承父志,完成父亲未竟之业。《易·蛊》:"干父之蛊，有子，考无咎。”王弼注曰：“以柔巽之质，干父之事，能承先轨，堪其任者也。”蛊，事。

5 **义子：**干儿子。 **螟蛉：**本为螟蛾的幼虫，蜾蠃蜂捕螟蛉为食，并以产卵管刺入螟蛉体内，注射蜂毒使其麻痹，然后负之置于蜂窠内，作蜾蠃蜂幼虫的食料。古人错认为蜾蠃蜂养螟蛉为子，因把螟蛉作为养子的代称。

6 **孙仲谋：**三国时吴国的建立者。名权，字仲谋，吴郡富春人。《三国志·吴书·吴主传》：“十八年正月，曹公（曹操）攻濡须，权与相拒月余。曹公望权军，叹其齐肃，乃退。”注引《吴历》：“公见舟船、器仗、军伍整肃，喟然叹曰：‘生子当如孙仲谋，刘景升儿子若豚犬耳！’” **曹操：**即魏武帝。三国时政治家、军事家、诗人。字孟德，小名阿瞒，沛国谯县人。汉献帝时任丞相，封魏王。后子曹丕称帝，追尊其为武帝。

7 **李亚子：**后唐庄宗李存勖(xù)的绰号。五代后唐的建立者。沙陀部人，李克用之子。李存勖英勇善战，率兵攻梁夹寨，大破梁军。朱温闻兵败，叹曰：“生子当如是，李氏不亡矣！”事见《旧五代史·唐书·庄宗纪》。 **朱温：**即后梁太祖。五代后梁建立者。宋州砀山人。与李克用父子进行长期征战。

8 **菽水：**豆和水。指粗茶淡饭，形容生活清苦。

9 **义方：**指行事应当遵守的规矩法度。后多指家教。

原文

绍箕裘[1]，子承父业；恢先绪[2]，子振家声。具庆下[3]，父母俱存；重庆下[4]，祖父俱在。燕翼贻谋，乃称裕后之祖[5]；克绳祖

译文

绍箕裘，是说儿子继承父亲的事业；恢先绪，是说儿子振兴家族的声望。具庆下，说明父母亲都健在；重庆下，说明祖父母、父母都健在。像燕子用翼翅覆养雏燕，给后代留下好的谋略，这是称赞使后代富裕的祖先；能够继承祖先的事业，这是称赞能够效法先人贤德的子

武，是称象贤之孙[6]。称人有令子，曰麟趾呈祥[7]；称宦有贤郎，曰凤毛济美[8]。弑父自立，隋杨广之天性何存[9]？杀子媚君，齐易牙之人心何在[10]？分甘以娱目，王羲之弄孙自乐[11]；问安唯点颔，郭子仪厥孙最多[12]。

孙。赞美人家有好儿子，说是麟趾呈祥；称颂官宦人家有贤德郎君，说是凤毛济美。杀死父亲自立为皇帝，隋朝的杨广还有一点人的本性吗？烹杀自己的儿子来讨好国君，齐国的易牙还有一点人心吗？分食甘味欢娱目前，这是王羲之逗弄孙子自得其乐；孙子每来问安，只能点头应付，这是因为郭子仪的孙子多得无法辨识。

注释

1 **绍箕裘：**《礼记·学记》："良冶之子，必学为裘；良弓之子，必学为箕。"意思是儿子往往继承父业。后因以箕裘比喻先人的事业。绍，继承。

2 **恢先绪：**发扬祖先的世业。恢，发扬、扩大；绪，世业、遗业。

3 **具庆：**父母俱在，共同欢庆。科举试卷履历，如果父母俱在的，填写"具庆"二字。若母亡父在，曰严侍下；父亡母在，曰慈侍下；父母俱亡，曰永感下。

4 **重庆：**指祖父母、父母俱在。

5 **燕翼贻谋：**像燕子用翼翅覆养乳燕，给后人留下好的谋略。贻，遗留。 **裕后：**使后人富裕。

6 **克绳祖武：**能够继承祖先的事业。克，能；绳，继续；祖武，先人的遗迹、事业。武，足迹。 **象贤：**谓能效法先人的贤德。象，摹拟、效法。

7 **令子：**佳儿。令，好、美。 **麟趾：**《诗经·周南·麟之趾》以"振振公子"等语称美周文王子孙昌盛，后遂以"麟趾"颂扬宗室子弟贤能。

8 **凤毛：**指先人遗下的风采。 **济美：**在前人的基础上发扬光大。

9 **杨广：**即隋炀帝。开皇二十年，以阴谋代兄杨勇为太子。仁寿四年，杨广趁父（隋文帝）有疾，用毒药将他毒死，自即帝位。见《资治通鉴·隋纪》。

10 **易牙:**春秋时齐桓公宠臣。雍人,名巫,亦称雍巫。擅长调味,善逢迎。传说齐桓公北伐中山还,叹曰,天下异味皆尝,但未食人肉耳。易牙归,烹其子以进桓公。自是有宠于公,所言多从。

11 **分甘:**分甘味与人,以示慈爱。《晋书·王羲之传》:"修植桑果,今盛敷荣,率诸子,抱弱孙,游观其间。有一味之甘,割而分之,以娱目前。" **王羲之:**东晋书法家。字逸少,琅邪临沂人。官至右军将军、会稽内史,人称王右军。 **弄孙:**逗弄小孙子。

12 **问安:**向长辈问好。 **点颔:**点头。 **郭子仪:**唐朝大将。华州郑县人。唐肃宗时,因功升中书令,后又进封汾阳郡王。唐德宗时,尊为尚父。据《新唐书 · 郭子仪传》载,郭子仪"八子七婿,皆贵显朝廷,诸孙数十,不能尽识,至问安,但颔之而已"。

原文

和丸教子,仲郢母之贤[1];戏彩娱亲,老莱子之孝[2]。毛义捧檄,为亲之存[3];伯俞泣杖,因母之老[4]。慈母望子,倚门倚闾[5];游子思亲,陟岵陟屺[6]。

译文

将熊胆和成丸子,让儿子咀嚼夜读,这表现了柳仲郢母亲的贤德;为了让老父母高兴,穿上五彩衣,扮作婴儿游戏,这显示了老莱子的孝心。毛义手捧官府的任命文书去上任,是为了让健在的母亲高兴;韩伯俞遭母亲杖责,竟然哭泣起来,这是因为他感到母亲已经衰老,力气大不如前了。慈祥的母亲切盼儿子归来,说是倚门倚闾;远离家乡的游子思念父母,说是陟岵陟屺。

注释

1 **和丸教子:**唐朝柳仲郢的母亲韩氏,教子甚严。相传常将熊胆和成丸子,供仲郢夜晚读书时咀咽,用来提神。事见《旧唐书 · 柳仲郢传》。

2 **老莱子:**春秋末年楚国隐士。相传隐居于蒙山之阳,自耕而食。有孝行,年七十,常穿五色彩衣为婴儿状,以娱父母。楚王召其出仕,不就,偕妻迁居江南。后因以戏彩指孝养父母。

3 **毛义捧檄:**东汉时庐江人毛义,家贫,以孝行著称。府里送来公文(檄),任命他为安阳县令。毛义捧着公文,喜形于色,前去上任。友人张奉因此很看不起他。母亲死后,毛义立即辞官,以后公车征召不就。张奉这才明白,毛义是为让母亲高兴才去做官的。

4 **伯俞泣杖:**相传汉朝时梁人韩伯俞,很有孝心。有一次,母亲用手杖打他,他便痛哭起来。母问之:“他日笞子,未尝见泣。今泣何也?”伯俞曰:“他日俞得罪,笞尝痛,今母之力不能使痛,是以泣。”事见刘向《说苑·建本》。

5 **倚门倚闾:**《战国策·齐策》:“王孙贾年十五,事闵王。王出走,失王之处。其母曰:‘汝朝出而晚来,则吾倚门而望;汝暮出而不还,则吾倚闾而望。’”闾,古代里巷的门。后来就用倚门倚闾表示慈母盼望子女归来的殷切心情。

6 **游子:**离家远游的人。 **陟岵**(zhì hù) **陟屺**(qǐ):《诗经·魏风·陟岵》:“陟彼岵兮,瞻望父兮。陟彼屺兮,瞻望母兮。”陟,登;岵,有草木的山;屺,无草木的山,即荒山。后来用陟岵陟屺表示游子对父母的思念之情。

原文

爱无差等,曰兄子如邻子[1];分有相同,曰吾翁即若翁[2]。长男为主器[3],令子可克家[4]。子光前曰充闾[5],子过父曰跨灶[6]。宁馨英畏[7],皆是羡人之儿;国器掌珠[8],悉是称人之子。可爱者,子孙之多若螽斯之蛰蛰[9];堪羡者,后人

译文

关爱应不分等级,自己的侄儿和邻居的孩子都要一样对待。长辈的名分应该是相同的,因此刘邦对项羽说:“我的父亲就是你的父亲。”长子是主管宗庙祭器的人,一般人家的好儿子能够继承祖先的家业。能光大前人事业的儿子,叫作充闾;儿子胜过了父亲,称为跨灶。宁馨和英畏,都是称羡人家的小孩子;国器和掌珠,都是夸奖人家的小孩子。值得喜爱的是,子孙众多,就像螽斯虫一样成群成队;值得羡慕的是,后代繁

之盛如瓜瓞之绵绵[10]。 | 盛，就像藤蔓上的大瓜小瓜一样，绵延不断。

注释

1 **兄子如邻子**:《孟子·滕文公上》:“孟子曰:‘夫夷子,信以为人之亲其兄之子,为若亲其邻之赤子乎……赤子匍匐将入井,非赤子之罪也。’”意思是说,有小孩爬到井边,即将发生危险,就不论是侄子还是邻人的小孩,都应当去救助。

2 **分**:名分,辈分。 **吾翁即若翁**:楚汉战争中,项王做了一张高几案,把汉王父亲太公放在上面,通告汉王说:“如果不赶快投降,我就把太公煮死。”汉王说:“我与项王作为臣子一起接受了怀王的命令,相约结为兄弟。这样,我的老子就是你的老子,如果定要煮了你的老子,就希望你能分给我一杯肉汤。”结果项王未杀刘父。见《史记·项羽本纪》。

3 **主器**:器,祭器。古代国君的长子主管宗庙祭器,后因称太子为主器。

4 **令子**:多用于称美他人的儿子。这里指一般人家的好儿子。 **克家**:本指能担当家事,后亦称能继承祖先家业的子弟为克家子。

5 **光前**:光耀前人。 **充闾**:喜气充满门闾。后来称儿子能光大前人的事业为充闾。晋朝大臣贾充,三国魏时任大将军司马、廷尉,为司马氏心腹。晋初任司空、侍中、尚书令。他生下来时,父亲贾逵说,“后当有充闾之庆”,因名充,字公闾。事见《晋书·贾充传》。

6 **跨灶**:比喻儿子胜过父亲。高士奇《天禄识余》卷上引《海客日谈》:“马前蹄之上有两空处名灶门。马之良者后蹄印地之痕反在前蹄印地之痕前,故名跨灶。言后步趱过前步也。一说,灶上有釜(锅),‘釜’字上‘父’字,跨灶者越父也。”

7 **宁馨**:即宁馨儿。晋宋时俗语,犹今说这样的孩子。魏晋后转取宁馨字面为义,意为美好的孩子、子弟。 **英畏**:英俊可畏,即英物,杰出的人物。

8 **国器**:国家的大器。指可使治国的人才。也用为称誉别人之子。 **掌珠**:极钟爱的人。亦称掌上明珠或掌中珠。

9 **螽(zhōng)斯蛰蛰(zhé)**:螽斯,虫名。《诗经·周南·螽斯》:“螽斯羽,诜诜兮。”以螽斯之多而成群,比喻子孙之众。蛰蛰,众多的样子。

10 **瓜瓞(dié)绵绵**:《诗经·大雅·绵》:“绵绵瓜瓞,民之初生,自土沮漆。”瓜一代一代生长,绵延不断,比喻子孙繁盛。瓞,小瓜。后用为祝颂子孙昌盛之词。

兄 弟

导读

本篇紧紧围绕“世间最难得者兄弟”展开论述。“玉昆金友”“伯埙仲篪”“花萼相辉”“棠棣竞秀”,先赞美兄弟间的深厚情谊,然后用历史人物的优秀表现来证明。东汉陈寔的儿子元方和季方才德难分高下,北宋的宋郊和宋祁都中了状元,东汉荀淑的八个儿子都有才名,等等。这些人的品德才学都受到了世人的赞颂。

当然世间事物良莠不齐,“煮豆燃萁”“斗粟尺布”“兄弟阋墙”者自然不可避免。但不管怎样,“其实凡今之人,莫如兄弟”。篇末所说照应开头,就是本篇的主旨。

原文

天下无不是底父母[1],世间最难得者兄弟[2]。须贻同气之光[3],毋伤手足之雅[4]。玉昆金友[5],羡兄弟之俱贤;伯埙仲篪,谓声气之相应[6]。兄弟既翕,谓之花萼相辉[7];兄弟联

译文

天下没有不对的父母,人世间最难得的是兄弟。必须保持兄弟的情感,不要伤害兄弟的情谊。玉昆金友,称羡兄弟都是贤人;伯埙仲篪,形容兄弟之间声气相通。兄弟融洽,称之为花萼相辉;兄弟接连考中科举,称之为棠棣竞秀。患难之中兄弟彼此顾恤,就像鹡鸰鸟在原野互相援救一样;

芳，谓之棠棣竞秀[8]。患难相顾，似鹡鸰之在原[9]；手足分离，如雁行之折翼[10]。元方季方俱盛德，祖太丘称为难弟难兄[11]；宋郊宋祁俱中元，当时人号为大宋小宋[12]。

兄弟分离，如同列阵的鸿雁被人折断了羽翼。元方和季方两兄弟都德高望重，父亲太丘令称他们是难弟难兄，不分上下；宋郊和宋祁都中了状元，当时人分别用大宋、小宋来称呼他们。

注释

1 **天下无不是底父母**：天下没有不对的父母，意思是说不管父母怎样，做儿女的都应该尽孝道。底，的。

2 **世间最难得者兄弟**：《北齐书·循吏传》载，苏琼迁清河太守。普明兄弟争田，积年不断，各相援据，乃至百人。琼召而谕曰："天下难得者兄弟，易求者田地，假令得地失兄弟心，如何？"。众人莫不下泪。普明兄弟叩头而去，分居十年，遂还同住。

3 **同气**：受同样的血气所生，即有血缘关系的亲属，后来多指同胞兄弟。**贻**：遗留。 **光**：时光。

4 **手足**：比喻兄弟。 **雅**：美好。这里指美好的情谊。

5 **玉昆金友**：对兄弟的美称。以玉比昆（兄），以金比友。友本指兄弟相敬爱，这里指弟。

6 **伯埙**(xūn)**仲篪**(chí)：《诗经·小雅·何人斯》："伯氏吹埙，仲氏吹篪。"形容兄弟之间声气相通。伯、仲，旧时兄弟排行常以伯、仲、叔、季为序，伯是老大，仲是老二。埙、篪，两种乐器名。埙，陶制；篪，竹制。两种乐器合奏，声音和谐。**声气相应**：应，应和、共鸣。形容兄弟之间意气相投，像相近的声音共鸣、相近的气味融合一样。

7 **翕**(xī)：聚、合，和睦融洽。 **花萼相辉**：唐玄宗开元二年，以旧邸为兴庆宫，后于宫之西南建楼，其西题为"花萼相辉之楼"，南曰"勤政务本之楼"。登楼，可以望见宪、薛、申、岐诸王邸第。事见《旧唐书·让皇帝宪传》。萼和花同生一枝，且有保护花瓣的作用，古人常用花萼比喻兄弟友爱。

8 **联芳**:接连的芬芳。比喻兄弟相继科举考中。 **棠棣竞秀**:棠棣之花竞相开放。棠棣,即“常棣”。《诗经·小雅·常棣》是一首申述兄弟应该互相友爱的诗,后常用以指兄弟。

9 **鹡鸰**(jí líng):即“脊令”,鸟名。《诗经·小雅·常棣》:“脊令在原,兄弟急难。”言脊令失所,飞鸣求其同类。后因以比喻兄弟友爱,急难相顾。

10 **雁行折翼**:比喻兄弟分离。

11 **元方季方**:东汉陈寔曾任太丘令,有子陈纪字元方,陈谌字季方。元方之子长文与季方之子孝先各论其父的功德,相争而不能决,去问陈寔,寔说:“元方难为兄,季方难为弟。”意思是两个人的见识才德难分高下。见《世说新语·德行》。后因以元方季方、难弟难兄称美兄弟才德俱优。“难弟难兄”也作“难兄难弟”,后来也指两人同样低劣,或处于类似的困境。

12 **宋郊宋祁**:指北宋时的宋氏两兄弟。宋郊,官至检校太尉平章事、枢密使,字公序,后改名庠。弟弟宋祁,官至工部尚书,字子京。仁宗天圣二年,兄弟俩同举进士。宋祁试礼部第一,宋郊第三。章献太后不许弟在兄前,遂改宋郊第一,宋祁第十,一时传为佳话。时人称为“二宋”,或以大小别之,称为“大宋小宋”。《宋史》均有传。 **中元**:考中状元。礼部奏宋祁第一,而后又擢宋郊第一,所以说他们兄弟都考中了状元。

原文

荀氏兄弟,得八龙之佳誉[1];河东伯仲,有三凤之美名[2]。东征破斧,周公大义灭亲[3];遇贼争死,赵孝以身代弟[4]。煮豆燃萁[5],谓其相害;斗

译文

荀氏八兄弟,都有声望,获得了荀氏八龙的美好名誉;河东薛收三兄弟,都有才名,获得了河东三凤的赞美声名。周公东征三年,平定叛乱,大义灭亲;弟弟赵礼遭遇饿贼,必死无疑,哥哥赵孝自缚见贼,说兄肥弟瘦,愿意自己取代弟弟。煮豆燃萁,

粟尺布[6]，讥其不容。兄弟阋墙[7]，谓兄弟之斗狠；天生羽翼[8]，谓兄弟之相亲。姜家大被以同眠[9]，宋君灼艾以分痛[10]。田氏分财，忽瘁庭前之荆树[11]；夷齐让国，共采首阳之蕨薇[12]。虽曰安宁之日，不如友生[13]；其实凡今之人，莫如兄弟。

比喻骨肉相残；斗粟尺布，讥笑兄弟不能相容。兄弟阋墙，就是兄弟在窝里狠斗；天生羽翼，是说兄弟之间相亲相助。姜肱用大被同两个弟弟睡在一起，宋太祖取艾自灼来分担弟弟的痛楚。田氏三兄弟平分家产，庭前的一棵紫荆树突然枯萎；伯夷、叔齐互让君位，后来武王灭商，兄弟俩耻食周粟，躲进首阳山，一同采摘野菜充饥。虽说安宁的日子，兄弟不如朋友亲密；其实现在所有的人，关系都不如兄弟亲密。

注释

1 **八龙：**荀淑，东汉大臣，桓帝时为朗陵侯相，字季和。荀淑有子八人：俭、绲、靖、焘、汪、爽、肃、专，都有才名，时人称之为八龙。事见《后汉书·荀淑传》。

2 **河东伯仲：**战国、秦、汉时指今山西西南部为河东，唐以后泛指今山西全境为河东。伯仲，指兄弟。 **三凤：**唐朝薛收是李世民的重要谋士。他与族兄薛德音、堂弟薛元敬，都有文名，时人称之为河东三凤。见《旧唐书·薛收传》。

3 **东征破斧：**《诗经·豳风·破斧》："既破我斧，又缺我斨。"赞美周公东征平定反叛的业绩。 **周公：**西周初年政治家。周文王之子，武王之弟，曾助武王灭商。武王死，成王年幼，由周公摄政。武王弟管叔、蔡叔等不服，联合纣王之子武庚和东方夷族反叛。周公出师东征，平定叛乱，杀了武庚、管叔，流放了蔡叔。事见《史记·周本纪》。 **大义灭亲：**原指为维护君臣大义而不惜牺牲亲属间的私情。后泛指为正义而不徇私情。

4 **赵孝以身代弟：**赵孝，字长平，东汉沛国蕲人。王莽末年，天下大乱，人相食。赵孝的弟弟赵礼被饿贼抓住，要杀了吃肉。赵孝听到消息，便绑了自己来见饿贼,说道:“礼久饿羸瘦,不如孝肥饱。”求贼放了弟弟吃自己。饿贼大惊,便放了赵孝兄弟。事见《后汉书·赵孝传》。后常用兄肥弟瘦表示兄弟情谊深厚。

5 **煮豆燃萁:**魏文帝曹丕曾令同母弟东阿王曹植七步中作诗,不成者行大法。曹植应声便为诗曰:“煮豆持作羹,漉菽以为汁。萁在釜下燃,豆在釜中泣。本是同根生,相煎何太急!”魏文帝深有惭色。见《世说新语·文学》。后常用煮豆燃萁比喻骨肉相残。

6 **斗粟尺布:**汉文帝弟淮南王刘长谋反失败,被押解去蜀郡严道县,途中不食而死。民间作歌曰:“一尺布,尚可缝;一斗粟,尚可舂;兄弟二人不相容!”见《史记·淮南衡山列传》。后常用斗粟尺布表示兄弟因利害冲突而不能相容。

7 **兄弟阋(xì)墙:**《诗经·小雅·常棣》:“兄弟阋于墙,外御其侮。”意思是说,兄弟们尽管在家里相争,但遇到外人来欺侮时就要共同合作,一致对外。后来就用兄弟阋于墙比喻内部相争。阋,相争。

8 **天生羽翼:**唐玄宗写信对他的兄弟们说,服用仙药而生出羽翼,哪里比得上我们兄弟是天生的羽翼呢!事见《新唐书·睿宗诸子传》。后常用天生羽翼比喻兄弟之间的相亲相助。

9 **大被同眠:**兄弟共被而卧,形容兄弟十分友爱。《后汉书·姜肱传》:“姜肱,字伯淮,彭城广戚人也。家世名族,肱与二弟仲海、季江,俱以孝行著闻。其友爱天至,常共卧起,及各娶妻,兄弟相恋,不能别寝。”

10 **灼艾分痛:**本宋太祖赵匡胤与宋太宗赵匡义友爱的故事,比喻兄弟友爱。灼艾,用艾灸治病。**宋君:**指宋太祖赵匡胤,宋朝建立者。一次,其弟赵匡义病得很厉害,宋太祖亲自为他烧艾火。匡义感觉疼痛,太祖便取艾自灼,以示分痛。见《宋史·太祖本纪》。

11 **田氏分财:**《续齐谐记》载,京兆田真、田庆、田广兄弟三人,共议分家,连庭前一棵紫荆树都要分成三部分。第二天紫荆树就枯死了。兄弟见状大惊,认为人不如树,因此决定不再分家。紫荆树又长得枝繁叶茂。**瘁(cuì):**劳累,这里指枯萎。

12 **夷齐让国:**《史记·伯夷列传》载,伯夷、叔齐本商末孤竹君的儿子。父亲想立次子叔齐为国君，待父死后，叔齐欲将君位让给伯夷，伯夷不肯。于是兄弟放弃君位，投奔西伯姬昌。恰逢周武王伐纣，二人叩马谏阻。武王灭商后，伯夷、叔齐坚持气节，不食周粟，隐于首阳山，采摘野菜充饥，后饿死。 **首阳：**山名，在今山西永济市南，相传为伯夷、叔齐饿死之处。 **蕨薇**(jué wēi)**：**两种草本植物，可供食用，可入药。这里指野菜。

13 **不如友生：**不如朋友相亲。友生，朋友。

夫 妇

导读

本篇由天地阴阳相配自然地引出男女相配结成夫妇。“拙荆”“内子”是丈夫称妻子，“槁砧”“良人”是妻子称丈夫，“琴瑟不调”比喻夫妻结怨，“河东狮吼”讥讽丈夫惧怕妻子。篇中对有关婚姻和夫妻关系的种种称谓都做了明确的交代，读来一目了然。

吴起为了做将军，残忍地杀死妻子；曾子为遵守孝道，将梨未蒸熟的妻子休弃；东汉鲍宣的富家妻子，很懂得顺从丈夫；春秋时齐国晏子车夫的妻子，真正称得上是丈夫的贤内助。作者列举历来有关夫妇方面的正反事例，说明夫妻间应该如何正常相处。“要知身修而后家齐，夫义自然妇顺”，这就是全篇的主旨所在。

原文

孤阴则不生，独阳则不长，故天地配以阴

译文

只有阴万物就不能生，只有阳万物就不能长，所以天地万物都由阴阳相配合；男人阳[1]；男以女为室，女以男为家，故人生偶以夫妇[2]。阴阳和，而后雨泽降[3]；夫妇和，而后家道成[4]。夫谓妻曰拙荆，又曰内子[5]；妻称夫曰稿砧，又曰良人[6]。贺人娶妻，曰荣谐伉俪[7]；留物与妻，曰归遗细君[8]。受室即是娶妻[9]，纳宠谓人娶妾[10]。

娶女人作妻子，女人嫁男人组成家庭，所以人生出男女结成配偶。阴阳二气调和，然后才会风调雨顺；夫妻双方和睦，然后才能家庭兴旺。丈夫称妻子叫拙荆，又叫内子；妻子称丈夫叫稿砧，又叫良人。祝贺别人娶妻，说是荣谐伉俪；把东西留给妻子，称作归遗细君。受室就是娶妻，纳宠是说别人娶妾。

注释

1 **阴、阳：**阴、阳本指物体对于阳光的向背，向日为阳，背日为阴。后来引申为气候的寒暖。中国古代思想家认为一切现象都有正反两方面，就用阴阳这个概念来解释自然界两种对立和消长的气或势力。他们把阴阳看作万物的起点，阴阳相合，乃生万物；也把阴阳交替看作宇宙的根本规律，一阴一阳谓之道。认为引起事物变化的内部原因是阴阳的消长。当阴阳两种力量互相调和时，事物就处于正常状态。反之，就是不正常的，事物会衰亡，机体会生病，社会会产生混乱。

2 **室：**妻。 **家：**家庭。 **偶：**配偶。

3 **雨泽：**时雨的泽润。这里指风调雨顺。

4 **家道：**指家庭经济状况。

5 **拙荆：**旧时对人称自己妻子的谦词。有贫寒无能之意。拙，笨拙；荆，以荆当钗。 **内子：**本指卿大夫的嫡妻，后专称自己的妻子。

6 **稿砧**(zhēn)**、良人：**均指丈夫。

7 **荣谐：**荣贵和谐。 **伉**(kàng)**俪：**夫妻，配偶。古时多指嫡妻，后用作夫妻的通称。

8 **归遗**(wèi)**细君：**《汉书·东方朔传》："归遗细君，又何仁也！"颜师古注："细君，朔妻之名。一说：细，小也。朔辄自比于诸侯，谓其妻曰小君。"

后以细君为妻的代称。遗，送。

9 **受室**：承受家室，即娶妻。

10 **纳宠**：纳妾。宠，爱。 **妾**：旧指小妻，即小老婆。

原文

正妻谓之嫡[1]，众妾谓之庶[2]。称人妻曰尊夫人[3]，称人妾曰如夫人[4]。结发系是初婚[5]，续弦乃是再娶[6]。妇人重婚曰再醮[7]，男人无偶曰鳏居[8]。如鼓瑟琴，夫妇好合之谓[9]；琴瑟不调，夫妻反目之词[10]。

译文

正妻称之为嫡，众妾称之为庶。称呼别人的妻子叫尊夫人，称呼别人的妾叫如夫人。结发是指初次结婚，续弦就是妻死再娶。女人再次结婚叫作再醮，男子没有配偶叫作鳏居。如鼓瑟琴，是比喻夫妻和睦的说法；琴瑟不调，是比喻夫妻结怨的言辞。

注释

1 **嫡**：宗法制度下指家庭的正支。正妻是正室，妾是侧室，所以宗法社会称正妻为嫡。

2 **庶**：与嫡相对，宗法制度下指家庭的旁支。如庶出，指妾所生子女。

3 **尊夫人**：本是对别人母亲的敬称，后也称别人的妻子。尊，尊贵。

4 **如夫人**：妾的别称，多用于称他人的妾。如，如同。

5 **结发**：本指初成年，而古时结婚要行男女并坐束发合髻之礼，因此结发指初成年结婚，也泛指第一次结婚。后称第一次结婚的夫妻为结发夫妻，也称原配之妻为结发。

6 **续弦**：古时用琴瑟比喻夫妻，因此续弦比喻妻死再娶。

7 **再醮**(jiào)：原指女子再嫁，或男子再娶。元、明以后专指女子夫死再嫁。醮，古代结婚时用酒祭神的礼。

8 **鳏**(guān)**居**：男子无妻独居。鳏，成年无妻或丧妻的人。

9 **瑟琴**：两种乐器名，琴瑟合奏，其音和谐。因此比喻夫妻间感情和谐。

10 **反目**：多指夫妻不和睦，后泛指关系破裂。

原文

牝鸡司晨，比妇人之主事[1]；河东狮吼，讥男子之畏妻[2]。杀妻求将，吴起何其忍心[3]；蒸梨出妻，曾子善全孝道[4]。张敞为妻画眉，媚态可哂[5]；董氏对夫封发，贞节堪夸[6]。冀郤缺夫妻相敬如宾[7]，陈仲子夫妇灌园食力[8]。不弃糟糠，宋弘回光武之语[9]；举案齐眉，梁鸿配孟光之贤[10]。

译文

牝鸡司晨，比喻妇人掌权干预外事；河东狮吼，讥讽丈夫惧怕妻子。杀死妻子求做大将，吴起的心肠是何等残忍；梨未蒸熟就休弃妻子，曾子很能遵守孝道。张敞替妻子描画眉毛，娇媚的姿态令人取笑；董氏为了丈夫用绳帛封束头发，她忠贞的节操值得夸赞。冀邑的郤缺夫妇，互相尊敬如待宾客；陈仲子夫妇，为别人种地自食其力。不弃糟糠，这是宋弘回答光武帝的话；举案齐眉，这是说梁鸿娶到孟光这样的贤妻。

注释

1 **牝(pìn)鸡司晨**：母鸡报晓。比喻妇女专权。牝，鸟兽之雌性。

2 **河东狮吼**：洪迈《容斋随笔》载，北宋陈慥，字季常，自称龙丘先生，喜好宾客，家里养着一些歌妓。他的妻子柳氏非常强悍又爱嫉妒，所以苏轼有诗云："龙丘居士亦可怜，谈空说有夜不眠。忽闻河东狮子吼，拄杖落手心茫然。"河东，柳姓的郡望，暗指陈妻柳氏。狮子吼，佛家比喻威严，陈慥好谈佛，苏轼借用来跟陈开玩笑。后来用河东狮吼比喻妻子妒悍，来嘲笑怕老婆的男子。

3 **杀妻求将**：比喻人为追求名利而不惜做灭绝人性的事。《史记·吴起列传》："齐人攻鲁，鲁欲将吴起。吴起娶齐女为妻，而鲁疑之。吴起于是欲就名，遂杀其妻以明不与齐也，鲁卒以为将。"

4 **蒸梨出妻**：《孔子家语》载，曾子对后母十分孝敬，有次因妻子将没有蒸熟的梨给后母吃，他认为妻子不孝，便将她休了。出妻，休妻。**曾子**：春秋末鲁国南武城人。名参，字子舆。孔子学生，以孝著称。

5 **张敞为妻画眉**：《汉书·张敞传》载，张敞担任京兆尹时，曾替妻子画眉，长安城里纷纷传说张京兆画的眉样如何漂亮。有人抓住这点上奏弹劾他。宣帝问他时，他说："臣听说闺房里面，夫妇之间的私情，还有比画眉更过分的事。"宣帝爱他有才干，没有责备他。画眉，用黛描饰眉毛。后遂以画眉形容夫妻恩爱。 **媚态：**娇媚的姿态。 **哂**(shěn)**：**微笑，这里是讥笑。

6 **封发：**用绳帛封束头发。唐朝贾直言被贬岭南，因此去生死未卜，所以临行前劝妻子董氏改嫁。董氏不答，用绳系住头发，并用帛封好，叫丈夫在帛上盖印，说："非君手不解。"贾直言被贬二十年后回来，董氏的封发依然没有半点改变。事见《新唐书·列女传》。 **贞节：**忠贞不二的节操。这里指女子不改嫁或不失身的道德行为。

7 **相敬如宾：**形容夫妻互相尊敬，像对待宾客一样。春秋时，鲁国大夫臼季出使他国时经过冀邑，看到郤(xì)缺在田里耕种，妻子给他送饭，两人相敬如宾。返回国都，臼季便向晋文公推荐郤缺做了下军大夫。事见《左传·僖公三十三年》。

8 **陈仲子：**战国时齐人。他认为哥哥食禄万钟是不义的事，便与妻子离开齐国住到楚国的於陵，自号於陵仲子。楚王听说他贤能，想让他担任相国，他不干，又与妻子逃走了，替人家灌园种菜，自食其力。其事迹散见《孟子·滕文公下》《荀子·非十二子》及《战国策·齐策四》。 **灌园：**从事田园劳动。后来以灌园为退隐家居的典故。

9 **不弃糟糠：**东汉光武帝刘秀的姐姐湖阳公主新寡。刘秀想将她嫁给宋弘，对宋弘说："贵易交，富易妻，人情乎？"宋弘回答说："臣闻贫贱之知不可忘，糟糠之妻不下堂。"婉言拒绝了光武帝。事见《后汉书·宋弘传》。糟糠，本指酒渣、糠皮等粗劣食物，后用来指曾经与自己共患难的妻子。

10 **举案齐眉：**形容夫妻互相敬爱。《后汉书·梁鸿传》："(梁鸿)为人赁舂，每归，妻(孟光)为具食，不敢于鸿前仰视，举案齐眉。"案，有脚的托盘。

原文

苏蕙织回文[1]，乐昌分破镜[2]，是夫妇之

译文

苏蕙思念丈夫织成回文旋图诗，乐昌公主与丈夫各持一半铜镜作为日后寻找的凭

生离；张瞻炊臼梦[3]，庄子鼓盆歌[4]，是夫妇之死别。鲍宣之妻，提瓮出汲，雅得顺从之道[5]；齐御之妻，窥御激夫，可称内助之贤[6]。可怪者，买臣之妻，因贫求去，不思覆水难收[7]；可丑者，相如之妻，夤夜私奔，但识丝桐有意[8]。要知身修而后家齐[9]，夫义自然妇顺[10]。

证，这是夫妇生前离别的惨状；张瞻梦见在石臼中做饭，庄子在地上敲着盆子唱歌，这是夫妇死别的奇闻。鲍宣的富家妻子，提着瓦瓮出门汲水，很懂得顺从丈夫的道理；齐国晏子车夫的妻子，窥视丈夫的举止并用言语激励他奋发，真正称得上是丈夫的贤内助。令人奇怪的是，朱买臣的妻子因为贫穷要求离开丈夫，她不想想水一旦泼出去就不可能收回来；令人羞愧的是，司马相如的妻子只听得相如琴声中传达出来的爱慕之意，就在深夜里私自投奔相如。要知道提高自身的道德修养，然后才能把家庭治理好；做丈夫的懂得为夫之道，做妻子的自然就会顺从。

注释

1 **苏蕙织回文：**前秦苻坚时，秦川刺史窦滔被放逐到流沙。妻子苏蕙思念丈夫，便用五色彩丝织成回文旋图诗寄滔。回文诗图名璇玑图，长宽各八寸，共八百四十字，纵横反复都能诵读，文词凄婉。事见《晋书·窦滔妻苏氏传》。

2 **乐昌分破镜：**南朝陈国将亡时，太子舍人徐德言估计在兵荒马乱中会失散妻子乐昌公主（陈后主之妹），便打破铜镜，与妻各执一半，约定离散后的正月十五日卖镜于市，互探消息。形势果如徐所料。正月十五那天，徐见一人高价卖半镜，便邀回住处，将半镜一合，果是原物。徐即题诗一首："镜与人俱去，镜归人未归。无复嫦娥影，空留明月辉。"公主见诗，涕泣不食，也作诗一首："今日何迁次，新官对旧官。笑啼俱不敢，方验作人难。"后两人终得团圆。事见唐代孟棨《本事诗·情感》。

3 **张瞻炊臼梦：**唐代段成式《酉阳杂俎·梦》："江淮有王生者，榜言解梦。贾客（商人）张瞻将归，梦炊于臼中，问王生。生言：'君归不见妻矣。臼中炊,固无釜也。’贾客至家,妻果卒已数月。”“釜”“妇”谐音,无釜即无妇。后以炊臼之戚或炊臼之痛比喻丧妻。

4 **庄子鼓盆歌:**《庄子·至乐》载,庄子的妻子死了,惠子去吊唁,看到庄子两腿张开,坐在地上,正敲着盆子唱歌。后以鼓盆指丧妻。

5 **提瓮出汲:**东汉鲍宣求学时,老师见其清苦,很是器重,便将女儿桓少君嫁给他,而且陪嫁丰厚。鲍宣担心少君出身富家,过不惯贫苦生活。少君便换上粗布短衣,与丈夫一起推车回家。拜见婆婆后,少君就提着瓦瓮出门打水。事见《后汉书·列女传》。 **雅:**很,甚。

6 **窥御激夫:**春秋时,晏子担任齐国的相国。有一天晏子坐车外出,车夫的妻子在门缝里偷看,只见替晏子驾车的丈夫挥鞭赶着高头大马,神气活现,十分得意。车夫回家后,妻子要求离去,说道:“晏子身高不满六尺,身为齐相,名闻诸侯,而思想深沉,态度谦逊。你身高八尺,只是个替人赶车的车夫,却自以为了不起,像你这样的人还有什么出息!”从此以后,车夫便显得谦逊起来。晏子知道事情经过后,便推荐他做了大夫。事见《晏子春秋·内篇杂上》。 **内助:**妻子帮助丈夫处理家庭事务,因称妻子为内助。

7 **覆水难收:**倒在地上的水难收回来。比喻事成定局,无法挽回。相传汉代朱买臣原来很穷,他妻子要求离去。后来朱做了大官,他妻子要求复婚。朱就端来一盆水泼在地上,让她再收回来。

8 **丝桐有意:**有意从琴声中传达出爱慕的情意。古代琴多用桐木制成,张丝质琴弦,所以称琴为丝桐。 **相如:**即司马相如,西汉辞赋家。复姓司马,字长卿,蜀郡成都人。《汉书·司马相如传》载,相如与临邛县令王吉关系很好。一天,临邛富户卓王孙邀王吉和相如赴宴。当时卓王孙女儿卓文君新寡,喜欢音乐。宴席上,王吉请相如弹琴。相如表面上装作敬重县令,实际上用琴声挑逗文君。文君悄悄从门缝里偷看,既喜欢相如的人品,又爱他弹得一手好琴,于是连夜从家中出逃私奔相如,两人便急忙驾车回到成都。 **夤(yín)夜:**深夜。夤,深。

9 **身修而后家齐:**自身的思想品德修养好了,然后才能治理好家庭。

10 **夫义自然妇顺:**做丈夫的懂得为夫之道,做妻子的就自然会顺从。

叔 侄

导读

本篇开门见山，揭示叔侄间的多种称谓。篇中列举世人处理叔侄间关系的传说，十分感人。晋代永嘉末年，因石勒作乱，邓伯道带着妻儿和侄子南逃，途中遇到盗匪，行李盘缠都被洗劫一空。当时两个孩子还很年幼，这样下去恐怕全家都很难保全。邓伯道觉得弟弟早死，只留下这么一个孩子，因此想丢下自己的孩子，带着侄子逃命。他把自己的想法告诉妻子，妻子不同意，他又说："只要我们还活着，今后还会有孩子的。"他妻子没有办法，只好同意了。可后来邓伯道的妻子再也没有生育，因此世人都哀叹邓伯道没有后人。同样，三国魏张范在贼人面前弃儿存侄以致感动贼人的义举，后世传为美谈。

原文

曰诸父，曰亚父，皆叔伯之辈[1]；曰犹子，曰比儿，俱侄儿之称[2]。阿大中郎，道韫雅称叔父[3]；吾家龙文，杨素比美侄儿[4]。乌衣诸郎君，江东称王谢之子弟[5]；吾家千里驹，苻坚羡苻朗为侄儿[6]。竹林，叔侄之称[7]；

译文

说诸父，说亚父，都是对同宗叔伯辈的称呼；说犹子，说比儿，都是称呼自己的侄儿。阿大中郎，这是谢道韫对叔父的雅称；吾家龙文，这是杨昱对侄儿的赞美说法。乌衣众郎君，是江东人称呼王、谢两家望族的子弟；吾家千里驹，是苻坚赞美自己的侄儿苻朗。竹林是叔侄的别称，兰玉是对子侄的夸奖。保兰玉，子侄之誉[8]。存侄弃儿，悲伯道之无后[9]；视叔犹父，羡公绰之居官[10]。卢迈无儿，以侄而主身之后[11]；张范遇贼，以子而代侄之生[12]。

全侄儿抛弃儿子，世人哀叹邓伯道没有后人；对待叔父就像对待自己的父亲一样，人们称赞身居高位的柳公绰。卢迈没有儿子，认为侄子同样可以主持身后的事；张范遭遇贼人抓去自己的儿子和侄儿，宁愿用儿子换取侄儿生还。

注释

1 **诸父**：伯父、叔父的统称。 **亚父**：仅次于父，表示尊敬的称呼。

2 **犹子**：《礼记·檀弓上》："兄弟之子，犹子也。"后因称侄子为犹子。犹，如，同。 **比儿**：类似于儿。后称侄子为比儿。比，比拟，类似。

3 **阿大中郎**：东晋才女谢道韫嫁给王羲之的儿子王凝之。谢到王家后，很瞧不起凝之。回到娘家，表示极不快乐。叔父谢安宽慰她，她却说："一门之内，叔父有阿大（谢尚）、中郎（谢据）；堂兄弟就有封（谢韶）、胡（谢朗）、遏（谢玄）、末（谢川）。想不到天地之间，竟还有王郎这样的人！"见《世说新语·贤媛》。

4 **龙文**：骏马名。比喻才能出众的儿童。《北齐书·杨愔传》："此儿驹齿未落，已是我家龙文；更十岁后，当求之千里外。"这是杨愔的叔父杨昱（原文误作杨素）赏识侄儿的话。

5 **乌衣诸郎君**：东晋王导（元帝时任丞相）、谢安（孝武帝时任丞相）两大家族都在京城的乌衣巷，所以世称王、谢两望族的子弟为乌衣郎。 **江东**：长江在芜湖市、南京市间作西南南、东北北流向，是南北往来主要渡口所在，秦汉以后，习称自此以下的长江南岸地区为江东。

6 **千里驹**：少壮的良马。比喻能力极强的少年人才。后也称子侄中的优秀者。《晋书·苻坚载记》："苻朗，字元达，坚之从兄子也。性宏达，神气爽迈，幼怀远操，不屑时荣。坚尝目之曰：'吾家千里驹也。'"

7 **竹林**：魏、晋间的嵇康、阮籍、山涛、向秀、阮咸、王戎、刘伶等七人，相与友善，游于竹林，时人号为"竹林七贤"。见《三国志·魏书·嵇康传》

裴松之注引晋孙盛《魏氏春秋》。因竹林七贤中阮籍、阮咸为叔侄，所以后世也以竹林比喻叔侄关系。

8 **兰玉：**"芝兰玉树"的省略语。《世说新语·言语》："谢太傅（安）问诸子侄：'子弟亦何预人事，而正欲使其佳？'诸人莫有言者。车骑（谢玄）答曰：'譬如芝兰玉树，欲使其生于阶庭耳。'"后遂以兰玉称誉优秀的子弟。

9 **存侄弃儿：**晋代邓攸，字伯道，平阳襄陵人。永嘉末年，因石勒作乱，邓攸携家南逃。过泗水，途中遇贼抢去车马，只得肩担儿子和侄儿步行，考虑不能两全，因其弟早亡，所以弃儿存侄。之后邓攸竟一直没有儿子，时人哀之曰："天道无知，使邓伯道无儿。"事见《晋书·邓攸传》。

10 **视叔犹父：**唐朝柳公绰，京兆华原人。唐文宗时，任河东节度使，后官至兵部尚书。其弟柳公权为著名书法家，官中书舍人，后为太子少师。公绰子柳仲郢官刑部尚书。柳公绰视叔如父，出遇叔父必定下马端立。他儿子仲郢对叔父公权也像对自己父亲一样，出遇公权，也一定端笏而立。新、旧《唐书》皆有传。

11 **卢迈：**唐朝中书侍郎，字子玄。再娶而没有生子，有人劝他纳妾。他说："兄弟之子犹子也，可以主后。"事见《新唐书·卢迈传》。

12 **张范遇贼：**三国魏张范，字公仪。一次，张范之子张陵及侄儿张戬均被山东贼人抓去。张范亲自前去说情，贼人交还了张陵。张范说："虽说喜爱自己的儿子这是人之常情，但我可怜侄儿年幼，请用张陵替换张戬。"贼人为他的义气所感动，就把张陵、张戬都交还给了张范。见《三国志·魏书·张范传》。

师 生

导读

本篇开头就不同凡响，由马融讲课的特殊方式和孔子众多的弟子，自然使人联想到有关师生关系的方方面面。因此，下面关于古人设馆教学、师生关系等的表述就很自然了。

篇中赞颂教与学的典型人物，使人学有榜样。有一次，宋朝学者程颐的门生游酢、杨时去拜访他，其间程颐偶然困乏，闭目坐以养神，他俩默默地侍立在一旁而未离去。程颐醒来后，发现游、杨二人仍在侍立，便说天晚了，你们可以回去了。等他们二人出门时，门外已经积了一尺多深的雪。可见游酢、杨时敬重老师的诚心真是到了极点。因此，千百年来“立雪程门”一直传为美谈。

原文

马融设绛帐，前授生徒，后列女乐[1]；孔子居杏坛，贤人七十，弟子三千[2]。称教馆曰设帐，又曰振铎[3]；谦教馆曰糊口，又曰舌耕[4]。师曰西宾，师席曰函丈[5]；学曰家塾，学俸曰束脩[6]。桃李在公门，

译文

马融设置红色帐帷讲课，前面是受业的学生，后面是排列的女子乐队；孔子在杏坛讲学，先后有弟子三千人，其中德才突出的七十余人。称人设馆教学叫设帐，又叫振铎；自谦设馆教学说是糊口，又说舌耕。家塾教师被尊称为西宾，教师的座席叫作函丈；在家设馆教学叫家塾，给教师的酬金叫束脩。桃李在公门，称人学生

称人弟子之多[7];苜蓿长阑干,奉师饮食之薄[8]。	众多;苜蓿长阑干,形容侍奉老师的饮食粗劣。

注释

1 **马融:**东汉经学家、文学家,为世通儒。字季长,右扶风茂陵人。他常坐高堂,施绛纱帐,前授生徒,后列女乐,生徒常有千余人。《后汉书》有传。 **绛帐:**红色帐帷。因马融施绛帐讲课,后因以绛帐为师长或讲席的代称,含有尊敬称美的意思。 **女乐:**女子乐队。

2 **孔子:**春秋末期思想家、政治家、教育家,儒家学派的创始人。相传先后有弟子三千人,其中著名的有七十余人。 **杏坛:**相传为孔子讲学处。后也泛指聚徒讲学处。

3 **教馆:**执教的馆舍,这里指执教的人。 **设帐:**设馆教学。帐,即绛帐。 **振铎(duó):**古代宣布政教法令时,即鸣铎以警众。文事用木铎,武事用金铎。后引申为从事执教工作的代称。铎,有舌的大铃。

4 **糊口:**本是吃粥的意思。用来形容生活艰难,勉强度日。 **舌耕:**旧时授徒讲学的人以口舌谋生,正像农民靠耕种获得粮食一样,所以称讲学为舌耕。

5 **西宾:**坐西面东的宾客。对家塾教师或幕友的敬称。 **师席:**教师的座席。 **函丈:**《礼记 · 曲礼上》:"若非饮食之客,则布席,席间函丈。"郑玄注:"谓讲问之客也。函,犹容也,讲问宜相对容丈,足以指画也。"后用以称讲席,常用作对老师或前辈长者的敬称。

6 **学:**学馆,指在家设馆教书。**家塾:**相传周代以二十五家为一闾,闾有巷,巷前门边设家塾,用来教授居民子弟。后称延师在家教授子弟为家塾,以别于公家所设立的学校。塾,古指门东西两侧的堂屋,后指民间教读的地方。 **学俸:**从学的俸禄。 **束脩:**脩,干肉。十条干肉为束脩。古代入学敬师的礼物,后指致送教师的酬金。

7 **桃李在公门:**《资治通鉴》载:"(狄)仁杰又尝荐夏官侍郎姚元崇……等数十人,率为名臣。或谓仁杰曰:'天下桃李,悉在公门矣。'"桃李,本指桃树李树，因结的果实多，所以常用来比喻培养的学生或所举荐的人才众多。

8 **苜蓿长阑干：**薛令之，唐中宗神龙进士，唐玄宗开元中为左补阙兼太子侍读。王定保《唐摭言·闽中进士》："时开元东宫官僚清淡，令之以诗自悼，复纪于公署曰：'朝旭上团团，照见先生盘。盘中何所有？苜蓿长阑干。饭涩匙难绾，羹稀箸易宽。何以谋朝夕？何由保岁寒？'"生活清贫，常以苜蓿为蔬，后因以"苜蓿长阑干"形容教师的清苦生活。苜蓿，一种草本植物。阑干，纵横散乱的样子。 **薄：**菲薄，粗劣。

原文

冰生于水而寒于水，比学生过于先生；青出于蓝而胜于蓝，谓弟子优于师傅[1]。未得及门，曰宫墙外望[2]；称得秘授，曰衣钵真传[3]。人称杨震为关西夫子[4]，世称贺循为当世儒宗[5]。负笈千里，苏章从师之殷[6]；立雪程门，游杨敬师之至[7]。弟子称师之善教，曰如坐春风之中[8]；学业感师之造成，曰仰沾时雨之化[9]。

译文

冰由水生成却比水寒冷，比喻学生超过了老师；青靛从蓼蓝中提出却比蓼蓝的颜色深，是说徒弟比师傅优秀。还没有进入师门求教，说是宫墙外望；称得到了老师传授的真才实学，叫作衣钵真传。时人称东汉杨震为关西夫子，世人称晋代贺循为当世儒宗。背着书箱到千里之外去寻师，可见西汉苏章从师求学心情的殷切；室外下了一尺深的雪，还依然侍立在程颐的一旁，可见游酢、杨时敬重老师的诚心真是达到了极点。学生称赞老师的教诲，说是如坐春风之中；感谢老师成就了自己的学业，说是仰沾时雨之化。

注释

1 **"冰生于水"联：**语出《荀子·劝学》："君子曰：学不可以已。青，取之于蓝而青于蓝；冰，水为之而寒于水。"青，靛(diàn)青，一种染料；蓝，即蓼(liǎo)蓝，草名。

2 **宫墙:**房屋的围墙。《论语·子张》:“譬之宫墙,赐(子贡)之墙也及肩,窥见室家之好;夫子(孔子)之墙数仞,不得其门而入,不见宗庙之美,百官之富。”后世因称师门为宫墙、门墙。

3 **衣钵:**指佛教僧尼的袈裟和食器。中国禅宗师徒间道法的授受,常付衣钵为信,称之为衣钵相传,又称衣钵真传。

4 **杨震:**字伯起,东汉弘农华阴人。少好学,博览群经,时人称为“关西孔子杨伯起”。见《后汉书·杨震传》。华阴在函谷关以西,所以称华阴为关西。

5 **贺循:**字彦先,晋代会稽山阴人。他博览群经,尤精礼传。元帝时任太常、左光禄大夫等职。朝廷有什么难事往往询问于他,他都能按经书、礼仪予以答复,因此时人尊称他为当世儒宗。事见《晋书·贺循传》。儒宗,儒者所敬仰的宗师。

6 **负笈:**背负书箱。笈,书箱。 **苏章:**东汉扶风平陵人。曾背着书箱千里寻师。

7 **立雪程门:**宋朝程颐的门生游酢、杨时初次去拜访程颐,其间程颐偶闭目而坐养神,二人便侍立一旁。待程颐醒来,游、杨才辞别,这时门外雪深已有一尺。见《宋史·杨时传》。后遂以立雪程门或程门立雪为尊师重道的典故。 **程颐:**北宋哲学家、教育家。洛阳人。与兄程颢同为北宋理学的奠基者,世称“二程”。 **游酢:**北宋学者。字定夫,建州建阳人。元丰进士,学者称廌山先生。与杨时、吕大临、谢良佐并称程门四大弟子。 **杨时:**北宋学者。字中立,福建将乐人。熙宁进士,晚年隐居龟山,学者称龟山先生。

8 **如坐春风:**春风温和,比喻温和可亲的气象或境界,后比喻良师的教导。

9 **时雨之化:**像及时的雨露,滋润感化。比喻及时得到了老师的教育和栽培。 **仰沾:**抬头分润。沾,沾染、分得。

朋友宾主

导读

本篇分为两部分。先说朋友。战国时，赵国大臣蔺相如对廉颇容忍谦让，终使廉颇愧悟，两人成为刎颈之交。东汉末年，吴郡人周瑜与孙策从小就是好朋友，帮助孙策在江东创立孙氏政权。作者用历史事例从正面说明朋友间的关系。“金兰”“丽泽”“莫逆”“忘年”“心志相孚”“胶漆相投”等，都指心意相通、真诚相待的朋友。“参商”“冰炭”等从反面说，指彼此不合，互相仇视。

然后写宾主。作者运用大量的例证，说明什么才是真正的待客之道。最后，作者语重心长，提醒世人，主人和宾客要靠感情来联络，朋友交往双方都应表现自己的诚意。

原文

取善辅仁，皆资朋友[1]；往来交际，迭为主宾[2]。尔我同心曰金兰[3]，朋友相资曰丽泽[4]。东家曰东主[5]，师傅曰西宾[6]。父所交游，尊为父执[7]；己所共事，谓之同袍[8]。心志相孚为莫逆[9]，老幼相交曰忘年[10]。

译文

吸取朋友的长处来培养自己的仁德，讲的都是怎样依靠朋友；朋友之间的往来交际，应当轮流充当主人和客人。你我同心的朋友叫金兰，朋友之间互相资助叫丽泽。东家称作东主，被聘的教师叫作西宾。父亲的朋友尊称为父执，自己的同事称之为同袍。心意相通、以诚相待的朋友叫莫逆，年长人和年轻人交朋友叫忘年。

注释

1 **取善辅仁**:吸取朋友的长处,来培养自己的仁德。 **资**:凭借,依靠。

2 **迭为主宾**:双方互为宾主。迭,更迭、轮流。

3 **金兰**:形容志同道合的朋友,后引申为异姓兄弟结拜之词。语出《易·系辞上》:"二人同心,其利断金;同心之言,其臭如兰。"

4 **资**:资助。 **丽泽**:《易·兑》:"丽泽,兑,君子以朋友讲习。"王弼注:"丽犹连也。"兑,喜悦。意谓两个沼泽相连,滋润万物,所以万物皆悦。后用来比喻朋友互相切磋,这里指互相资助。

5 **东家**:按照古礼,主人坐东面西,所以塾师、幕友或雇工等称主人为东家,亦称东主。

6 **西宾**:旧时宾位在西,故称。常用作对家塾教师或幕友的敬称。

7 **父执**:父亲的朋友。执,执交、朋友。

8 **同袍**:同穿一件战袍的战友,后用来指极有交情或关系密切的人。

9 **心志相孚**:心意相通,以诚相待。孚,信用。 **莫逆**:没有抵触,形容思想感情一致。后因称情投意合、友情深厚为莫逆。

10 **忘年**:即忘年交。指两人年纪或辈分不相当而成为知心朋友。

原文

刎颈交,相如与廉颇[1];总角好,孙策与周瑜[2]。胶漆相投,雷义之与陈重[3];鸡黍之约,元伯之与巨卿[4]。与善人交,如入芝兰之室,久而不闻其香;与恶人交,如入鲍鱼之肆,久而不闻其臭[5]。肝胆相照,斯为心腹之友[6];意气不孚,

译文

刎颈之交,是说战国时蔺相如和廉颇生死与共的情谊;总角之好,是说三国时孙策和周瑜孩提时代就是好朋友。像胶漆一样互相黏合,这是雷义与陈重坚不可破的友情;虽隔两年,依旧杀鸡作黍以待,这是元伯与巨卿的约定。跟好人交往,如同进入放着香草的屋子,时间久了就闻不到它的芳香味;跟恶人交往,好像进入卖盐渍鱼的店铺,时间久了就闻不到它的腥臭味。真诚相待,这才称得上推心置腹的朋友;志趣不同,只

谓之口头之交[7]。彼此不合,谓之参商[8];尔我相仇,如同冰炭[9]。

能算作口头上的交情。彼此之间不相契合,称之为参商;你我互相仇视,好比互不相容的冰炭。

注释

1 **刎颈交:**指同生死共患难的朋友。刎,割;颈,脖子;交,交情、友谊。 **相如:**即蔺相如,战国时赵国大臣。赵惠文王二十年,随赵王到渑池与秦王相会,使赵王不受屈辱,因功任为上卿,位在廉颇之上。对朝廷大臣廉颇容忍谦让,使廉颇愧悟,二人遂成为刎颈之交。 **廉颇:**战国时赵国名将。赵惠文王时任上卿,屡胜齐、魏等国。

2 **总角好:**指童年时代就是很要好的朋友。总角,古时儿童将头发梳成两个小髻,形状如角,后以此指童年时代。 **孙策:**东汉末吴郡富春人。孙氏政权的建立者。 **周瑜:**三国时吴国名将。少与孙策为友,助孙策在江东创立孙氏政权。孙策死,辅佐孙权,任前部大都督。

3 **胶漆相投:**比喻情意相投,有如胶漆黏合,亲密无间。东汉陈重、雷义,两人年轻时就是至交。先是陈重举孝廉,要让与雷义,太守张云不答应。后是雷义举茂才,要让与陈重,刺史不同意,“义遂佯狂被发走,不应命”。最后二人同举茂才,同拜尚书郎。乡里人说:“胶漆自谓坚(坚固),不如雷与陈。”事见《后汉书 · 陈重传》《后汉书 · 雷义传》。

4 **鸡黍之约:**东汉范式,字巨卿,山阳郡金乡县人。少时游太学,与汝南张劭(字元伯)为友。后二人各归故里,范式约定两年后去拜见张母。至期,元伯杀鸡作黍以待。其母曰:“二年之别,千里结言,尔何相信之审邪?”元伯回答说:“巨卿信士,必不乖违。”范式果然如期而至,升堂拜张母,尽欢而别。事见《后汉书 · 范式传》。

5 **芝兰之室:**喻贤士所居之处。芝兰,香草名。 **鲍鱼之肆:**喻恶人所集之处。《孔子家语 · 六本》:“与善人居,如入芝兰之室,久而不闻其香,即与之化矣。与不善人居,如入鲍鱼之肆,久而不闻其臭,亦与之化矣。……是以君子必慎所与处者焉。”意思是环境对人有潜移默化的影响,接近好人可以使人变好,接近坏人可以使人变坏。

6 **肝胆相照:**形容朋友间真诚相待。肝胆,比喻真诚的心意。 **心腹:**推心置腹的朋友。

7 **意气不孚:**志趣不同。不孚,不信任。 **口头之交:**表面相交,实无诚意。

8 **参(shēn)商:**参、商二星,参在西,商在东,此出彼没,两不相见,因此比喻人分离不得相见,也比喻不和睦。

9 **冰炭:**比喻二者不能相容。

原文

民之失德,干糇以愆[1];他山之石,可以攻玉[2]。落月屋梁,相思颜色[3];暮云春树,想望丰仪[4]。王阳在位,贡禹弹冠以待荐[5];杜伯非罪,左儒宁死不徇君[6]。分首判袂,叙别之辞[7];拥彗扫门,迎迓之敬[8]。陆凯折梅逢驿使,聊寄江南一枝春[9];王维折柳赠行人,遂唱阳关三叠曲[10]。频来无忌,乃云入幕之宾[11];不请自来,谓之不速之客[12]。醴酒不设,楚王戊待士之意怠[13];投辖于井,汉陈遵留客之心诚[14]。

译文

人们如果丧失道德,朋友间因干粮这样的小事也可能酿成过失;他山的石头可以用来加工玉器。落月屋梁,描绘杜甫梦见李白的容颜;暮云春树,表现杜甫想念李白的神采。王子阳当了官,贡禹就弹掉帽子上的灰尘来等待推荐;杜伯并无罪,左儒宁愿同朋友一起死也不曲从周宣王。分首与判袂,是表示朋友告别的词语;拥彗和扫门,是迎接客人到来的敬辞。陆凯折一枝梅花托驿使转交给范晔,报道江南早春的信息;王维折一枝柳条,送给即将远去的朋友,于是唱出了《阳关三叠》。常来往没有顾忌的客人,就叫入幕之宾;不请自来的客人,称之为不速之客。宴会不设醴酒,说明楚王戊对待士人的心意大不如前;把车轴上的销钉丢到井里,表明汉代陈遵挽留客人的诚意。

注释

1 **民之失德**:《诗经·小雅·伐木》:"民之失德,干糇以愆。"意思是说,人们如果道德沦丧,朋友间因干粮这样的小事也可能酿成过失。 **干糇**:粗劣的食品。糇,干粮。 **愆**:过失、罪咎。

2 **他山之石**:《诗经·小雅·鹤鸣》:"它山之石,可以攻玉。"郑玄笺:"它山喻异国。"本谓别国的贤才可以为本国的辅佐,好像别的山上的石头可用来做琢磨玉器的砺石一样。后用以比喻能帮助自己改正缺点的外力,一般多指朋友。**攻玉**:琢磨玉器。

3 **落月屋梁**:唐肃宗乾元元年,李白被流放夜郎。杜甫忧思成梦,写成《梦李白二首》。其一有"落月满屋梁,犹疑照颜色"两句,意思是说大梦初醒,眼前明月照屋梁,梦中李白的音容犹在,表现了杜甫对李白深沉真挚的思念情怀。

4 **暮云春树**:杜甫《春日忆李白》:"渭北春天树,江东日暮云。"这时杜甫住在渭水北边的长安,李白正在浙江会稽一带漫游。诗句是说,你思念的是渭北春天的树,我眺望的是江东日暮的云。表现了杜甫对远方友人的深切怀念。 **丰仪**:丰采仪表。

5 **弹冠**:用手指弹去冠上灰尘,使衣帽整洁,表示将要出仕。《汉书·王吉传》:"吉与贡禹为友,世称'王阳在位,贡公弹冠',言其取舍同也。"王吉,字子阳,故称王阳。琅邪皋虞人。贡禹,字少翁,琅邪人。原来是说他们两人爱好、抱负相同,王阳做了官,必然会引荐贡禹去做官。后来演化为弹冠相庆,指互相庆贺,多含贬义。

6 **杜伯**:周宣王大夫,无罪被杀。杜伯好友左儒在周宣王面前力争,殉友而死。见《说苑·立节》。 **徇**:曲从。

7 **分首**:两人的头离开,表示朋友分离。 **判袂**(mèi):衣袖分开,表示朋友离别。袂,衣袖。

8 **拥彗**(huì):古人迎候贵客,常拥彗以示敬意,意谓扫除以待客。彗,扫帚。 **扫门**:清扫门庭。 **迎迓**(yà):同义复合词。迎接。迓,迎接。

9 **陆凯折梅**:晋代陆凯与范晔相善。当时陆凯在江南,范晔在长安。适逢谢乎乘驿车去长安下公文,陆凯便折梅一枝,托谢交与范晔,并写诗一首赠范晔。诗曰:"折花逢驿使,寄与陇头人。江南无所有,聊赠一枝春。"事见《太平御览》引盛弘之《荆州记》。后来多把"一枝春"作为梅花的别名。

10 **王维折柳:**王维,唐代诗人、画家。他写有一首著名的送别诗《送元二使安西》:"渭城朝雨浥轻尘,客舍青青柳色新。劝君更尽一杯酒,西出阳关无故人。"后因谱入乐府,题作《渭城曲》,又名《阳关曲》或《阳关三叠》。该诗入乐后,被引申诗意,增添词句,抒写离情别绪。因全曲分三段,原诗反复三次,故称三叠。

11 **入幕之宾:**晋代谢安和王坦之曾到桓温处议事,桓温让郗超在帐中卧听。忽然一阵风吹开帐幕,谢安看见郗超,便取笑说:"郗生可谓入幕之宾矣。"事见《晋书·郗超传》。比喻关系亲近的人或参与机密的人。

12 **不速之客:**不请自来的客人。速,邀请。

13 **醴酒不设:**西汉楚元王刘交礼敬中大夫穆生、申公等,穆生不嗜酒,元王每置酒,特为穆生设醴。及王戊(元王孙子)即位,开始也常设,后渐淡忘。穆生退曰:"可以逝矣!醴酒不设,王之意怠,不去,楚人将钳我于市。"事见《汉书·楚元王传》。后因称对人敬礼渐减为醴酒不设。醴酒,甜酒。

14 **投辖于井:**比喻主人留客的殷勤。《汉书·陈遵传》:"遵耆(嗜)酒,每大饮,宾客满堂,辄关门,取客车辖投井中,虽有急,终不得去。"辖,固定车轮与车轴位置,插入轴端孔穴的销钉。取掉销钉,车子便不能行走。**陈遵:**字孟公,杜陵人。元帝时为京兆尹,官至廷尉。

原文

蔡邕倒屣以迎宾[1],周公握发而待士[2]。陈蕃器重徐稚,下榻相延[3];孔子道遇程生,倾盖而

译文

蔡邕急着迎接客人,连鞋子都穿倒了;周公洗头时贤士来访,连忙握着头发去接待。陈蕃器重名士徐稚,特设一榻接待他;孔子在路上遇见程生,停车后车盖倾斜,亲

语[4]。伯牙绝弦失子期，更无知音之辈[5]；管宁割席拒华歆，谓非同志之人[6]。分金多与，鲍叔独知管仲之贫[7]；绨袍垂爱，须贾深怜范叔之窘[8]。要知主宾联以情，须尽东南之美[9]；朋友合以义，当展切偲之诚[10]。

切交谈。俞伯牙弄断琴弦不再弹琴，是因为钟子期死后世上再没有听得懂他琴音的人了；管宁割断座席拒绝与华歆同席读书，是因为他们不是志同道合的人。经商分盈利时管仲拿多一份，因为鲍叔知道管仲家里贫穷；把绨袍送给范雎，须贾对他的困窘深表同情。须知主人和宾客要靠感情来联络，那么双方都应该是东南一方的名流；朋友之间的交往要合乎道义，那么双方都应当表现自己的诚意。

注释

1 **蔡邕：**东汉文学家、书法家。字伯喈，陈留圉人。 **倒屣以迎宾：**古人家居，脱鞋席地而坐。客人来，急于出迎，把鞋子穿倒了。《三国志・魏书・王粲传》："（蔡邕）闻粲在门，倒屣迎之。"后用倒屣形容热情迎客。

2 **握发待士：**正在洗头，听说有贤士到，便急忙握着头发出迎。比喻为国事操劳，求才殷切。《史记・鲁周公世家》："周公戒伯禽曰：'我文王之子，武王之弟，成王之叔父，我于天下亦不贱矣。然我一沐三捉发，一饭三吐哺，起以待士，犹恐失天下之贤人。子之鲁，慎无以国骄人。'"

3 **下榻相延：**东汉陈蕃做豫章太守时，不接待来访宾客。只为郡中名士徐稚特地准备一榻，稚离去后便把榻挂起来不用。事见《后汉书・徐稚传》。后因称接待宾客为下榻。榻，一种坐卧用具；延，接待。

4 **倾盖而语：**行道相遇，停车后两车车盖倾靠在一起，便于言谈。常用来形容朋友相遇，亲切交谈的情景，也用来称一见如故的初交。《孔子家语・致思》："孔子之郯，遭程子于途，倾盖而语终日，甚相亲。"盖，车盖，形如伞。

5 **伯牙绝弦：**春秋时，俞伯牙善弹琴，挚友钟子期善听琴。子期死后，伯牙认为世无知音，便弄断琴弦，终生不再弹琴。事见《列子・汤问》《吕氏春秋·本味》。

6 **管宁:**字幼安,三国北海朱虚人。东汉末,避居辽东。魏文帝征他为太中大夫,明帝又征他为光禄勋,都固辞不就。 **华歆:**字子鱼,三国平原高唐人。东汉末举孝廉,任尚书郎。献帝时任豫章太守。后被曹操征入京,任尚书、侍中。魏文帝时任司徒。 **割席:**管宁、华歆少年时曾同坐一张席子读书,见有人乘着漂亮的车子从门前经过,管宁照旧读书,华歆却搁下书本出去观看。于是,管宁将座席割断,分开来坐,说:"子非吾友也。"事见《世说新语·德行》。后称朋友断交为割席。 **同志:**志趣相同的人。

7 **分金多与:**春秋时,齐国管仲与鲍叔交情深厚。他们曾在南阳一同经商,到分盈利时,管仲自己多分。鲍叔知道他家贫有母,不认为他是贪财。 **管仲:**字仲,名夷吾。初事公子纠,后相齐桓公,九合诸侯,一匡天下,使桓公成为春秋五霸之首。 **鲍叔:**即鲍叔牙。桓公欲用为相,他却推荐了管仲,将自己置于管仲之下。

8 **绨(tí)袍垂爱:**战国时,范雎随魏中大夫须贾出使齐国,须贾误以为范雎背叛魏国,归告魏相,使范雎遭笞辱几死。后来范雎改名张禄,逃到秦国做了秦相。须贾出使到秦国,范雎扮成穷人去见他,须贾说:"范叔一寒如此哉!"送他一件绨袍。后发现他就是秦相,乃肉袒谢罪。范雎因须贾馈赠绨袍,恋恋有故人之意,便宽宥了他。事见《史记·范雎蔡泽列传》。后以绨袍表示不忘旧情。绨袍,粗绨(古代丝织物名)做的袍;垂爱,垂怜。

9 **尽东南之美:**王勃《滕王阁序》:"台隍枕夷夏之交,宾主尽东南之美。"意思是说,郡城矗立在华夏与蛮夷之间,宾主全是东南一方的精英。

10 **展切偲(sī)之诚:**表现出互相切磋、勉励的诚意。即以诚相待。切偲,切切偲偲的省略语。《论语·子路》:"朋友切切偲偲,兄弟怡怡。"意思是相互敬重、切磋勉励。

婚 姻

导读

有关男婚女嫁等方方面面的知识，本篇都做了详尽的介绍。“蹇修”“柯人”“冰人”“掌判”“月老”都是指媒人。女子出嫁叫“于归”，男子结婚叫“完娶”。

作者有意选取了几例看似偶合的婚姻，来证明开篇“良缘由夙缔，佳偶自天成”的论断。唐僖宗时，题有诗的红叶在御沟中漂流，十年后于祐与宫女韩翠蘋终成眷属。站在绣幕前牵住一根红线，郭元振有幸得到唐朝宰相张嘉贞最有姿色的三女儿为妻。

原文

良缘由夙缔[1]，佳偶自天成[2]。蹇修与柯人，皆是媒妁之号[3]；冰人与掌判，悉是传言之人[4]。礼须六礼之周[5]，好合二姓之好[6]。女嫁曰于归[7]，男婚曰完娶[8]。婚姻论财，夷虏之道[9]；同姓不婚，周礼则然[10]。

译文

美好姻缘由前生注定，恩爱夫妻由上天缔结。蹇修和柯人，都是媒人的称号；冰人和掌判，都是为两家传话的媒人。礼仪必须做到六礼周备，这样才能缔结两家联姻的好事。女子出嫁叫于归，男子结婚叫完娶。根据钱财多少来论定婚姻，这是野蛮民族的愚昧做法；同姓不能结婚，周代的礼法就做了这样的规定。

注释

1 **缘：**缘分，姻缘。 **夙(sù)缔：**早就注定了的。夙，早；缔，结合、订立。

2 **偶:**配偶,夫妻。 **天成:**上天成就的。

3 **蹇(jiǎn)修:**《楚辞·离骚》:"解佩纕以结言兮,吾令蹇修以为理。"王逸注:"蹇修,伏羲氏之臣也。"《文选》刘良注:"令蹇修为媒以通辞理也。"后因称媒人为蹇修。 **柯人:**执柯的人。《诗经·豳风·伐柯》:"伐柯如何?匪斧不克。取妻如何?匪媒不得。"所以称为人作媒为伐柯、执柯、作伐,称媒人为伐柯人或柯人。柯,斧柄。 **媒妁(shuò):**婚姻介绍人。媒,谓谋合二姓;妁,谓斟酌二姓。就是在两家中谋合、斟酌,促其合成两姓之好。

4 **冰人:**汉朝有个叫令狐策的,梦中站在冰上,跟冰下人谈话。索紞替他解梦,说:"君在冰上,与冰下人语,为阳语阴,媒介事也。君当为人作媒,冰泮而婚成。"事见《晋书·索紞传》。后因称媒人为冰人。 **掌判:**《周礼·地官·媒氏》:"掌万民之判。"郑玄注:"判,半也。得耦为合,主合其半,成夫妇也。"后因称媒人为掌判。 **传言:**传达男女两家的话,即媒人。

5 **六礼:**旧时婚嫁的六个礼仪程序,即纳采(送礼求婚)、问名(询问女方姓名及生辰年月)、纳吉(向祖神占卜吉凶)、纳征(占卜得吉兆便下聘礼)、请期(商定婚期)、亲迎(新郎到女家迎娶新娘)。亲迎以后,整套婚仪便告结束。

6 **好合:**结合。 **二姓:**指男女两家。

7 **于归:**指女子出嫁。

8 **完娶:**婚嫁六个礼仪程序的最后一道,是完成娶亲的意思。

9 **夷虏之道:**指落后民族野蛮、愚昧的做法。夷虏,春秋以后多用为对中原以外各族的蔑称。

10 **同姓不婚:**同姓的男女不得互相通婚。这一婚姻禁忌创自周代,《魏书·高祖纪》:"夏殷不嫌一姓之婚,周制始绝同姓之娶。"

原文

女家受聘礼,谓之许缨[1];新妇谒祖先,谓之庙见[2]。文定纳采,皆为行聘之名[3];女嫁男婚,谓了

译文

女家接受聘礼,称之为许缨;新娘拜见祖先,称之为庙见。文定、纳采,都是男家下聘的名称;女出嫁,男成婚,说是了却了子平的心愿。行聘的礼物叫雁币,占卜

子平之愿[4]。聘仪曰雁币[5]，卜妻曰凤占[6]。成婚之日曰星期[7]，传命之人曰月老[8]。下采即是纳币[9]，合卺系是交杯[10]。

婚姻吉凶叫凤占。结婚的日子称为星期，替男女双方传话的人叫作月老。男方送给女方的聘礼就是纳币，新郎新娘用匏瓜切成两半做成的酒杯合饮即是交杯。

注释

1 **聘礼**：男方派人送礼品到女家，表示愿意和女家结亲。女方如收礼，便是表示同意。 **许缨**：许婚。缨，绳子。女子同意嫁人，就系上一条绳子，表示自己已有所属。

2 **谒**：拜见。 **庙见**：按古婚礼，新娘到夫家，次日天明拜见丈夫的父母。如果丈夫父母已死，就于三个月后到夫家的家庙中参拜，称为庙见，然后再择日祭祀。

3 **文定**：即定婚。男方确定婚期后，就将日期写在帖上，备上礼物通知女家。 **行聘**：下聘礼。见《仪礼·士昏礼》。

4 **子平之愿**：东汉向长，字子平，河内朝歌人，隐居不仕。汉光武帝建武年间，儿女娶嫁事毕，他就不管家事，与好友禽庆一道游览名山大川，竟不知所终。事见《后汉书·向长传》。后因称把子女抚养成人并为之完婚的心愿为向平之愿。

5 **聘仪**：行聘的礼物。 **雁币**：雁和币帛。古代婚姻六礼中，除纳征用币帛外，其余都用雁作礼物，取雁忠贞之意。

6 **凤占**：春秋时，齐国大夫懿氏要把女儿嫁给陈敬仲而占卜吉凶。他的妻子占卜，说："吉。是谓凤皇于飞，和鸣锵锵。"事见《左传·庄公二十二年》。后因称占卜佳偶叫凤占。

7 **星期**：指农历七月七日，民间传说牛郎、织女二星会合之期。后因称男女成婚之日为星期。

8 **月老**：月下老人的简称。民间传说中专司人间婚姻的神。袋中藏有赤绳，暗系在男女双方脚上，使他们成为夫妇。后来就把媒人称作月老。

9 **下采:**即纳币、纳征。夫家在卜得吉兆后,向女家下聘礼。采,彩礼。

10 **合卺**(jǐn):新人进入洞房,揭开新娘盖头,行合卺礼。卺是古时婚礼所用的酒器,由一瓠分割而成的两个瓢,以线连柄。新人各用一瓢进酒,称合卺。瓠,苦不可食,所盛之酒当为苦酒。因此合卺不但象征夫妇合二为一,且有同甘共苦之意。宋代以酒杯代瓢,用红线联之,新人同饮,叫饮交杯酒。后多以合卺指代成婚。

原文

执巾栉,奉箕帚,皆女家自谦之词[1];娴姆训,习内则,皆男家称女之说[2]。绿窗是贫女之室[3],红楼是富女之居[4]。桃夭谓婚姻之及时[5],摽梅谓婚期之已过[6]。御沟题叶,于祐始得宫娥[7];绣幕牵丝,元振幸获美女[8]。汉武对景帝论妇,欲将金屋贮娇[9];韦固与月老论婚,始知赤绳系足[10]。

译文

执巾栉,奉箕帚,都是女方同意嫁女的谦逊言辞;娴姆训,习内则,都是男方愿娶女子的赞美说法。绿色的窗户是贫穷女子的居室,红色的绣楼是富家女子的闺房。桃夭,是说女子成婚正当其时;摽梅,是说女子的结婚年龄已过。让题诗的红叶在御沟中漂流,于祐才和宫女韩翠蘋终成眷属;站在绣幕前牵住一根红丝线,郭元振竟有幸娶到张嘉贞俊俏的三女儿。汉武帝对景帝谈论娶妻的事,说如能娶到阿娇就用金屋把她藏起来;韦固与月老谈论婚姻,这才知道有红绳系足以成夫妻的事。

注释

1 **执巾栉**(zhì):侍奉丈夫沐浴梳头。巾用来拭手,栉(梳篦之总称)用来梳发。以执巾栉为做妻子的谦词。 **奉箕帚:**用扫帚清扫门庭。后因以箕帚为妻子的代称。

2 **娴姆训:**熟悉女教师的训诫。姆,古代以妇道教育未出嫁女子的妇人。**内则:**《礼记》篇名。杂记古代贵族妇女侍奉父母、舅姑(公婆)的礼节,兼及贵族家庭中子弟侍奉长上的礼节。后借指妇职、妇道。

3 **绿窗**:绿色的窗户,指贫穷女子的住室。

4 **红楼**:红色的绣楼,指富家女子的住室。

5 **桃夭**:《诗经·周南》篇名,以首句“桃之夭夭”名篇。诗用艳丽的桃花赞美出嫁的女子。后来用桃夭比喻女子出嫁及时,也泛指男女青年及时娶嫁。

6 **摽(biào)梅**:指梅子成熟后落下来。比喻女子已到结婚年龄。摽,落。

7 **御沟题叶**:御沟,流经宫苑的河道。唐僖宗时,宫女韩翠苹在红叶上题诗一首,由御沟流出宫外,恰为书生于祐拾得。于祐也在红叶上题诗投入御沟,让它漂入宫内,被韩女拾得。十年后,宫中放宫女出嫁,丞相韩泳为于祐作媒,两人结为夫妻。事见刘斧《青琐高议·流红记》。

8 **绣幕牵丝**:相传唐朝宰相张嘉贞有五个女儿,想纳郭元振为婿。于是叫五个女儿各执一根红线站在绣幕后,让郭于绣幕前任牵一根。结果郭牵得最有姿色的三女为妻。事见王仁裕《开元天宝遗事》。后因称促成婚姻为牵丝或牵线。

9 **金屋贮娇**:《汉武故事》:“(胶东王)数岁,长公主抱置膝上,问曰:‘儿欲得妇不?’胶东王(即汉武帝)曰:‘欲得妇。’长公主指左右长御百余人,皆云不用。末指其女问曰:‘阿娇好不?’于是乃笑对曰:‘好!若得阿娇作妇,当作金屋贮之也。’”后以金屋贮娇称娶妻或纳妾。也作金屋藏娇。

10 **韦固与月老论婚**:一天深夜,韦固经过宋城,遇见一位老人在月光下翻书。老人告诉他,这是天下的婚姻簿。又见老人有一囊,囊中装着红丝线。老人告诉他,只要将红丝线系在男女双方的脚上,即使是仇家异域,也得成为夫妻。见李复言《续幽怪录·定婚店》。

原文

朱陈一村而结好[1],秦晋两国以联姻[2]。蓝田种玉,伯雍之缘[3];宝窗选婿,林甫之女[4]。

译文

朱陈两姓居一村,两姓世代结亲;秦晋两国交好,多次联姻。在蓝田种玉,杨伯雍有缘娶得徐家好女;李林甫设红窗让女儿自己选夫。喜鹊在天河上架桥,牛郎织女得以相

原文	译文
架鹊桥以渡河，牛女相会[5]；射雀屏而中目，唐高得妻[6]。至若礼重亲迎，所以正人伦之始[7]；诗首好逑，所以崇王化之原[8]。	会；两箭连中雀屏上所画两只孔雀的眼睛，唐高祖李渊因而得到窦毅女儿为妻。至于礼仪上最注重新郎亲自去迎接新娘，这是因为夫妇关系是人伦的基础；《诗经》把吟咏"君子好逑"的《关雎》放在第一篇，这是因为婚姻是崇尚王道教化的本原。

注释

1 **朱陈：**村名。白居易诗《朱陈村》："徐州古丰县，有村曰朱陈。……一村唯两姓，世世为婚姻。"后来就用朱陈作为联姻的代称。

2 **秦晋：**春秋时，秦、晋两国的国君好几代都是互相联姻。后泛称两姓联姻为秦晋之好。

3 **蓝田种玉：**杨伯雍居终南山，行孝好义，有人给他一颗石子，说种好可得美玉和佳妻。他在山上种下石子果然得美玉。后来听说右北平徐公有好女，他便前去求婚。徐公说如果你能拿出一双玉璧就答应你。伯雍回到蓝田取出五双玉璧，终于娶得徐公的娇女。事见干宝《搜神记》。蓝田，县名，在陕西省，以产美玉闻名。

4 **宝窗选婿：**李林甫有六个女儿。为了选婿，他便在堂壁上开了一扇窗户，上蒙红纱，让女儿站在窗后观察来访者，自行挑选。事见王仁裕《开元天宝遗事》。比喻女子婚姻自主。 **李林甫：**唐玄宗时宰相。在职十九年，排除异己，政事败坏。对人表面友好，暗加陷害，被称为口蜜腹剑。

5 **鹊桥：**神话传说，河东织女是天帝孙女，长年织造云锦，但自嫁给河西牛郎后，就中断了织锦。天帝因此大怒，责令她与牛郎分离，只准每年七夕相会一次。每到这一天，喜鹊鸟就衔接起来搭成桥，使他们渡过银河相会。

6 **射雀屏：**隋朝定州总管窦毅，认为自己女儿相貌奇特，见识不凡，不能随便许人，便在屏风上画了两只孔雀，说谁能射中孔雀眼睛就将女儿许配给谁。李渊两箭连中两眼，因而娶窦毅女儿为妻。李渊就是后来的唐高祖,唐朝的建立者。窦毅的女儿就是后来李渊的皇后窦氏。事见《新唐书·后妃传》。后因以比喻择选佳婿。

7 **人伦之始:**人伦的起始。人伦,中国古代指君臣、父子、夫妇、兄弟、朋友等之间的关系。《礼记·昏义》:"男女有别而后夫妇有义,夫妇有义而后父子有亲,父子有亲而后君臣有正。故曰:昏礼者,礼之本也。"所以古代特别看重亲迎,因为它是匡正人伦的基础。

8 **诗首好逑:**《诗经》将抒发"窈窕淑女,君子好逑"情感的《关雎》放在第一篇。好逑(hǎo qiú),好的配偶。 **王化之原:**王道教化的本原。

女　子

导读

本篇对有关女子的种种表现,都做了细致的描述。"女中尧舜"指贤明的皇后,"女中丈夫",指刚烈的女子;有贤德的女子被称作"闺秀"和"淑媛",有才德的佳人被称为"阃范"和"懿德"。

接着,作者列举古时女子正反两方面的典型,明确地表明自己的爱憎。周王朝的后妃周姜、太妊、太姒,可以成为天下妇人的典范。妹喜、妲己、褒姒却使夏、商、周三个朝代灭亡。

对"三从""四德"虽然只是一般性的介绍,但这种观点有一定的历史局限性。因此,我们在阅读古书时必须注意取其精华,去其糟粕。

原文

男子秉乾之刚[1],女子配坤之顺[2]。贤后称女中

译文

男子秉性属天,具有阳刚之气;女子秉性属地,具有阴柔之美。贤明的皇后称

尧舜[3]，烈女称女中丈夫[4]。曰闺秀，曰淑媛，皆称贤女[5]；曰阃范，曰懿德，并美佳人[6]。妇主中馈，烹治饮食之名[7]；女子归宁，回家省亲之谓[8]。何谓三从？从父、从夫、从子[9]；何谓四德？妇德、妇言、妇工、妇容[10]。周家母仪，太王有周姜、王季有太妊、文王有太姒[11]；三代亡国，夏桀以妺喜、商纣以妲己、周幽以褒姒[12]。

作女中尧舜，刚烈的女子叫作女中丈夫。闺秀和淑媛，都是称赞有贤德的女子；阃范和懿德，同是赞美有才德的佳人。妇女主持烹调饮食之类的事情，叫作中馈；女子回娘家探望父母，称作归宁。什么叫三从？就是在娘家服从父兄，出嫁服从丈夫，夫死服从儿子；什么叫四德？就是女子必须品德贤淑，言语恭敬，手艺精巧，仪态端庄。周王朝中能母仪天下的后妃有太王的妃子周姜、王季的妃子太妊、文王的妃子太姒；使夏、商、周三个朝代亡国的女子是夏桀的妃子妺喜、商纣的妃子妲己、周幽王的妃子褒姒。

注释

1 **秉：**秉性。 **乾：**八卦之一。乾之象为天，象征阳性或刚健。

2 **坤：**八卦之一。坤之象为地，象征阴性或柔顺。

3 **女中尧舜：**妇女中的贤明人物。宋英宗高皇后，在英宗死后，被神宗、哲宗先后尊为皇太后、太皇太后，执政九年，废除王安石变法时新政，扶植司马光等为相。旧史家有的称她为女中尧舜。见《宋史·英宗宣仁圣烈高皇后传》。

4 **烈女：**古称重义轻生的女子，也指以死保全贞节的女子。

5 **闺秀：**旧称富贵人家的女子，后也指有才德的女子。 **淑媛：**贤良美貌的女子。淑，善良、人品好；媛，美女。

6 **阃(kǔn)范：**妇女中的典范。阃，闺门，因以借指妇女。 **懿(yì)德：**美德。懿，美。 **佳人：**美好的人，有才干的人。

7 **中馈(kuì)：**指妇女在家主持饮食等家务事。馈，吃饭，这里指饮食。 **烹治：**烹调。

8 **归宁：**回家省视父母。归宁本通指男女而言，后来专指已嫁的女子回娘家省视父母。 **省（xǐng）亲：**探望父母或其他尊亲。省，问候。

9 **三从：**中国封建社会强迫妇女遵守的三种道德规范，要求妇女屈从男权。即未嫁从父，既嫁从夫，夫死从子，见《仪礼·丧服·子夏传》。

10 **四德：**中国封建社会强迫妇女应有的四种德行，要求妇女谨守品德、辞令、仪态与手艺的闺范。即妇德、妇言、妇容、妇功，见《周礼·天官·九嫔》。

11 **周家母仪：**周王朝中可以成为天下妇人典范的后妃。母仪，为母者的典范，多用于皇后。刘向《列女传》载：太姜，太王之妃，生太伯、仲雍、王季，贞顺率道，无有过失，太王谋事迁徙，必与太姜；太任（即太妊），王季之妃，文王之母，端一诚庄，唯德之行，及其有娠，目不视恶色，耳不听淫声，口不出敖言，能以胎教；太姒（sì），文王之妃，武王之母，旦夕勤劳，以进妇道，号曰文母。

12 **三代：**指夏、商、周三个朝代。 **夏桀以妹喜：**桀，夏朝的亡国之君；妹喜，桀的宠妃。《汉书·外戚传序》颜师古注："末喜（即妹喜），桀之妃，有施氏女也。美于色，薄于德……桀常置末喜于膝上，听用其言，昏乱失道，于是汤伐之，遂放（流放）桀与末喜，死于南巢。" **商纣以妲（dá）己：**纣，商朝的亡国之君；妲己，有苏氏之女。商纣宠爱妲己，唯妲己之言是从。作淫声，厚赋税，筑鹿台，以酒为池，悬肉为林，使男女裸相逐其间，为长夜之饮；制炮烙重刑，剜皇叔比干之心。后周武王率诸侯伐纣。纣败，登鹿台自焚而死，妲己被杀。事见《史记·殷本纪》。 **周幽以褒姒：**周幽王宠爱褒姒，立褒姒之子伯服为太子，废申后和太子宜臼。"褒姒不好笑，幽王欲其笑万方，故不笑。幽王为烽燧、大鼓，有寇至则举烽火。诸侯悉至，至而无寇，褒姒乃大笑。幽王说之，为数举烽火"。后申侯联合缯国、犬戎一起攻打幽王。幽王点燃烽火召集救兵，救兵不至。他们就将幽王杀死在骊山下，并俘虏了褒姒，西周灭亡。事见《史记·周本纪》。

原文

兰蕙质，柳絮才，皆女人之美誉[1]；冰雪心，柏舟操，悉孀妇之清声[2]。女貌娇娆，谓之尤物[3]；妇容妖媚，实可倾城[4]。潘妃步朵朵莲花[5]，小蛮腰纤纤杨柳[6]。张丽华发光可鉴[7]，吴绛仙秀色可餐[8]。丽娟气馥如兰，呵处结成香雾[9]；太真泪红如血，滴时更结红冰[10]。孟光力大，石臼可擎[11]；飞燕身轻，掌上可舞[12]。

译文

兰蕙质和柳絮才，都是对品格高雅、文才出众女子的赞誉；冰雪心和柏舟操，都是颂扬寡妇贞节的美名。女子相貌妩媚，称之为尤物；妇人面容俊美，确实可以使一城倾倒。潘妃行走，脚下生出朵朵莲花；小蛮腰细，宛如纤纤杨柳。张丽华的头发，光泽可以照人；吴绛仙的美色，可以使人忘记饥饿。丽娟的气味像兰花一样芳香，呵气的地方结成了香雾；太真的眼泪比血还红，掉下来时竟凝结成了红冰。孟光力大无比，可以将石臼举起来；飞燕身轻如燕，可以在别人的手掌上跳舞。

注释

1 **兰蕙质：**兰蕙一样的质地。兰草与蕙兰，两种香草，花开香气清淡。用以比喻妇女幽静高雅的品格。 **柳絮才：**指有卓越的文学才能的女子。一个下雪天，谢安与子侄辈讲论文义，问白雪纷纷何所似？其侄谢朗说："撒盐空中差可拟。"侄女谢道韫说："未若柳絮因风起。"见《世说新语·言语》。柳絮，柳树种子所带的白色绒毛，随风轻飘如絮，故称柳絮，也叫柳绵。

2 **冰雪心：**比喻心地纯洁。《节妇吟》："瑶池古冰雪，为妾作心肝。死者倘复生，剖与良人（丈夫）看。" **柏舟操：**柏舟，《诗经·鄘风》的篇名。操，操守，节操。《诗序》："《柏舟》，共姜自誓也。卫世子共伯早死，其妻守义，父母欲夺而嫁之，誓而弗许，故作是诗以绝之。"后称妇丧夫为柏舟之痛，夫死不嫁为柏舟之节。 **孀妇：**寡妇。 **清声：**清白的名声。

3 **娇娆:**柔美妩媚。 **尤物:**突出的人物,多指美貌的女子。尤,特异的,突出的。

4 **妩媚:**姿态美好可爱。 **倾城:**本指倾覆国家,后多用来指容貌绝美的女子。

5 **潘妃:**南齐东昏侯妃,小字玉儿。东昏侯登帝位,于宫中凿金为莲花以贴地,令潘妃行其上,曰:“此步步生莲花也。”见《南史·齐东昏侯纪》。后称女子缠过的小脚为金莲。

6 **小蛮:**唐代诗人白居易的女侍。孟棨《本事诗·事感》:“白尚书姬人樊素善歌,妓人小蛮善舞,尝为诗曰:‘樱桃樊素口,杨柳小蛮腰。’”后用纤纤杨柳形容女人的舞姿。

7 **张丽华:**南朝陈后主宠妃。张妃发长七尺,光泽照人。后隋军入陈,张妃与后主躲入井中,为隋军搜出,被杀。见《南史·张贵妃传》。

8 **吴绛仙:**隋炀帝的宠妃。隋炀帝夸奖她的美色“古人言秀色可餐,如绛仙者真可疗饥矣”。见《侍儿小名录》。 **秀色可餐:**陆机《日出东南隅行》:“鲜肤一何润,秀色若可餐。”美色可以使人忘记饥饿,极赞妇女的容色之美。秀色,美好的颜色或容貌;餐,当餐,吃。

9 **丽娟:**东汉光武帝的宫人。年十四,玉肤柔软,气味胜过芳香的兰花。见郭宪《洞冥记》。

10 **太真:**即杨贵妃,小名玉环。晓音律,善歌舞。初为寿王妃,后为女道士,号太真。入宫后,得唐玄宗宠爱,封为贵妃。传说杨太真被召入宫与父母离别时,泣涕登车,泪水结成了红冰。见王仁裕《开元天宝遗事》。

11 **孟光:**东汉扶风平陵人,字德曜。梁鸿的妻子。她“状肥、丑而黑,力举石臼,择对不嫁,至年三十。父母问其故,女曰:‘欲得贤如梁伯鸾(即梁鸿)者。’鸿闻而聘之。”事见《后汉书·梁鸿传》。 **石臼**(jiù)**:**舂米的器具,一般用石头凿成。 **擎:**举。

12 **飞燕:**即赵飞燕。汉成帝皇后。本为河阳公主家歌女,善歌舞,以体轻,故称飞燕。成帝时入宫,与其妹合德皆为婕妤,后立为皇后。平帝即位,被废为庶人,自杀。见《汉书·孝成赵皇后传》。

原文

至若缇萦上书而救父[1]，卢氏冒刃而卫姑[2]，此女之孝者。侃母截发以延宾[3]，村媪杀鸡而谢客[4]，此女之贤者。韩玖英恐贼污而自投于秽[5]，陈仲妻恐陨德而宁坠于崖[6]，此女之烈者。王凝妻被牵，断臂投地[7]，曹令女誓志，引刀割鼻[8]，此女之节者。

译文

至于缇萦上书皇帝解救当刑的父亲，卢氏面对强盗的刀刃冒死保护婆婆，这都是孝顺的女子。陶侃的母亲剪发换食来接待宾客，村中老妇杀鸡作食来款待客人，这都是贤惠的女子。韩玖英担心被强盗侮辱就自己跳进粪坑，陈仲的妻子担心毁坏德行宁愿从悬崖上跳下，这都是刚烈的女子。王凝的妻子因手臂被人牵过便将手臂砍断丢到地上，曹文叔的遗孀立志不嫁，于是拿刀割掉自己的鼻子，这都是有贞节的女子。

注释

1 **缇萦上书**：汉文帝时，齐国太仓令淳于意犯罪，当受肉刑。他的小女儿缇萦随被押解的父亲来到长安，上书文帝，说自愿被收入官府当奴婢，抵偿父亲该受的处罚，使他能够自新。文帝怜悯她的孝心，就废除了肉刑。

2 **卢氏冒刃**：唐代郑义宗的妻子卢氏，面对深夜来劫的盗贼，在其他人均已逃避的险恶环境下，临危不惧，护卫着年老体弱的婆婆。见《新唐书·列女传》。 **姑**：婆婆。

3 **侃母截发**：晋代陶侃少年时家里贫穷。有一天郡孝廉范逵带了一批人来陶家投宿。陶母湛夫人便剪下头发卖到市上换酒食，把屋子里的木柱砍下当柴烧。同时将草垫拆散，用作马的饲料。范逵回洛阳后，大肆宣扬陶母的贤德和陶侃的才干，使陶侃大获声誉。见《世说新语·贤媛》。**延宾**：接待客人。

4 **村媪(ǎo)**：有次汉武帝微服出行，来到柏谷村，亭长不接纳。投宿旅店，旅店主人又怀疑他是盗贼要把他抓起来。这时一位老妇人说："吾观此丈夫，乃非常人也。"于是杀鸡作食款待，就这样给武帝解了围。见《汉武故事》。**媪：**老妇人。**谢客：**向宾客致谢。

5 **韩玖英：**唐朝韩仲成的女儿，遇见盗贼，担心遭贼侮辱，便自己跳入粪坑中，得以幸免。

6 **陈仲妻：**唐朝张叔明的妹妹嫁与陈仲为妻，一天在路上遇到盗贼，担心被盗贼玷污，于是跳崖自尽。**陨德：**毁坏德行。

7 **王凝妻：**五代王凝在虢州做官死了，他的妻子李氏领柩回原籍安葬。中途投宿，店主不接纳，并拖着她的手臂让她离开。李氏便用斧头砍断自己被牵的手臂，丢在地上。

8 **曹令女：**三国时曹文叔的妻子，名令。因文叔去世，又没有儿子，父亲夏侯文宁接她回家，并劝她改嫁。她便用刀割去鼻子，立誓不嫁。

原文

曹大家续完汉帙[1]，徐惠妃援笔成文[2]，此女之才者。戴女之练裳竹笥[3]，孟光之荆钗布裙[4]，此女之贫者。柳氏秃妃之发[5]，郭氏绝夫之嗣[6]，此女之妒者。贾女偷韩寿之香[7]，齐女致袄庙之毁[8]，此女之淫者。东施效颦而可厌[9]，无盐刻画以难堪[10]，此女之丑者。

译文

曹大家继哥哥班固之志写完了《汉书》，徐惠妃下笔就能成文，这都是有文才的女子。练裳竹箱就是戴良女儿的嫁奁，荆钗布裙就是孟光的穿着打扮，这都是贫穷的女子。柳氏揪光丈夫侍妾的头发，郭氏断绝了丈夫的子嗣，这都是悍妒的女子。贾充的女儿偷取西域进贡的异香送给韩寿，北齐的公主致使袄庙被烧毁，这都是淫乱的女子。东施仿效西施皱眉更令人讨厌，被精心描绘的无盐女更让人难堪，这都是丑陋的女子。

注释

1 **曹大家**(gū)**：**即班昭，东汉史学家。史学家班彪之女，班固之妹。班固死时，所撰《汉书》的八表及《天文志》遗稿散乱，未完成。她奉诏与马续共同续撰。和帝时，常出入宫廷，担任皇后和妃嫔的教师。以其夫为曹世叔，故被称为曹大家。见《后汉书·列女传》。 **汉帙**(zhì)**:**即《汉书》。帙，包书的套子，用帛制成，因称书一套为一帙。

2 **徐惠妃:**唐朝徐孝德的女儿，名惠。天资聪慧，八岁能提笔成文。太宗闻而异之，召为才人。后太宗崩，哀慕成疾，永徽元年(唐高宗年号)卒，赠贤妃。见《新唐书·后妃列传》。

3 **戴女:**东汉戴良，字叔鸾，汝南慎阳人。尚侠气，优游不仕，以寿终。戴良有五女，"五女并贤，每有求婚，辄便许嫁，疏裳布被，竹笥木屐以遣之。五女能遵其训，皆有隐者之风焉"。见《后汉书·戴良传》。**练裳:**素色衣裳。练过的丝帛，多指白绢。 **竹笥:**盛饭食或衣物的竹器，这里指竹箱。

4 **荆钗布裙:**用荆条作钗，穿粗布衣服。钗，妇女的首饰，由两股合成。裙，古谓下裳，这里指衣服。

5 **柳氏秃妃之发:**唐朝任瑰，随李渊起兵，屡建战功，官至徐州总管。太宗时赐瑰美女二人。瑰妻柳氏，生性悍妒，却揪掉美女的头发，使她们变成秃头。见《唐书·任瑰传》。

6 **郭氏绝夫之嗣:**晋代贾充，字公闾。其妻郭氏先后生有两个儿子，均交给乳母抚养。郭氏见丈夫抚摩儿子，因而怀疑丈夫与乳母私通，先后将两个乳母杀死。两个儿子也因思念乳母而相继病死，贾充由此断绝后嗣。事见《晋书·贾充传》。

7 **贾女:**贾充的女儿。贾女相中了父亲的僚属司空掾韩寿，便私下偷取皇帝赐给父亲的西域贡香送给他。贾充得知女儿与韩寿私通后，只得将女儿嫁给韩寿为妻。事见《晋书·贾充传》。

8 **齐女:**北齐一公主由乳母陈氏抚养，幼时与陈氏的儿子一同以玉环为玩具。长大后陈氏子不能进宫。一天，公主约陈氏子到祆庙相会。陈氏子先到，久等公主不至，便昏昏然睡去。公主到后，见陈氏子熟睡不醒，便将玉环丢到他身上离开了。陈氏子醒来，怒火中烧，就一把火将祆庙烧了。见刘敬叔《异苑》。 **祆**(xiān)**庙:**祆教祭祀火神的寺院。

9 **东施效颦**(pín)**:**比喻胡乱模仿，效果很坏。《庄子·天运》载，美女西施因为胸部疼痛，经常在人面前捂着胸部皱着眉头。她的邻居中有个丑女见了,觉得那样子很好看,回去也学着在人前捂着胸部皱着眉头。人家见了都躲到一边不愿见她。后人把这个丑女人叫作东施。

10 **无盐刻画:**比喻将丑比美,不伦不类。无盐,战国时齐国有女姓钟离,名春,因系无盐邑人而得名。该女状貌极丑,年四十未嫁,但关心政事。曾自谒齐宣王,面责其奢靡腐败,宣王感动,立为王后。事见刘向《列女传》。后人因用作丑女的代称。刻画,精细地描绘。

原文

自古贞淫各异,人生妍丑不齐[1]。是故生菩萨、九子母、鸠盘荼,谓妇态之变更可畏[2];钱树子、一点红、无廉耻,谓青楼之妓女殊名[3]。此固不列于人群,亦可附之以博笑。

译文

自古以来女子就有贞节、淫乱的不同,人生来就有妍丽、丑陋的差异。所以生菩萨、九子母、鸠盘荼,是说女子一生形态变化的可怕;钱树子、一点红、无廉耻,是说青楼妓女的不同名称。这些女子本来不配列入人群,也附带写上以博得人们一笑。

注释

1 **贞淫:**贞节、淫荡。 **妍:**美。

2 **"生菩萨"联:**唐中宗时,御史大夫裴谈妻悍妒,裴畏之如严君。他说人妻有三可畏:少之时,视如生菩萨;及儿女满前,视之如九子母;至五六十岁,傅施妆粉,或青或黑,视之如鸠盘荼。见王谠《唐语林》。生菩萨,即活菩萨,喻女子容貌端丽。九子母,即佛经中的鬼子母,传说生有五百子,逐日吞食王舍城中的童子,后经佛点化,成为佑人生子的女神,这里喻凶悍的中年妇女。鸠盘荼,梵语音译,佛书中谓食人精气之鬼,亦译作瓮形鬼、冬瓜鬼等,这里喻丑妇或妇人的丑态。

3 **钱树子:**即摇钱树,指妓女。旧社会妓院中鸨母把妓女当作摇钱树,故称。 **一点红、无廉耻:**均指妓女。 **青楼:**即妓院。

外 戚

导读

“公主”是皇帝的女儿,“驸马”是皇帝的女婿;岳父岳母称“泰山泰水”,“娇客”指新结婚的女婿。本篇由皇帝与附马的关系说到平民百姓家岳父、岳母与女婿的关系,读来令人耳目一新。

唐朝杨玉环一家是受宠外戚的典型。她入宫后得到唐玄宗的喜爱,次年封为贵妃,全家也因此都被封官晋爵。她的三个姐姐分别被封为韩国夫人、秦国夫人、虢国夫人。她的堂兄杨国忠从小放荡不羁,这时也被重用,当了宰相,把持朝政。因此,当时民间到处传唱“生男勿喜女勿悲,君今看女作门楣”。

原文

帝女乃公侯主婚,故有公主之称[1];帝婿非正驾之车,乃是驸马之职[2]。郡主县君,皆宗女之谓[3];仪宾国宾,皆宗婿之称[4]。旧好曰通家[5],好亲曰懿戚[6]。冰清玉润,丈人女婿同荣[7];泰山泰水,岳父岳母两号[8]。新婿曰娇客[9],

译文

皇帝的女儿出嫁是由公侯主婚,所以有公主的称呼;皇帝的女婿不能在中央驾车,所以担任驸马的职位。郡主和县君,都是皇帝同宗女儿的称谓;仪宾和国宾,都是对同宗女婿的称呼。世代交好的叫作通家,亲情密切的称作懿戚。冰清玉润,是说丈人和女婿同样荣耀,泰山泰水,是岳父、岳母的两个称号。新结婚的女婿叫娇客,称心的佳婿叫乘龙。招赘的女婿叫贵婿曰乘龙[10]。赘婿曰馆甥[11]，贤婿曰快婿[12]。

馆甥，有贤德的女婿叫快婿。

注释

1 **公侯**：公爵和侯爵。后泛指有爵位的贵族和官高位显的人。**公主**：诸侯、帝王的女儿。周称王姬，战国始称公主。汉制，皇帝女称公主，皇帝的姊妹称长公主，帝姑称大长公主。历代沿称。

2 **驸马**：皇帝的车驾称御驾，是正中的车驾，而驸马则是旁边的副车之马。汉武帝时置驸（副）马都尉，掌副车之马，为近侍官的一种，多由宗室及外戚子孙担任。魏晋以后，皇帝的女婿照例加驸马都尉称号，简称驸马，非实官。后即用驸马称帝婿。清代称额驸。

3 **郡主**：唐制，太子、诸王女为郡主，视从一品；亲王女为县主，视正二品。明清则亲王女为郡主，郡王女为县主。 **县君**：古代妇女的封号。西汉已有县君的称呼。唐代五品官的妻子封县君，母亲封县太君。宋徽宗改命妇封号，改县君为室人、安人、孺人，旋又改室人为宜人。元同唐制。明清只有宗室女仍称县君，位列郡主、县主之次。 **宗女**：同宗的女儿。

4 **仪宾**：明代称亲王、郡王的女婿。 **国宾**：同宗女婿。 **宗婿**：宗室的女婿。

5 **旧好**：久好，久交，指有几代的交情。 **通家**：世交。

6 **懿戚**：指皇室的宗亲和外戚。

7 **冰清玉润**：本指人的品格行为如冰之清、玉之润，后来称岳丈、女婿为冰清玉润，简作冰玉。

8 **泰山泰水**：泰山，古称东岳，在山东省中部。因上有丈人峰，而泰水又依山而流，所以旧时称妻父为泰山，妻母为泰水。

9 **娇客**：对女婿的爱称。

10 **乘龙**：《艺文类聚》引《楚国先贤传》："孙儁字文英，与李元礼俱娶太尉桓焉（字叔元）女。时人谓桓叔元两女俱乘龙，言得婿如龙也。"后因称佳婿为乘龙。

11 **赘**（zhuì）**婿**：俗称招女婿。指就婚、定居于女家的男子。以女之父母为父母，所生子女从母姓，承嗣母方宗祧。 **馆甥**：《孟子·万章下》："舜尚见帝，帝馆甥于贰室。”赵岐注：“谓妻父曰外舅，谓我舅者吾谓之甥。尧以女妻舜，故谓舜甥。”后因称女婿为馆甥。

12 **快婿**：称心如意的女婿。

原文

凡属东床[1]，俱称半子[2]。女子号门楣，唐贵妃有光于父母[3]；外甥称宅相，晋魏舒期报于母家[4]。共叙旧姻，曰原有瓜葛之亲[5]；自谦劣戚，曰忝在葭莩之末[6]。大乔小乔，皆姨夫之号[7]；连襟连袂，亦姨夫之称[8]。蒹葭倚玉树，自谦借戚属之光[9]；茑萝施乔松，自幸得依附之所[10]。

译文

凡属做女婿的，都称得上半个儿子。女子被称作门楣，唐朝的杨贵妃使父母获得荣耀；外甥被称作宅相，晋人魏舒期望以显贵来报答母家。过去的姻亲在一起叙旧，便说原本有像瓜葛一样互相牵连的亲戚关系；自谦是无所作为的亲戚，就说是只能有愧地处在葭莩的末尾。大乔和小乔，用来指代姐妹的丈夫；连襟和连袂，也是对姐妹丈夫的称呼。像芦苇倚靠在槐树上，谦称自己借了亲戚的光；像茑萝和女萝攀附在高大的松柏上，庆幸自己有了依托之处。

注释

1 **东床**：《晋书·王羲之传》：“太尉郗鉴使门生求女婿于导（丞相王导），导令就东厢遍观子弟。门生归，谓鉴曰：‘王氏诸少并佳。然闻信至，咸自矜持；唯一人在东床坦腹食，独若不闻。’鉴曰：‘正此佳婿邪！’访之，乃羲之也。遂以女妻之。”后因称女婿为东床或令坦。

2 **半子**：指女婿。

3 **门楣**：门框上的横木。借指门第。《资治通鉴·唐玄宗天宝五年》：“杨贵妃方有宠……民间歌之曰：‘生男勿喜女勿悲，君今看女作门楣。’”**唐贵妃**：即杨贵妃，蒲州永乐人。小字玉环。初为玄宗子寿王瑁妃。天宝三载入宫，得玄宗宠爱，次年封为贵妃。姊妹皆显贵，堂兄杨国忠把持朝政，政事败坏。天宝十四载，安禄山以诛杨国忠为名发动叛乱，玄宗逃奔到马嵬驿时，杨国忠为六军士兵所杀，杨贵妃也被缢死。

4 **外甥称宅相**(xiàng)**：**魏舒，西晋任城人，字阳元。仕晋武帝为司徒。能断大事，为时人宗仰。魏舒少孤，为外家宁氏所养。宁氏起宅，相宅者云当出贵甥，舒曰："当为外氏成此宅相。"意思是自己当努力图贵显，以证实舅宅当出贵甥的相法。事见《晋书·魏舒传》。后因以宅相为外甥的代称。 **母家：**外祖父家。

5 **姻：**泛指有婚姻关系的亲戚。 **瓜葛之亲：**瓜和葛，两种蔓生的植物，比喻远亲。

6 **忝**(tiǎn)**：**辱，有愧于。常用作谦词。 **葭莩**(jiā fú)**：**芦苇中的薄膜，比喻疏远的关系。也用为亲戚的代称。

7 **大乔小乔：**三国时乔公的两个女儿。一嫁孙策，称大乔；一嫁周瑜，称小乔，合称二乔。

8 **连襟连袂**(mèi)**：**姊妹丈夫的互称或合称。襟，古代指衣的交领，后指衣服的前幅；袂，衣袖。

9 **蒹**(jiān)**葭倚玉树：**《世说新语·容止》："魏明帝使后弟毛曾与夏侯玄共坐，时人谓蒹葭倚玉树。"比喻两人美恶相差太远，放在一处极不相称。蒹葭，芦苇，这里指毛曾；玉树，槐树的别名，这里指夏侯玄。

10 **茑**(niǎo)**萝：**茑萝和女萝，两种寄生植物，比喻关系亲密，有依附及自谦之意。 **施**(yì)**：**蔓延。 **乔松：**高大的松树。

老幼寿诞

导读

本篇为我们提供了大量有关人的出生、寿诞等方面的常识,使人受益匪浅。婴儿出生三天要沐浴,小儿周岁要抓周;“南极星辉”指男子寿诞,贺女子生日叫“中天婺焕”;“黄发儿齿”是老人长寿的征兆,“龙钟潦倒”是形容人衰老的样子。

相传春秋时郑文公之妾燕姞梦见天赐给她兰草,后来就生下了穆公;据说帝喾的妻子姜嫄踏着巨人的足迹,便怀孕生下了古代周族的始祖后稷;母亲怀胎八十一年才生下了道家的创始人老聃。篇中引用大量美丽动人的传说,读来自然使人浮想联翩。

原文

不凡之子,必异其生[1];大德之人,必得其寿[2]。称人生日,曰初度之辰[3];贺人逢旬,曰生申令旦[4]。三朝洗儿,曰汤饼之会[5];周岁试周,曰晬盘之期[6]。男生辰,曰悬弧令旦;女生辰,曰设帨佳辰[7]。贺人生子,

译文

出色的孩子,他的出生一定奇异;具有高尚品德的人,必定得以长寿。称呼别人的生日,叫作初度之辰;祝贺他人年龄逢十的生日,称作生申令旦。婴儿生下三天洗浴,请亲友吃汤面,所以称作汤饼之会;小儿周岁抓周,用盘盛物,因此称这一天为晬盘之期。男孩出生要在家门的左边悬挂一张弓,因此男子的生日称作悬弧令旦;女孩出生要在门右放一块佩巾,所以女子的生日叫作设

曰嵩岳降神[8];自谦生女,曰缓急非益[9]。生子曰弄璋[10],生女曰弄瓦[11]。

帨佳辰。庆贺人家生了男孩,就说嵩岳降神;谦称自己生了女儿,说是缓急非益。生男孩叫作弄璋,生女孩称作弄瓦。

注释

1 **不凡:**出色。 **异:**不同,奇异。

2 **大德之人:**具有高尚品德的人。 **寿:**高寿。

3 **初度:**指初生之时。后称生日为初度。 **辰:**日子,时刻。

4 **逢旬:**逢十。旬,十年,多指人寿。 **生申:**周代贤臣申伯诞生之日,后为生日之祝词。 **令旦:**好日子。令,善。

5 **三朝(zhāo)洗儿:**也叫洗三,在中国古代指婴儿出生后第三天要举行沐浴仪式,会集亲友为婴儿祝吉。 **汤饼之会:**会聚亲友,吃汤煮的面食。

6 **试周:**一种预测小孩性情和志趣的迷信习俗。《颜氏家训·风操》:"江南风俗,儿生一期(一周岁),为制新衣,盥浴装饰,男则用弓矢纸笔,女则用刀尺针缕,并加饮食之物及珍宝服玩,置之儿前,观其发意所取,以验贪廉愚智,名之为试儿。"亦称试儿、抓周。 **晬(zuì)盘:**旧俗于婴儿周岁日,以盘盛纸笔刀箭等物,听其抓取,以占其将来之志趣,谓之试儿,也叫试晬、抓周。盛物之盘叫晬盘。晬,婴儿满一百日或满一岁之称。

7 **悬弧、设帨(shuì):**古代风俗尚武,生了男孩,便挂一张弓(弧)在门左首。生女儿,则在门右首挂一方佩巾(帨)。后因称生男为悬弧,谓男子生日为悬弧之辰。生女为设帨,谓女子生日为设帨佳辰。

8 **嵩岳降神:**嵩岳,中岳嵩山。降神,天神下降。

9 **缓急非益:**危急之时没有好处。缓急,偏义复词,"缓"字无义。

10 **弄璋:**给幼子玩弄玉器,希望儿子将来有玉一样的品德。后因称生男为弄璋。璋,一种玉器。

11 **弄瓦:**给幼女玩弄瓦,希望她将来能胜任女工。后因称生女为弄瓦。瓦,古代泥土烧制的纺锤。

原文

梦熊梦罴，男子之兆[1]；梦虺梦蛇，女子之祥[2]。梦兰叶吉，郑文公妾生穆公之奇[3]；英物称奇，温峤闻声知桓温之异[4]。姜嫄生稷，履大人之迹而有娠[5]；简狄生契，吞玄鸟之卵而叶孕[6]。麟吐玉书，天生孔子之瑞[7]；玉燕投怀，梦孕张说之奇[8]。弗陵太子，怀胎十四月而始生[9]；老子道君，在孕八十一年而始诞[10]。

译文

梦见熊和罴，是生男孩的预兆；梦见虺和蛇，是生女孩的祥瑞。梦见天赐兰花，正合吉兆，这是郑文公的妾生穆公时的奇事；杰出的人物的确很奇特，温峤听到哭声就知道桓温非同一般。姜嫄踩着巨人的足迹便怀了孕，后来生下周族的始祖后稷；简狄吃下玄鸟蛋就怀了孕，后来生下殷商的始祖契。麒麟将天降的玉书吐在阙里，这是上天使孔子降生的瑞兆；梦见玉燕投入怀中，这是母亲怀下张说的一桩奇闻。太子刘弗陵，是赵婕妤怀胎十四个月才生下来的；道家始祖老子，母亲怀孕八十一年才生下他。

注释

1 **梦熊梦罴**(pí)**：**古人认为熊和罴属阳性，因此梦见熊或罴就是生男孩的征兆。后因以熊梦或熊罴入梦为祝人生男子的吉祥语。熊和罴，两种猛兽。

2 **梦虺**(huǐ)**梦蛇：**古人认为虺、蛇是阴物，因此梦见虺或蛇就是生女孩的预兆。虺，毒蛇。

3 **梦兰：**相传春秋时郑文公之妾燕姞梦见天使赐给她兰草。告知郑文公后，文公便带兰草来会燕姞，后来就生下了穆公，取名兰。事见《左传·宣公三年》。后因称妇女怀孕为梦兰。 **叶**(xié)**吉：**合吉。

4 **英物：**杰出的人物。《晋书·桓温传》："(桓温)生未期(一年)，而太原温峤见之曰：'此儿有奇骨，可试使啼。'及闻其声，曰：'真英物也。'" **温峤：**字太真，太原祁县人。东晋明帝时任中书令。**桓温：**东晋大司马，明帝婿。字元子，谯国龙亢人。

5 **姜嫄生稷**(jì)**：**传说有邰氏之女、帝喾的妃子姜嫄踏巨人足迹，怀孕而生后稷。稷因一度被弃，故名弃。稷善于种植粮食作物，被舜帝举为农师。事见《史记·周本纪》。稷，即后稷，古代周族的始祖。 **娠**(shēn)**：**本谓胎儿在母体中微动，泛指怀胎。

6 **简狄生契：**契，古代殷商的始祖，故又称殷契。简狄是契的生母，有娀氏之女，高辛氏帝喾的次妃。传说简狄在河中洗澡，看见玄鸟（燕子）掉下一只蛋，简狄取来吞下，因而怀孕生了契。事见《史记·殷本纪》。

7 **麟吐玉书：**王嘉《拾遗记》："（孔）夫子未生时，有麟吐玉书于阙里人家。"玉书，传说是天降之书。阙里，春秋时孔子住地，在今山东曲阜市城内阙里街。

8 **玉燕投怀：**王仁裕《开元天宝遗事》："张说母，梦一玉燕自东南飞来，投入怀中而有孕。生说，果为宰相，其至贵之祥也。"后因以玉燕为诞生贵子的祝颂语。 **张说**(yuè)**：**字道济，一字说之，洛阳人。唐睿宗时，进同中书门下平章事。玄宗时任中书令，封燕国公。

9 **弗陵太子：**刘弗陵，汉武帝幼子，后继位为昭帝。武帝的婕妤赵氏，"居钩弋宫，大有宠，太始三年生昭帝，号钩弋子。任身十四月乃生，上曰：'闻昔尧十四月而生，今钩弋亦然。'乃命其所生门曰尧母门"。事见《汉书·外戚传上》。

10 **老子：**春秋时思想家，道家的创始人。一说即老聃，姓李名耳，字伯阳。一说老子即太史儋，或老莱子。段成式《酉阳杂俎》："老君在胎八十一年，剖左腋而生，生而白首。"

原文

晚年得子，谓之老蚌生珠[1]；暮岁登科，正是龙头属老[2]。贺男寿，曰南极星辉[3]；贺女寿，曰中天婺焕[4]。松柏节操，美其寿元之耐久[5]；桑榆晚景，自谦老景之无多[6]。

译文

晚年生儿子，称之为老蚌生珠；老年考中进士，正是龙头属老。祝贺男子寿诞，说是南极星辉；祝贺女子寿诞，说是中天婺焕。松柏节操，是赞美他人寿命的长久；桑榆晚景，是谦称自己老来的年岁不多。矍铄是

原文	译文
矍铄称人康健[7]，聩眊自谦衰颓[8]。	称赞人家身体健康，聩眊是谦称自己衰老颓唐。

注释

1 **老蚌生珠**：原比喻年老有贤子，后指老年得子。

2 **登科**：科举时代称考中进士为登科，亦称登第。 **龙头属老**：北宋梁灏，字太素，郓州须城人。太宗雍熙二年中进士第一。累官至翰林学士。据孔平仲《孔氏谈苑》，他有及第谢恩诗曰："天福三年来应举，雍熙二载始成名。饶他白发巾中满，且喜青云足下生。看榜已无朋辈在，归家唯有子孙迎。也知少年登科好，争奈龙头属老成。"其实他是二十三岁登第，《遁斋闲览》误作八十二岁及第，因此相传有梁灏八十二岁中状元之说。 **龙头**：状元的别称，犹龙首。宋以来称状元为龙首。古代科举考场的正门俗称龙门，谓进士登科为登龙门，故称进士第一名为龙首。

3 **南极星辉**：《史记·天官书》："狼比地有大星，曰南极老人。"南极老人，星名，即南极星，又叫老人星、寿星。旧俗以此星为司长寿之神，并把它画成老人模样：白须，持杖，头部长而隆起，常伴以鹿鹤、仙桃。因以南极星辉祝贺男人寿诞。

4 **中天婺(wù)焕**：旧时用作对女性贺寿的颂词。婺，古星名，即女宿，又名须女，二十八宿之一。

5 **松柏节操**：松树与柏树，枝繁叶茂，经冬不凋。诗文中常以松柏作志操坚贞的象征，也用松柏节操喻人之长寿。 **寿元**：先天的寿命。

6 **桑榆晚景**：比喻人的垂老之年。桑榆，指日落时余光所在处，谓晚暮。

7 **矍铄**(jué shuò)：形容精神健旺。

8 **聩眊**(kuì mào)：耳聋眼昏。聩，耳聋；眊，眼睛失神。

原文	译文
黄发儿齿，有寿之征[1]；龙钟潦倒，年高之[2]。日月	黄发儿齿，这是老人高寿的征兆；龙钟潦倒，这是形容人年事已高的状态。

逾迈，徒自伤悲[3]；春秋几何，问人寿算[4]。称少年，曰春秋鼎盛[5]；羡高年，曰齿德俱尊[6]。行年五十，当知四十九年之非[7]；在世百年，那有三万六千日之乐[8]。百岁曰上寿，八十曰中寿，六十曰下寿[9]；八十曰耋，九十曰耄，百岁曰期颐[10]。

日月逾迈，说自己徒然为衰老悲伤；春秋几何，是问人有多大年纪。称赞别人年少，说是春秋鼎盛；称羡别人年高，说是齿德俱尊。人活到五十岁，应当知道过去四十九年的错处；在世百年，哪里有三万六千天都是快乐的。人活到一百岁叫作上寿，八十岁叫作中寿，六十岁叫作下寿；人活到八十岁叫作耋，九十岁叫作耄，一百岁叫作期颐。

注释

1 **黄发儿齿：**老人长寿的征验。黄发，老人头发白久则黄；儿齿，齿落后复生小齿。

2 **龙钟潦倒：**形容人衰老的样子。龙钟，《广韵》："龙钟，竹名。年老者如竹，枝叶摇曳，不自禁持。"潦倒，衰病。

3 **日月逾迈：**意思是时间既已过去，就不会再回来。 **徒：**白白地，空空地。

4 **春秋几何：**年纪多少。春秋，一春一秋为一年，因用以指年龄。后问人年纪，就说"春秋几何"。

5 **春秋鼎盛：**年纪正当兴盛之时。鼎，正、当。

6 **齿德：**年龄和道德。齿，因幼马每岁生一齿，故以齿计算牛马的岁数。也用来指人的年龄。

7 **"行年五十"联：**《淮南子·原道训》："蘧伯玉年五十而知四十九年非。"比喻人能时常反省自己。蘧伯玉，春秋时卫国贤大夫。孔子到卫国时常住在他家里。

8 **"在世百年"联：**在现实生活中是不可能天天快乐的。李白《襄阳歌》："鸬鹚杓，鹦鹉杯。百年三万六千日，一日须倾三百杯。"人生百年，天天喝酒，表现了李白对自己浪漫生活的自我欣赏和陶醉。

9 **上寿、中寿、下寿：**《庄子·盗跖》："人上寿百岁，中寿八十，下寿六十。"

10 **耋(dié)、耄(mào)、期颐：**耋，七八十岁的年纪；耄，八九十岁的年纪。二者连用，泛指人高寿。《礼记·曲礼上》载，人生十年曰幼，学。二十曰弱，冠。三十曰壮，有室。四十曰强，而仕。五十曰艾，服官政。六十曰耆，指使。七十曰老，而传。八十、九十曰耄。七年曰悼(年幼)，悼与耄，虽有罪不加刑焉。百年曰期，颐。郑玄注："期，犹要也；颐，养也。"人生以百年为期，因称百岁为期颐。

原文

童子十岁就外傅，十三舞勺，成童舞象[1]；老者六十杖于乡，七十杖于国，八十杖于朝[2]。后生固为可畏[3]，而高年尤是当尊[4]。

译文

儿童满十岁就外出从师，十三岁就学习文舞，十五岁以上就练习武舞；古时尊重老人，六十岁可以在乡里拄拐杖，七十岁可以在国中拄拐杖，八十岁可以在朝廷上拄拐杖。年轻人固然是值得敬畏的，但老年人更应当受到尊重。

注释

1 **"童子十岁"联：**《礼记·内则》："(童子)十年，出就外傅，居宿于外……十有三年，学乐，诵诗，舞勺。成童，舞象，学射御。二十而冠，始学礼。"郑玄注："外傅，教学之师也。""先学勺，后学象，文武之次也。成童，十五以上。" **舞勺：**古代儿童所学的一种乐舞。后用舞勺为童年的代称。勺，即籥，一种竹乐器。 **舞象：**古代成童所学的一种乐舞。舞象是武舞，与舞勺之为文舞不同；用竿，以象干戈。后用舞象为成童的代称。

2 **"老者六十"联：**《礼记·王制》："五十杖于家，六十杖于乡，七十杖于国，八十杖于朝，九十者，天子欲有问焉，则就其室，以珍从。"这说明尊老在我国古代就形成了制度。 **杖：**拐杖。这里用作动词，拄拐杖。

3 **后生可畏：**青年人值得敬畏，因为他们往往能超过老一代。

4 **高年尤是当尊：**年事已高的人更应当受到尊敬。

身 体

导读

本篇分为三个部分。第一部分先写古圣如帝尧、帝舜、大禹、成汤等的英姿奇相，然后就世人对某一事物的看法并列举历史人物正反两方面的事例，与人体的某一部位或相关活动挂钩，这样就把要说的事情表述得极为生动形象。例如"促膝谈心""炙手可热""口蜜腹剑"等，这些后来都成为常见的成语。

第二、三部分紧承第一部分，写法也极为相似，同时也衍生了大量的成语。如第二部分的"剜肉医疮""铁石心肠""畏首畏尾""唇亡齿寒"，第三部分的"丑妇效颦""置之度外""老当益壮"等等。

原文

百体皆血肉之躯[1]，五官有贵贱之别[2]。尧眉分八彩[3]，舜目有重瞳[4]。耳有三漏，大禹之奇形[5]；臂有四肘，成汤之异体[6]。文王龙颜而虎眉[7]，汉高斗胸而隆准[8]。孔子之顶若圩[9]，文王之胸四乳[10]。

译文

人体的各个部分都由血肉组成；从耳、目、口、鼻、形等五官中，可以看出人富贵贫贱的差别。据说帝尧的眉有八种色彩，帝舜的眼珠有两个瞳孔。耳朵有三个耳孔，这是大禹的奇特外貌；胳膊有四个关节，这是成汤与众不同的肢体。周文王有龙一般的额头和虎一样的眉，汉高祖有斗一样的胸膛和高高的鼻梁。孔子的头顶像圩一样呈凹形，周文王的胸有四个乳头。

注释

1 **百体**:指身体的各个部分。 **躯**:体。

2 **五官**:人体上的五种器官。通常指耳、目、口、鼻、舌。古代说法不一。《荀子·天论》以耳、目、口、鼻、形为五官。《黄帝内经·灵枢·五阅五使》以鼻、目、口、舌、耳为五官。

3 **尧**:传说中父系氏族社会后期部落联盟领袖。传说唐尧的眉有八种色彩。

4 **舜**:传说中父系氏族社会后期部落联盟领袖。传说舜的眼睛有两个瞳孔。 **重瞳**:眼中有双瞳。瞳,瞳孔。

5 **大禹**:传说中古部落联盟领袖。传说他耳朵有三个耳孔。

6 **肘**(zhǒu):上臂和前臂相接处向外面突起的部分。这里指关节。 **成汤**:商王朝的建立者。传说成汤一臂有四个关节。

7 **文王**:即周文王,商末周族领袖。 **龙颜虎眉**:龙一样的额,虎一样的眉。龙颜,眉骨突起像龙额。颜,额。后因以指帝王的相貌。

8 **汉高**:即汉高祖刘邦。 **斗胸**:谓胸部隆起如斗状。 **隆准**:高鼻子。准,鼻梁。

9 **孔子**:春秋末期思想家、政治家、教育家,儒家学派创始人。传说他头顶呈“凹”形。 **圩**:本指洼田四周的堤埂,这里指人的头顶中间低四周高。

10 **四乳**:《淮南子·修务训》:“文王四乳,是谓大仁。”

原文

周公反握,作兴周之相[1];重耳骈胁,为霸晋之君[2]。此皆古圣之英姿,不凡之贵品。至若发肤不可毁伤,曾子常以守身为大[3];待人须当量大,师德贵于唾面

译文

周公的手能够回掌握住手腕,这是振兴周朝的形貌;重耳的肋骨紧密相连,成为了称霸诸侯的晋国国君。以上都是古代至贤的英姿,超凡脱俗的高贵品相。至于头发、皮肤受之父母,不能毁伤,所以曾子总是以守身为大事;接人待物应当有大器量,因此娄师德把唾面自干的本领看得很贵重。中

自干[4]。谗口中伤，金可铄而骨可销[5]；虐政诛求，敲其肤而吸其髓[6]。受人牵制曰掣肘[7]，不知羞愧曰厚颜[8]。好生议论曰摇唇鼓舌[9]，共话衷肠曰促膝谈心[10]。

伤他人的谗言，可以使金石熔化，也可以毁灭一个人；暴虐的政事，苛求百姓，如同敲打人的肌肤吸吮人的骨髓一样残酷。被人牵制，叫作掣肘，不知羞耻叫作厚颜。喜欢发表议论卖弄口才叫作摇唇鼓舌，共同倾吐内心的情感叫作促膝谈心。

注释

1 **周公：**西周初年政治家。周文王子，武王弟。采邑在周，故称周公。传说他的手能够回掌握住手腕。

2 **重耳：**即晋文公。春秋时晋国国君，名重耳。在位时，改革内政，整军经武，大会诸侯，使晋国成为春秋五霸之一。传说他骈胁。 **骈(pián)胁：**是肋骨紧密相接的生理畸形。

3 **发肤不可毁伤：**《孝经》载，孔子曾对曾子讲孝道，说："身体发肤，受之父母，不敢毁伤，孝之始也。" **曾子：**名参，字子舆。春秋末鲁国南武城人。孔子学生，以孝著称。 **守身为大：**以爱护自己的身体为大事。

4 **娄师德：**字宗仁，唐郑州原武人。上元初任监察御史，后升任同凤阁鸾台平章事，掌管朝政。《新唐书·娄师德传》载，娄师德的弟弟将要赴代州上任，辞别时，娄师德告诉他遇事要忍耐，他弟弟说："人有唾面，洁之乃已。"娄师德说："未也。洁之，是违其怒，正使自干耳。"唾面，将唾沫吐到人的脸上，表示鄙弃。后来就用唾面自干比喻受了侮辱，极度容忍，不作任何反抗。

5 **谗口：**专门讲人坏话的口。 **金可铄而骨可销：**金石可以熔化，肌骨可以销蚀。极言谗言危害之甚。

6 **虐政诛求：**施行暴政。虐政，暴虐的政事；诛求，苛求。 **敲其肤而吸其髓：**犹敲骨吸髓，形容对人民的剥削、压迫残酷到了极点。髓，骨髓。

7 **掣(chè)肘：**拉住胳膊，比喻阻碍别人做事。

8 **厚颜：**脸皮厚，不知羞耻。

9 **摇唇鼓舌:**《庄子·盗跖》:"摇唇鼓舌,擅生是非。"形容利用口才进行煽动或游说。

10 **衷肠:**犹言衷情。内心的感情。 **促膝谈心:**古人席地或据榻相对而坐时,膝与膝相接,坐得很近叫作促膝。形容亲密地交谈心里话。促,挨近。

原文

怒发冲冠,蔺相如之英气勃勃[1];炙手可热,唐崔铉之贵势炎炎[2]。貌虽瘦而天下肥,唐玄宗之自谓[3];口有蜜而腹有剑,李林甫之为人[4]。赵子龙一身是胆[5],周灵王初生有须[6]。来俊臣注醋于囚鼻,法外行凶[7];严子陵加足于帝腹,忘其尊贵[8]。已有十年不屈膝,唯郭公能慑强藩[9];岂为五斗逯折腰,故陶令愿归故里[10]。

译文

怒发直竖,顶着帽子,这是蔺相如斥责秦王背信弃义时勃勃逼人的英雄气概;手一接触,就感到热气烫人,这是时人形容唐朝宰相崔铉及其所重用者的气焰极甚、权势极大。自己的样子虽然瘦了但却换来了天下人的利益,这是唐玄宗对自己的评价;口里说话甜如蜜而心中却藏有一把剑,这是比喻唐朝宰相李林甫阴险奸诈的为人。赵子龙用数十骑抵敌曹操的大军,刘备称赞他"一身都是胆";周灵王生下来就有胡须,被认为是神圣。武则天的酷吏来俊臣,经常往囚犯的鼻子里灌醋,这是违法行凶;东汉严子陵曾与刘秀同床而卧,睡梦中竟把脚放到光武帝的肚子上,连皇帝的尊贵都忘记了。田承嗣对郭子仪的使者说自己我的膝盖已有十年不屈于人了,今拜郭公,因为只有郭子仪能够使强藩屈服;怎么能够为了区区五斗米的官俸就向郡里的督邮低三下四,所以彭泽县令陶渊明决心辞官回归家乡。

注释

1 **怒发冲冠:**气得头发直竖,顶着帽子。形容气愤到极点的样子。 **蔺相如:**战国时赵国大臣。赵惠文王时,秦向赵强索和氏璧,他奉命携璧入秦,当廷力争，完璧归赵。

2 **崔铉：**唐宣宗时官至尚书左仆射兼门下侍郎，封博陵郡公。 **炙手可热：**手一接触就感觉到热得烫人。比喻气焰盛、权势大。炙，烤，烧。

3 **唐玄宗：**即李隆基，又称唐明皇，唐代皇帝。玄宗开元中，韩休为同中书门下平章事（宰相）。性耿直，玄宗每有过差，辄上书切谏，宋璟叹为仁者之勇。左右劝玄宗逐休，玄宗言："吾虽瘠，天下肥矣……吾用休，社稷计耳。"事见《新唐书·韩休传》。

4 **口有蜜而腹有剑：**唐朝宰相李林甫，为人阴险，嫉贤妒能。与人相处，表面上装作十分亲密，心里却在阴谋陷害，故当时人说他"口有蜜，腹有剑"。见《资治通鉴·唐玄宗天宝元年》。后省缩为成语口蜜腹剑，比喻嘴甜心毒，狡诈阴险。 **李林甫：**唐宗室。因厚结武惠妃和武三思女，于开元二十二年任礼部尚书、同中书门下三品（宰相），旋封晋国公。在职十九年，权势甚盛，政事败坏。

5 **赵子龙：**即赵云，三国常山真定人。初从公孙瓒，后归刘备。曹操取荆州，刘备败于当阳长坂，他力战救护甘夫人和备子刘禅。他以数十骑拒曹操大军，被刘备誉为"一身都是胆"。后用一身是胆形容极其勇敢，无所畏惧。

6 **周灵王：**姬姓，名泄心，周简王之子。

7 **来俊臣：**唐雍州万年人。因告密，为武则天所信任。历任侍御史、左台御史中丞等职，并设立推事院，大兴刑狱，专用酷刑逼供，前后被其族杀冤死者一千余家。 **法外：**超出法律的规定，即违法。

8 **严子陵：**即东汉严光，字子陵，会稽余姚人。少曾与光武帝刘秀同游学，有高名。刘秀即位后，他改名隐居。后被征召到京师洛阳，授谏议大夫，不受，归隐于富春山。《后汉书·严光传》："（帝）复引光入，论道旧故，相对累日。帝从容问光曰：'朕何如昔时？'对曰：'陛下差增于往。'因共偃卧，光以足加帝腹上。明日，太史奏客星犯御坐甚急。帝笑曰：'朕故人严子陵共卧耳。'"

9 **已有十年不屈膝：**《旧唐书·郭子仪传》："田承嗣方跋扈魏州，傲狠无礼。子仪尝遣使至，承嗣西望拜之，指其膝谓使者曰：'兹膝不屈于人若干岁矣，今为公拜。'" **郭公：**即郭子仪，唐朝大将。 **慑强藩：**使强悍的藩镇屈服。藩，即藩镇，唐代为总领一方的军府，领数州甲兵，并掌管土地、人民、财赋等大权，安史之乱后，成为地方割据势力。这里的强藩指田承嗣。田初为安禄山部将，安史乱时为前锋，两次进攻洛阳；代宗时降唐，任魏博等州都防御史，征收重税，扩充兵力，自署官吏，成为河北割据势力。

10 **陶令：**即陶渊明，东晋诗人。曾任江州祭酒、彭泽县令等职，后去职归隐，绝意仕途。《晋书·陶潜传》："郡遣督邮至县，吏白应束带见之。潜叹曰：'吾不能为五斗米折腰，拳拳事乡里小人邪！'" 以后就用不为五斗米折腰表示清高，有骨气。五斗，即五斗米，晋代县令的官俸，后指微薄的官俸。

原文

断送老头皮，杨璞得妻送之诗[1]；新剥鸡头肉，明皇爱贵妃之乳[2]。纤指如春笋[3]，媚眼若秋波[4]。肩曰玉楼[5]，眼名银海[6]。泪曰玉箸[7]，顶曰珠庭[8]。歇担曰息肩[9]，不服曰强项[10]。

译文

这回断送老头皮，这是北宋隐士杨璞妻子送别丈夫的诗句；白嫩得就像新剥鸡头肉，这是唐明皇对杨贵妃乳房的形容语。女人纤细的手指就像春天的竹笋，妩媚的双眼宛如秋日的水波。肩膀称为玉楼，眼睛叫作银海。泪水叫作玉箸，天庭又叫珠庭。放下担子叫作息肩，不肯屈服称为强项。

注释

1 **断送老头皮：**断送老命。北宋隐士杨璞，宋真宗召见时问他："临行有人作诗送卿否？" 杨璞说："独臣妻有一首云：'更休落魄贪杯酒，亦莫猖狂爱咏诗。今日捉将官里去，这回断送老头皮。'" 真宗听了大笑，便把他放回去了。事见赵令畤《侯鲭录》。

2 **鸡头肉：**芡实的别名，借指妇女乳房。

3 **春笋**:春笋形状纤细,常用以比喻女子的手指。

4 **秋波**:秋天清明的水波,常用来比喻美女的眼睛。

5 **玉楼**:道家称两肩为玉楼。

6 **银海**:道家称眼睛为银海。

7 **玉箸**(zhù):玉做的筷子,比喻美人的眼泪。

8 **顶**:本指头顶,这里指天庭,即两眉之间前额的隆起部分。**珠庭**:即天庭。

9 **息肩**:肩头得到休息,比喻卸除责任。

10 **强项**:性格刚强而不肯低首下人。项,颈后部。

原文

丁谓为人拂须,何其谄也[1];彭乐截肠决战,不亦勇乎[2]?剜肉医疮,权济目前之急[3];伤胸扪足,计安众士之心[4]。汉张良蹑足附耳[5],黄眉翁洗髓伐毛[6]。尹继伦,契丹称为黑面大王[7];傅尧俞,宋后称为金玉君子[8]。土木形骸,不自妆饰[9];铁石心肠,秉性坚刚[10]。

译文

丁谓替宰相寇準擦拭被弄脏了的胡须,巴结奉承真是到了极点;北齐将军彭乐,割去露在体外的肠子再去同敌人交战,这不也是够勇敢的吗?剜肉医疮,只能暂且缓解眼前的窘境;伤胸扪足,是刘邦安定军心的计策。汉代张良蹑足附耳,使汉王稳住韩信,封他做齐王;传说仙人黄眉翁,三千年洗一次骨髓,两千年换一次毛发。北宋大臣尹继伦,契丹人怕他,称他是黑面大王;北宋大臣傅尧俞,一生清直,死时太皇太后称赞他是金玉君子。土木形骸,是说人的形体不用加以修饰;铁石心肠,形容人品性刚直,不徇私情。

注释

1 **丁谓**:北宋大臣,宋太宗淳化三年进士。真宗时,寇準为相,谓为参政。《宋史·寇準传》:"初,丁谓出準门,至参政,事準甚谨。尝会食中书,羹污準须,谓起徐拂之。準笑曰:'参政,国之大臣,乃为官长拂须耶!'谓甚愧之，由是倾构日深。”次年丁谓排挤寇準去位，升为宰相，封晋国公。 **谄**(chǎn)**:**谄媚，巴结奉承。

2 **彭乐:**北齐将军，骁勇善战。一次与宇文泰交战，肠被刺出，他便割断露在外面的肠子，再去同敌人决战，以致身体多处受伤。事见《北史·彭乐传》。

3 **剜肉医疮:**比喻只顾眼前救急，不顾日后的困苦。 **权:**姑且。 **济:**救济。

4 **伤胸扪足:**楚、汉两军相持很久，胜负未决。刘邦和项羽隔着广武涧对话。汉王历数项羽的十大罪状。项羽大怒，用暗箭射中汉王。“汉王伤胸，乃扪足曰：‘虏中吾指！’汉王病创卧，张良强请汉王起行劳军，以安士卒，毋令楚乘胜于汉。”事见《史记·高祖本纪》。扪，按摸。

5 **蹑足附耳:**韩信平定齐国，派人向汉王上书，要求代理齐王。“当是时，楚方急围汉王于荥阳，韩信使者至，发书，汉王大怒，骂曰：‘吾困于此，旦暮望若来佐我，乃欲自立为王！’张良、陈平蹑汉王足，因附耳语曰：‘汉方不利，宁能禁信之王乎？不如因而立，善遇之，使自为守；不然，变生。’汉王亦悟，因复骂曰：‘大丈夫定诸侯，即为真王耳，何以假为！’”事见《史记·淮阴侯列传》。蹑足，这里是暗中踩汉王的脚，示意汉王不要显露不满情绪。蹑，踩、踏。附耳，贴耳低语。 **张良:**字子房，韩国贵族的后裔。秦末农民战争中，聚众归刘邦，为刘邦重要谋士。汉朝建立后，被封为留侯。

6 **洗髓伐毛:**传说西汉东方朔游鸿蒙泽时，遇到一位叫黄眉翁的仙人。黄眉翁说自己三千年洗一次骨髓，两千年换一次毛发。现在九千多岁，已经洗了三次骨髓，换了五次毛发。事见东汉郭宪《洞冥记》。

7 **尹继伦:**北宋大臣。宋太宗时为北面缘边都巡检使，大败契丹军，契丹从此不敢犯边。因尹继伦脸长得黑，所以契丹人相互告诫“当避黑面大王”。见《宋史·尹继伦传》。 **契丹:**古国名。源于东胡。北魏以来，在今辽河上游一带游牧。唐朝末年，迭剌部首领耶律阿保机统一契丹及邻近各部，建立契丹国。

8 **傅尧俞:**北宋大臣，初为监察御史，后为中书侍郎。待人无城府，上朝奏事，言语毫不隐讳。及卒，宋神宗及太皇太后亲临致祭。太皇太后语辅臣曰："傅侍郎清直一节，始终不变，金玉君子也。"事见《宋史·傅尧俞传》。 **金玉：**喻贵重之意。

9 **土木形骸：**形体像土木一样自然，比喻人不加修饰的本来面目。形骸，人的形体、躯壳。

10 **铁石心肠：**心肠坚如铁石，形容人不动感情。

原文

叙会晤，曰得挹芝眉[1]；叙契阔，曰久违颜范[2]。请女客，曰奉迓金莲[3]；邀亲友，曰敢攀玉趾[4]。侏儒谓人身矮[5]，魁梧称人貌奇[6]。龙章凤姿，廊庙之彦[7]；獐头鼠目，草野之夫[8]。恐惧过甚，曰畏首畏尾[9]；感佩不忘，曰刻骨铭心[10]。

译文

唐朝宰相房琯羡叹隐士紫芝的眉宇，因此把与君子的叙谈会面叫作得挹芝眉；世人敬重君子的容貌和榜样，所以把与君子叙谈久别的离情称作久违颜范。称女人的小脚为金莲，所以邀请女客人说是奉迓金莲；称贵客的行止为玉趾，所以邀请亲友说是敢攀玉趾。侏儒是说人身材特别矮小，魁梧是说人相貌奇特。龙章凤姿的人必定是朝廷中的杰出人物；獐头鼠目的人只能是乡野间的无用之人。过于害怕，称作畏首畏尾；感激不忘，叫作刻骨铭心。

注释

1 **挹(yì)芝眉：**唐朝隐士元德秀，字紫芝。房琯（唐玄宗时宰相）见德秀叹息曰："见紫芝眉宇，使人名利之心都尽。"见《新唐书·元德秀传》。挹，酌取。芝眉，眉宇的美称。旧时书信中多用以指对方的容颜和神采，表示敬爱。

2 **契阔：**久别的情愫。 **颜范：**容貌和榜样。

3 **奉迓(yà)：**迎接。奉，敬词；迓，迎接。 **金莲：**古时称女子缠过的小脚为金莲。

4 **玉趾：**称人行止的敬词，犹言玉步。

5 **侏儒**：指身材特别矮小的人。

6 **魁梧**：(身体)强壮高大。

7 **龙章凤姿**：如龙的神采，如凤的风姿，形容神采非凡。 **廊庙之彦**：朝廷中的杰出人物。廊庙，指古代君主与大臣议政之所，后因称朝廷为廊庙；彦，旧时对士的美称。

8 **獐头鼠目**：獐子的头小而尖，老鼠的眼睛小而圆。旧时以獐头鼠目形容人贫贱穷酸的样子。后来多用以形容相貌丑陋猥琐、心术不正的人。 **草野**：乡野。

9 **畏首畏尾**：前也怕，后也怕。形容瞻前顾后、顾虑重重的疑惧状态。

10 **感佩**：感激不忘。亦谓感激和钦佩。 **刻骨铭心**：形容记忆极深，永远忘不了。常用为感激之词。刻骨，感受深切入骨；铭心，铭记在心，念念不忘。

原文

貌丑曰不扬[1]，貌美曰冠玉[2]。足跛曰蹒跚[3]，耳聋曰重听[4]。期期艾艾，口讷之称[5]；喋喋便便，言多之状[6]。可嘉者，小心翼翼[7]；可鄙者，大言不惭[8]。腰细曰柳腰[9]，身小曰鸡肋[10]。

译文

相貌丑陋，叫作其貌不扬；相貌漂亮，说是美如冠玉。跛脚行走，称作蹒跚；耳聋不聪，叫作重听。期期艾艾，是对口吃者的称谓；喋喋便便，是形容善于辞令的样子。值得称赞的是办事小心翼翼的人，令人鄙视的是大言不惭的人。女子纤柔的腰肢，形容为柳腰；身体瘦弱矮小，叫作鸡肋。

注释

1 **不扬**：容貌不佳。

2 **冠玉**：装饰在帽子上的美玉。后来多以冠玉形容男子的美貌。

3 **蹒跚**(pán shān)：腿脚不灵便，走路一瘸一拐的样子。

4 **重听**：听觉失灵。

5 **期期艾艾**(ài):形容口吃的人说话不流利,多重言。 **口讷**(nè):口吃。讷,出言迟钝。

6 **喋喋便便**(pián):形容善于辞令。喋喋,形容说话多;便便,言论明晰畅达。

7 **小心翼翼**:原来形容恭敬严肃的样子。后来形容举动十分谨慎,一点不敢疏忽。翼翼,恭敬的样子。

8 **大言不惭**:说大话不知道害羞。

9 **柳腰**:柳树的柔条。旧时用以形容女子纤柔的腰肢。

10 **鸡肋**:比喻矮小瘦弱的身体。

原文

笑人齿缺,曰狗窦大开[1];讥人不决,曰鼠首偾事[2]。口中雌黄,言事而多改移[3];皮里春秋,心中自有褒贬[4]。唇亡齿寒,谓彼此之失依[5];足上首下,谓尊卑之颠倒[6]。所为得意,曰吐气扬眉[7];待人诚心,曰推心置腹[8]。

译文

晋人张吴兴八岁时缺了牙齿,有人笑他说是狗窦大开;讥笑人办事犹豫不决,就说是鼠首偾事。晋人王衍,说话经常更改,时人说他是口中雌黄;晋人褚裒,口里不评论别人,但心中自有褒贬,因此有人说他是皮里春秋。唇亡齿寒,是说彼此之间失去了依靠;足上首下,是说尊卑的位置被任意颠倒。描述一个人行为得意,常说吐气扬眉;以诚心待人,说是推心置腹。

注释

1 **狗窦**:供狗出入的墙洞。

2 **鼠首偾**(fèn)**事**:形容迟疑不决或动摇不定。鼠首,亦作“首鼠”,双声联绵词,表犹豫不决;偾事,败事。

3 **口中雌黄**:对言论有不妥之处随口加以更改,像用雌黄涂改错字一样。意谓言语轻率,反复多变。雌黄,矿物名,柠檬黄色,可作颜料。古时写字用黄纸,写错了就用雌黄涂抹再写。

4 **皮里春秋**:春秋,指褒贬。相传孔子所修《春秋》,文字简短,但对人和事都意寓褒贬。《晋书·褚裒(póu)传》载,褚裒年轻时不公开评论人的好坏,桓彝见到他后,说:"季野(褚裒的字)有皮里春秋。"意思是,褚裒虽然口头上不评论别人的好坏,肚里却自有一部《春秋》,对人还是有所褒贬的。后来就用皮里春秋形容表面上不评论别人而心中自有褒贬。

5 **唇亡齿寒**:嘴唇没有了,牙齿就会感到寒冷。比喻利害关系十分密切。

6 **足上首下**:比喻尊卑颠倒。

7 **吐气扬眉**:扬起眉头,吐出了胸中的闷气。形容摆脱长期受压抑和欺凌的困境后高兴的神态和心情。

8 **推心置腹**:比喻以诚心待人。

原文

心慌曰灵台乱[1],醉倒曰玉山颓[2]。睡曰黑甜[3],卧曰息偃[4]。口尚乳臭,谓世人年少无知[5];三折其肱,谓医士老成谙练[6]。

译文

心里发慌,叫作灵台紊乱;饮酒醉倒,称作玉山崩塌。酣睡叫作黑甜,卧倒称为息偃。口尚乳臭,是说世人年少无知;三折其肱,是说医师经验老到。

注释

1 **灵台**:指心。

2 **玉山**:喻人品德仪容之美。《世说新语·容止》:"山公(涛)曰:'嵇叔夜(康)之为人也,岩岩若孤松之独立;其醉也,傀俄若玉山之将崩。'"后因又以玉山自倒形容喝醉了酒。 **颓**:倒塌,这里指倒下。

3 **黑甜**:酣睡。

4 **息偃**:安息。偃,仰卧。

5 **口尚乳臭**(xiù):口里还有奶的气味,比喻人年幼无知。乳臭,奶的气味。

6 **三折其肱**(gōng):《左传·定公十三年》:"三折肱知为良医。"谓多次折臂后自己也能懂得治疗的方法,比喻阅历多、经验丰富。肱,胳膊从肩到肘的部分，也泛指手臂。 **老成谙练：**这里是说经历多了自然熟悉治疗的方法。

原文

西子捧心，愈见增妍[1]；丑妇效颦，弄巧反拙[2]。慧眼始知道骨[3]，肉眼不识贤人[4]。婢膝奴颜，谄容可厌[5]；胁肩谄笑，媚态难堪[6]。忠臣披肝，为君之药[7]；妇人长舌，为厉之阶[8]。事遂心曰如愿[9]，事可愧曰汗颜[10]。人多言，曰饶舌[11]；物堪食，曰可口[12]。

译文

西施捧心皱眉，越发增添了艳丽；丑妇东施模仿她皱起眉头，反而弄巧成拙。只有慧眼才能看出得道的仙人，凡夫肉眼自然认不出贤德之人。卑躬屈膝，讨好的样子令人厌恶；耸起肩膀，假装笑脸，谄媚的神态使人无法忍受。忠臣披肝沥胆，是君王治世的良药；妇人搬弄是非，是祸患产生的根由。件件事情顺心，叫作如愿；处事感到惭愧，称为汗颜。人的言语太多，叫作饶舌；食物味美好吃，叫作可口。

注释

1 **西子：**即西施。由越王勾践献给吴王夫差，成为吴王最宠爱的妃子。传说吴亡后，与范蠡入五湖而去。事见《吴越春秋》《越绝书》等。因西施绝美，后来把她当作美女的代称。 **妍(yán)：**美丽。

2 **丑妇效颦：**《庄子 · 天运》："故西施病心而矉其里，其里之丑人见之而美之，归亦捧心而矉其里。"矉，同"颦"，皱眉。西施心痛而按心皱眉，看起来很漂亮，是因为西施本身漂亮，而不是因为皱眉才漂亮。但里之丑妇误以为漂亮在于皱眉头，因而效法西施，结果难看得可怕。 **弄巧反拙：**本想要弄聪明，结果反而坏了事。拙，笨。

3 **慧眼：**佛教所说五眼(肉眼、天眼、慧眼、法眼、佛眼)之一。今泛指敏锐的眼光。 **道骨：**即仙骨。这里指得道的仙人。

4 **肉眼**:佛家所说五眼之一,指人间肉身之眼。

5 **婢膝奴颜**:形容卑躬屈膝、谄媚讨好的样子。 **谄容**:谄媚讨好的容貌。

6 **胁肩谄笑**:耸起肩膀,装出笑脸,形容谄媚逢迎的丑态。 **难堪**:难以忍受。

7 **披肝**:即披肝沥胆。比喻开诚相见,也比喻竭尽忠诚。披,打开;沥,滴下。 **为君之药**:是君王的良药。

8 **长舌**:多言、好说闲话,亦指搬弄是非。 **厉之阶**:祸患的来由。厉,祸患,危险;阶,阶梯。

9 **遂心**:称心,合自己的心意。遂,顺。 **如愿**:传说中彭泽湖神的女婢名。庐陵商人欧明,每次过彭泽湖都把大量东西投入湖中作为礼物。有一次过彭泽湖,湖神青洪君便把他请到水宫,要回赠他礼物,欧明点名要女婢如愿。青洪君没法推脱,只得忍痛将如愿赏给了他。欧明携如愿回家,从此事事如愿,家致巨富。见《搜神记》。

10 **汗颜**:因羞愧而脸上出汗。后常用来表示羞愧的意思。

11 **饶舌**:多言,多嘴。

12 **可口**:味道很合口味。

原文

泽及枯骨,西伯之深仁[1];灼艾分痛,宋祖之友爱[2]。唐太宗为臣疗病,亲剪其须[3];颜杲卿骂贼不绝,贼断其舌[4]。不较横逆,曰置之度外[5];洞悉虏情,曰已入掌中[6]。马良有白眉,独出乎众[7];阮籍作青眼,厚待乎人[8]。咬牙封

译文

恩泽施及枯骨,这体现了西伯深厚的仁爱之心;取艾自灸,分担匡义的痛苦,这表现了宋太祖对弟弟的无限关爱之情。唐太宗为了替臣子李勣治病,亲自剪下自己的胡须配药;颜杲卿被安禄山俘虏后骂不绝口,被逆贼割断舌头。不把强暴放在心上,称作置之度外;熟悉敌人的内情,叫作已入掌中。蜀汉马良生有白眉,在五兄弟中才能出众;晋人阮籍如青眼相待,便是尊重客人。汉高祖咬牙将最不喜欢的雍齿封为什方侯,这是

雍齿，计安众将之心[9]；含泪斩丁公，法正叛臣之罪[10]。掷果盈车，潘安仁美姿可爱；投石满载，张孟阳丑态堪憎[11]。

安定众将心意的计策；刘邦含泪处死对自己有恩的丁公，这是将不忠于项王的叛臣正法。妇人投掷的果子满车，这是因为潘安仁的姿容俊美可爱；小孩投掷的瓦石满车，这是因为张孟阳丑陋的容貌令人厌恶。

注释

1 **泽及枯骨：**恩德施及枯骨。传说周文王为西伯时，因凿池沼，发现一具枯骨，即命人厚葬。

2 **灼艾分痛：**本宋太祖赵匡胤与太宗赵匡义兄弟友爱的故事。《宋史·太祖本纪》："太宗尝病亟，帝往视之，亲为灼艾。太宗觉痛，帝亦取艾自灸。"后因以喻兄弟间的友爱。

3 **唐太宗为臣疗病：**唐朝大臣李勣得了暴病，急需龙须配药。太宗李世明便剪下自己的胡须给他治病。事见《旧唐书·李勣传》。

4 **颜杲(gǎo)卿骂贼不绝：**颜杲卿，唐玄宗时为常山太守。天宝十四年，安禄山叛乱。他应从弟平原太守颜真卿约，联合起兵断安禄山后路，设计杀禄山部将李钦凑。次年，史思明攻破常山，颜杲卿被执送至洛阳安禄山处。颜瞋目大骂不绝，被安禄山肢解断舌而死。见《旧唐书·颜杲卿传》。

5 **横(hèng)逆：**强暴无理。**置之度外：**不放在考虑之中，即不放在心上。度，考虑，计算。

6 **洞悉：**很清楚地知道。洞，透彻。 **已入掌中：**比喻对情况了如指掌。

7 **马良：**字季常，三国襄阳宜城人。刘备领荆州时，辟为从事。蜀汉建立，迁为侍中。马良兄弟五人，并有才名。良眉中有白毛，乡里谚称："马氏五常，白眉最良。"见《三国志·蜀书·马良传》。

8 **阮籍作青眼：**阮籍，三国魏文学家、思想家。与嵇康齐名，为竹林七贤之一。阮籍能为青白眼，常以青眼对所器重的人。《名义考》："后人有青盼、垂青之语。人平视睛圆则青，上视睛藏则白。上视，怒目而视也。"后称对人喜爱或尊重为青眼，对人藐视或憎恨为白眼。

9 **咬牙封雍齿:**汉高祖六年,刘邦得天下后大封功臣。“已封大功臣二十余人,其余日夜争功而不决,未得行封”。刘邦求计张良,良曰:“上平生所憎,群臣所共知,谁最甚者?”上曰:“雍齿与我有故怨,数窘辱我,我欲杀之,为功多,不忍。”良曰:“今急先封雍齿,以示群臣,群臣见雍齿先封,则人人自坚矣。”于是刘邦咬着牙关封雍齿为什邡侯。群臣皆喜曰:“雍齿且侯,我属无患矣。”事见《汉书·张良传》。

10 **含泪斩丁公:**《史记·季布栾布列传》:“季布母弟丁公(丁固),为楚将。丁公为项羽逐窘高祖彭城西,短兵接,高祖急,顾丁公曰:‘两贤岂相厄哉!’于是丁公引兵而还,汉王遂解去。及项王灭,丁公谒见高祖。高祖以丁公徇军中,曰:‘丁公为项王臣不忠,使项王失天下者,乃丁公也。’遂斩丁公。”

11 **掷果盈车、投石满载:**裴启《语林》:“安仁至美,每行,老妪以果掷之满车;张孟阳至丑,每行,小儿以瓦石投之,亦满车。”潘安仁,名岳,长相极美,晋代荥阳中牟人。张孟阳,名载,相貌奇丑,晋代安平人。

原文

事之可怪,妇人生须;事所骇闻,男人诞子[1]。求物济用,谓燃眉之急[2];悔事无成,曰噬脐何及[3]。情不相关,如秦越人之视肥瘠[4];事当探本,如善医者只论精神[5]。无功食禄,谓之尸位素餐[6];谫劣无能,谓之行尸走肉[7]。老当益壮,宁知白首之心;穷且益坚,不坠青云之志[8]。一息尚存,

译文

奇怪的事情是,朱氏四十岁的妻子竟然长了胡须;骇人听闻的事是,一个卖青果的男子竟然怀孕生了小孩。寻找东西用来救急,称作燃眉之急;懊悔事情没有成功,叫作噬脐何及。形容事情互不相关,好像越国人漠视秦国人的土地肥瘠一样;论事要探求它的本源,如同良医看病只论人的精神一样。没有出力而食俸禄,称之为尸位素餐;浅薄无能的人,称之为行尸走肉。年纪老了,志气应当更加豪壮,岂不知老年时的壮志;处境越穷困,意志应当越坚定,不能丧失直上青云的志气。只要还有一口

此志不容少懈[9]；十手所指，此心安可自欺[10]。	气，这种志向就不能有半点松懈；一个人的言行总是在众人的监督之下，因此决不能做自欺欺人的事。

注释

1 **妇人生须、男人诞子**：《宋史·五行志》载，北宋徽宗宣和六年，京城开封开酒店的朱氏，妻子四十岁却突然生须，长六七寸，与男子无异。同年，开封有一个卖青果的男子怀了孕，换了七个接生婆，才将孩子生下来。

2 **燃眉之急**：比喻情势急迫。

3 **噬脐何及**：用嘴咬自己的肚脐而不可及。形容后悔时就像嘴咬肚脐一样来不及了，即后悔已经晚了。

4 **秦越人之视肥瘠**：春秋时秦、越两国，一在西北，一在东南，相去极远。后因称疏远隔膜，互不相关为"秦越"。

5 **探本**：寻求它的本源。

6 **无功食禄**：指没有出力而食俸禄。禄，旧时官吏的薪俸。 **尸位素餐**：形容封建官吏占有职位，白吃饭，不做事。尸位，如尸祝之居位，只受享祭而不做事；素餐，吃闲饭。

7 **谫(jiǎn)劣**：学识浅陋。谫，浅薄。 **行尸走肉**：犹言活死人。比喻庸碌无能、无所作为、缺乏生活理想的人。尸，尸体；肉，指没有灵魂的肉体。

8 **"老当益壮"联**：这一联出自王勃的《滕王阁序》。勉励人莫因年华易逝和处境困顿而自暴自弃。老当益壮，年老而志气应当更加豪壮；穷且益坚，处境越困穷，意志应当越坚定；青云之志，直上青云的志气。

9 **一息尚存**：只要还有一口气。息，气息、呼吸；尚，还。

10 **十手所指**：被很多人指指点点。形容一个人的言行，总是在众人的监督之下，如有错误，绝不能隐藏。

衣 服

导读

因为帽子是头上所戴，所以称“元服”，同时因为所戴的人身份不同，所以又有“弁”“冔”“冕”的别名。“衣”指上装，“裳”指下装，小儿的衣裳叫“襁褓”，幼童的装饰叫“弁髦”。衣服的相关部位和名称的由来，本篇都交代得清清楚楚。

没有功名的白丁称“布衣”，考入官学的生员叫“青衿”；非常俭朴的西汉丞相公孙弘，一条布被盖了十多年；孔子的学生卜子夏特别贫穷，衣服破烂补丁叠补丁。本篇运用大量例证揭示人物身世、贫富、处境、品德等与衣着的关系，说明穿着应得体、无须尚奢华的道理。

原文

冠称元服[1]，衣曰身章[2]。曰弁曰冔曰冕[3]，皆冠之号；曰履曰舄曰屣[4]，悉鞋之名。上公命服有九锡[5]，士人初冠有三加[6]。簪缨缙绅，仕宦之称[7]；章甫缝掖，儒者之服[8]。布

译文

帽子戴在头上，所以叫作元服；衣服是身上的装饰，因此称为身章。弁、冔、冕，都是帽子的称号；履、舄、屣，都是鞋子的别名。三公以上的大臣，皇帝赐给相应的礼服和九种物品，称为九锡；男子成年行冠礼，初加缁布冠，次加皮弁，再加爵弁，叫作三加。簪缨和缙绅，这是用官吏的装束代称官吏；章甫和缝掖，这是用读书人穿戴的帽子和衣服代称读书人。布衣就是指没有功名的白丁，青衿就是指考入官学的生

衣即白丁之谓[9]，青衿乃生员之称[10]。葛屦履霜，诮俭啬之过甚[11]；绿衣黄里，讥贵贱之失伦[12]。

员。冬天穿着葛布鞋去踏霜雪，这是讥笑节俭得近乎吝啬；用下等的绿色作面料，反倒用贵重的黄色作衬里，这是讽刺人颠倒了尊卑贵贱的次序。

注释

1 **元服**：帽子。《汉书·昭帝纪》："（元凤）四年春正月丁亥，帝加元服。"颜师古注："元，首也。冠者，首之所着，故曰元服。"

2 **身章**：指衣服。衣服是人身的装饰，所以俗称衣服为章身之具。古时衣着表明了人的贵贱贫富，因此它也是人身份的标志。

3 **弁**(biàn)：古代贵族的一种帽子，有皮弁、爵弁。皮弁，武冠；爵弁，文冠。**冔**(xǔ)：殷代冠名。 **冕**：古代帝王、诸侯、卿大夫戴的礼帽。后专指皇冠，所以帝王登位叫加冕。

4 **履**：单底鞋。 **舄**(xì)：古代一种复底鞋。崔豹《古今注·舆服》："舄，以木置履下，干腊不畏泥湿也。" **屣**(xǐ)：鞋。

5 **上公**：周制，三公八命，出封时加一命，称上公。 **命服**：古代官员按等级所穿的礼服。周代官员的品秩有一命至九命之差，官员的衣服因命数不同而各有定制，故名。 **九锡**：古代帝王赐给有大功或有权势的诸侯、大臣的九种物品。

6 **士人**：古指读书人，亦是中国古代文人知识分子的统称。 **初冠**：《礼记·曲礼上》载，古代男子二十而冠，始行冠礼。 **三加**：古代冠礼，初加缁布冠，次加皮弁，次加爵弁，称为三加。

7 **簪**(zān)**缨**：簪和缨，古时达官贵人的冠饰，用来把冠固着在头上。后因以为做官者显贵之称。簪，古人用来插定发髻或连冠于发的一种长针；缨，系在颔下的冠带。 **缙绅**：旧时官宦的装束，亦作官宦的代称。 **仕宦**：本指做官，这里指达官贵人。

8 **章甫**：殷商时冠名。 **缝掖**：宽袖单衣。古代儒生所服，后因以代称儒生。 **儒者**：即儒生。指通经之士，也指一般读书人。

9 **布衣**：布制的衣服。借指平民。 **白丁**：旧指平民，没有功名的人。

10 **青衿**：《诗经·郑风·子衿》："青青子衿，悠悠我心。" 毛传："青衿，青领也，学子之所服。" 因以指读书人。明清科举时代专指秀才。**生员**：唐代国学及州、县学规定学生员额，因此称生员。明清时代，凡经过本省各级考试取入府、州、县学的，通叫生员，习惯上称秀才。

11 **葛屦**(jù) **履霜**：穿着夏天的葛布鞋踏霜雪。屦，古时用麻、葛等制成的鞋。

12 **绿衣黄里**：古以黄为正色，绿为间色。以间色为衣，以正色为里，喻尊卑贵贱颠倒失序。 **伦**：条理，次序。

原文

上服曰衣，下服曰裳[1]；衣前曰襟，衣后曰裾[2]。敝衣曰褴褛[3]，美服曰华裾[4]。襁褓乃小儿之衣[5]，弁髦亦小儿之饰[6]。左衽是夷狄之服[7]，短后是武夫之衣[8]。尊卑失序，如冠履倒置[9]；富贵不归，如锦衣夜行[10]。狐裘三十年，俭称晏子[11]；锦幛四十里，富羡石崇[12]。

译文

人的上装叫作衣，下装叫作裳；衣的前幅叫作襟，衣的后幅叫作裾。破旧的衣服叫作褴褛，华美的衣服称为华裾。襁褓是小儿的衣裳，弁髦是幼童的装饰。前襟向左，这是少数民族的服装；后幅较短，这是习武人的衣服。尊和卑如果失去了次序，就好像帽和鞋颠倒了位置；富贵了不回故乡，就如同穿了锦绣的衣裳在夜间行走。一件狐皮衣穿了三十年，这是称赞晏子节俭；搭起四十里长的锦幛斗富，石崇的豪富令人羡慕。

注释

1 **衣、裳**：古时上装叫衣，下装叫裳。

2 **襟**：古代指衣的交领。后指衣的前幅。 **裾**(jū)：衣服的前襟，即大襟。亦指后襟。

3 **褴褛**(lán lǚ)：形容衣服破烂。

4 **华裾**：华丽的衣服。

5 **襁褓**(qiǎng bǎo)：背负小儿的背带和布兜，也泛指小儿的衣裳。

6 **弁髦：**古代贵族子弟行加冠之礼，先用缁布冠把垂发束好，三次加冠之后，就不再用缁布冠，并剃去垂发，理发为髻。因此弁髦对成年男子来说，就是废弃无用的东西，而对小孩来说就成了一种装饰。弁，指缁布冠，一种用黑布做的帽子；髦，幼童垂于眉际的头发。

7 **左衽：**我国古代某些少数民族的服装，前襟向左开，不同于中原一带的前襟向右。衽，衣襟。 **夷狄：**古代泛称东方各族为夷，北方各族为狄，因用以泛指异族人。

8 **短后：**衣的后幅较短，便于活动，所以一般指武夫的衣服。

9 **冠履倒置：**头戴帽，脚穿鞋，以喻上下之分。如果两者易位，则尊卑颠倒，上下失序。

10 **锦衣夜行：**穿了锦绣衣裳在夜间行走，比喻别人不能看到自己的荣显。

11 **狐裘三十年：**《孔子家语》："孔子曰：'晏平仲祀其先祖，而豚肩不掩豆，一狐裘三十年。'"狐裘，用狐皮制成的衣。 **晏子：**即晏婴，字平仲。春秋时齐国大夫，历仕灵公、庄公、景公三世，景公时为相。以节俭力行，名显诸侯。

12 **锦幛四十里：**说明极度奢侈豪华。**石崇：**字季伦，西晋渤海南皮人。初为修武令，累迁至侍中。永熙元年出为荆州刺史，以劫掠客商致巨富。于河阳置金谷园，与贵戚王恺、羊琇等争为奢靡。曾与王恺斗富，以蜡代薪，作锦步障五十里，王恺虽得武帝支持，仍不能敌。事见《晋书·石崇传》。

原文

孟尝君珠履三千客[1]，牛僧孺金钗十二行[2]。千金之裘，非一狐之腋[3]；绮罗之辈，非养蚕之人[4]。贵者重裀叠褥[5]，贫者裋褐不完[6]。卜子夏甚贫，

译文

齐国贵族孟尝君有三千门客，个个穿着缀有珍珠的鞋子；唐朝宰相牛僧孺姬妾众多，头戴金钗的女子就有十二排。价值千金的皮衣，光用一只狐狸腋下的皮毛是做不成的；身穿绫罗绸缎的，并不是养蚕的人。富贵人家是褥子叠褥子，贫穷人家连粗布衣服也是破烂不堪。孔子的学生卜子夏特别穷，破烂衣

鹑衣百结[7]；公孙弘甚俭，布被十年[8]。南州冠冕，德操称庞统之迈众[9]；三河领袖，崔浩羡裴骏之超群[10]。

服补丁叠补丁；西汉丞相公孙弘非常俭朴，一条布被盖了十多年。三国时司马德操称赞庞统人才出众，说他在南方各州郡读书人中首屈一指；北魏司徒崔浩羡慕裴骏的超群才干，说他是黄河南北一带读书人的领袖。

注释

1 **孟尝君：**即田文，战国时齐国贵族，号孟尝君。齐湣王时任相国，门下有食客数千。 **珠履三千客：**《史记·春申君列传》："春申君客三千余人，其上客皆蹑珠履。"珠履，缀有珍珠的鞋子。春申君，即黄歇。战国时楚国贵族。这里很可能是将孟尝君和春申君的事混为一谈了。

2 **牛僧孺：**唐朝大臣。是"牛李（德裕）党争"中的牛党首领。 **金钗十二行：**头戴金钗的女子十几排。形容姬妾众多。

3 **千金之裘，非一狐之腋：**千金之裘，指珍贵的皮裘，价值千金，当是由无数只狐狸腋下的皮毛缝制而成的。

4 **绮罗：**泛指各种丝织品。

5 **重裀叠褥：**褥子叠褥子。裀（yīn），通"茵"，褥子，床垫；褥，褥子，坐卧时垫身的用具。

6 **裋褐：**古时贫苦人穿的粗布衣服。裋（shù），古指童仆所穿的衣服。

7 **卜子夏：**孔子学生。名商，字子夏。孔子死后，到魏国西河讲学。李悝、吴起都是他的学生，魏文侯也尊以为师。 **鹑衣：**鹑鸟尾秃，像古时敝衣短结，故用以形容破旧的衣服。

8 **公孙弘：**西汉丞相，字季，菑川薛人。少为狱吏，年四十余始治《春秋公羊传》。以熟习文法吏治，被武帝任为丞相，封平津侯。公孙弘经常说，做君王怕的是不广阔博大，当臣子怕的是不自制节俭，因此他一条麻布被盖了十多年。

9 **南州冠冕：**南方人才中杰出的人物。后用以赞誉德高望重、才识优异的人。冠冕，比喻首位。 **德操：**司马徽，字德操。善知人，人称水镜。刘备曾向徽探询人才，徽因推荐诸葛亮、庞统。 **庞统：**三国时刘备谋士。

初与诸葛亮齐名，号称凤雏。 **迈众：**众人中最突出的。迈，超过。

10 **三河领袖：**黄河南北一带读书人的领军人物。三河，汉以河内、河南、河东郡为三河，即今河南洛阳市黄河南北一带。**崔浩：**北魏司徒，字伯渊。**裴骏：**北魏中书博士，弱冠通涉经史，亲属称为神驹，因以为字。

原文

虞舜制衣裳，所以命有德[1]；昭侯藏敝裤，所以待有功[2]。唐文宗袖经三浣[3]，晋文公衣不重裘[4]。衣履不敝，不肯更为，世称尧帝[5]；衣不经新，何由得故，妇劝桓冲[6]。王氏之眉贴花钿，被韦固之剑所刺[7]；贵妃之乳服诃子，为禄山之爪所伤[8]。

译文

舜帝制作衣服，是用来赏赐有德行的人；韩昭侯将破裤收藏，是为了等待有功的人。唐文宗为了表明自己俭朴，示意大臣自己的衣服已经洗过三次；晋文公为了纠正国内的奢靡风气，自己带头不穿厚皮衣。衣服和鞋子不到破得不能再穿，就不肯更换，这是世人对尧帝的赞许；衣服不经过新的怎么能变成旧的，这是晋代桓冲不肯穿新衣时妻子规劝他的话。韦固妻子王氏的眉间经常贴着花钿，原来是三岁时韦固用剑刺中留下了疤痕；贵妃杨玉环的乳房罩着抹胸，原来是她的胸乳被奸夫安禄山抓破了。

注释

1 **虞舜制衣裳，所以命有德：**舜帝制作衣服，是用来赐给有德行的人。《尚书·益稷》："以五采彰施于五色，作服，汝明。"《尚书·皋陶谟》："天命有德，五服五章哉！"意思是，上天任命有德的人，要用天子、诸侯、卿、大夫、士五等礼服表彰这五者。

2 **昭侯藏敝裤：**战国时韩昭侯有一条破裤，叫人藏起来。侍者曰："君亦不仁矣，弊裤不以赐左右而藏之。"昭侯说，我听说贤明的君主，珍惜自己的一颦一笑，"今夫裤，岂特颦笑哉！裤之与颦笑相去远矣，吾必待有功者，故收藏之，未有予也"。见《韩非子·内储说上》。韩昭侯的意思是，不能滥加赏赐,一举一动都要有明确的目的。

3 **唐文宗:**《新唐书·柳公权传》载,文宗曾与六学士对便殿,为了表明自己的节俭,因举袂曰:"此三浣矣。"学士皆贺,独公权无言。帝问之,公权对曰:"人主当进贤,退不肖,纳谏诤,明赏罚,服浣濯之衣,此小节耳,非有益治道者。" **浣**(huàn):洗濯。

4 **晋文公:**春秋时晋国国君,名重耳。在位时,使晋国成为春秋五霸之一。晋文公提倡节俭,自己带头不穿厚皮衣,从而纠正了晋国的奢靡之风。事见《尹文子·大道上》。**重裘:**厚皮衣。

5 **更为:**更换再做。

6 **桓冲:**字幼子,东晋谯国龙亢人。桓温弟。《世说新语·贤媛》:"桓(冲)车骑不好着新衣,浴后,妇故送新衣与车骑。大怒,催使持去。妇更持还,传语云:'衣不经新,何由而故。'桓公大笑着之。"

7 **王氏之眉贴花钿:**李复言《续玄怪录·定婚店》载,晋代韦固,一天路过宋城,遇见一月下老人,便问自己的妻子是谁。老人说,现在她才三岁,住在北边卖菜的陈氏老妇家。韦固前去观看,见该女孩长相极丑,便吩咐家奴次日用刀刺杀该女。其奴刺杀未遂,仅伤及女孩眉间。十四年后,韦固参相州军事,娶刺史王泰之女为妻。王氏眉间常贴花钿,韦固问之,王氏说自己其实是王泰的侄女,不是他的女儿。父母兄长皆早亡,自己由乳母抚养。三岁时乳母抱行于市,自己眉间被狂贼刺伤,至今刀痕尚在,因此常贴花钿以遮盖刀痕。花钿,古代妇人首饰,用金片镶嵌成花形。

8 **贵妃之乳服诃子:**贵妃,即杨太真,小字玉环。诃子,抹胸。相传始于杨贵妃。玄宗时,贵妃与安禄山私通,被安禄山抓伤胸乳间。为了不让玄宗发现,贵妃便用诃子将胸乳遮掩起来。见高承《事物纪原·衣裘带服》引《唐宋遗史》。 **禄山:**即安禄山。唐营州柳城胡人。初名轧荦山,本姓康,后随母嫁突厥人安延偃,改姓安,更名禄山。

原文	译文
姜氏翕和,兄弟	东汉姜肱兄弟三人友爱和睦,每晚都同睡

每宵同大被[1]；王章未遇，夫妻寒夜卧牛衣[2]。缓带轻裘，羊叔子乃斯文主将[3]；葛巾野服，陶渊明真陆地神仙[4]。服之不衷，身之灾也[5]；缊袍不耻，志独超欤[6]。

在一床大被里；西汉京兆尹王章，未发迹时家里贫穷，寒冷的夜晚夫妻只能盖着牛蓑衣睡觉。晋代羊叔子，充任荆州军队主帅十多年，经常身不披甲，穿轻裘，衣带宽松，真是斯文主将；晋代陶渊明，辞官归隐，头扎葛布巾，身着山野服，俨然陆地神仙。穿着不得本，就会给自身带来灾祸；不因为穿着缊袍就感到羞耻，这是志向超群的表现。

注释

1 **姜氏翕(xī)和:**《后汉书·姜肱传》:“姜肱，字伯淮，彭城广戚人也。家世名族，肱与二弟仲海、季江，俱以孝行著闻，其友爱天至，常共卧起。及各娶妻，兄弟相恋，不能别寝。”翕和，友爱和睦。

2 **王章:**西汉大臣。字仲卿，西汉泰山巨平人。出仕前家贫，病卧牛衣中，哭泣着与妻诀别。妻子怒斥曰:“今疾病困厄，不自激昂，乃反涕泣，何鄙也。”成帝时为谏议大夫、京兆尹。事见《汉书·王章传》。 **未遇:**未得志，未发迹。

3 **缓带轻裘:**宽松的衣带，轻暖的裘。形容闲适从容的风度。 **羊叔子:**即羊祜，字叔子，西晋大臣。

4 **葛巾野服:**头扎用葛布制成的头巾，身穿村野平民的衣着。 **陶渊明:**一名潜，字元亮，东晋诗人。曾为彭泽县令，后辞官归隐，安贫乐道，葛巾野服，以诗酒自娱。

5 **服之不衷:**《左传·僖公二十四年》:“郑子华之弟子臧出奔宋，好聚鹬冠。郑伯闻而恶之，使盗诱之。八月，盗杀之于陈、宋之间。君子曰:‘服之不衷，身之灾也。’”意思是说，穿着不得体，就可能招来杀身之祸。不衷，不恰当，不合适。

6 **缊(yùn)袍不耻:**不以缊袍为耻。缊袍，用乱麻作絮的袍子，常为贫穷者所穿。

卷三

人事

导读

本篇由五个部分组成。通篇围绕有关人事的各种关系展开，读来条理清晰。

《幼学琼林》别名《成语考》，本篇就对许多成语的出处作了介绍，如"一日三秋""亦步亦趋""耳提面命""吹毛求疵"，等等。据统计，全书共有成语七百多个。

书中对字、词的解释也很讲究。如本篇的"竣者作事已毕之谓，醵者敛财饮酒之名"，解释既精练又恰当。另外，还非常注意对近义词的辨析，如本篇的"人笑曰解颐。人微笑曰莞尔，掩口笑曰胡卢。大笑曰绝倒，众笑曰哄堂"，这样的辨析自然是再精当不过。

原文

大学首重夫明新[1]，小子莫先于应对[2]。其容固宜有度[3]，出言尤贵有章[4]。智欲圆而行欲方，胆欲大而心欲小[5]。阁下

译文

《大学》开篇就推重明德、新民，刚入学的学生首先要学的就是对答。人的容貌举止本来应当有一定的规矩，人们讲话尤为可贵的是要有条理。一个人的知识要广博周备，而行为却要端正；一个人的胆量要大，但办事却要小心谨慎。阁下和足下，都是对他人的尊称；不佞和鲰生，都是自己的谦称。求人宽恕罪过，叫作宽宥；表示惶恐，

足下，并称人之辞[6]；不佞鲰生，皆自谦之语[7]。恕罪曰宽宥[8]，惶恐曰主臣[9]。大春元、大殿选、大会状，举人之称不一；大秋元、大经元、大三元，士人之誉多殊[10]。大掾史，推美吏员[11]；大柱石，尊称乡宦[12]。

称作主臣。大春元(会试第一名)、大殿选(殿试一甲第一名)、大会状(会元兼状元)，是说举人取得功名后的称呼不一样；大秋元(乡试第一名)、大经元(明经第一名)、大三元(解元、会元、状元三元连中)，是说读书人能得到多种不同的荣誉。大掾史，是对吏员的美称；大柱石是对重臣乡宦的尊称。

注释

1 **《大学》**：原为《小戴礼记》书中的一章，从南宋时期起，和《中庸》《论语》《孟子》编辑在一起，称为四书，作为儒家的经书在社会上广为流传。**明新**：《大学》的开篇就说："大学之道，在明明德，在亲(新)民，在止于至善。"明，即明德，指人先天固有的德性，因其本身是明净的，所以称明德。新，即新民，意思是革除旧习，做一个新民。

2 **小子莫先于应对**：古人八岁时入小学，学习洒扫、应对等日常的礼节。十五岁时入大学，学习做人的道理。小子，指小学弟子。应对，对答。

3 **容**：仪容举止。 **度**：法度、规定。古人对人的仪容举止都有明确而严格的要求。

4 **出言尤贵有章**：《诗经·小雅·都人士之什》："其容不改，出言有章。"章，章法、条理。

5 **智欲圆而行欲方**：知识要广博周备，行为要端正。

6 **阁下**：对人的敬称，多用于书信中。赵璘《因话录》："古者三公开阁，郡守比古之侯伯，亦有阁，所以世之书题有阁下之称……今又布衣相呼，尽曰阁下。" **足下**：敬辞。古代下称上或同辈相称都用足下。足下之称始于春秋时晋文公称介之推。刘敬叔《异苑》卷十："介子推逃禄隐迹，抱树烧死。文公拊木哀嗟，伐而制屐。每怀割股之功，俯视其屐曰：'悲乎足下！'足下之称将起于此。"后专用为对同辈的敬辞。

7 **不佞**(nìng)**:**没有才能。也用作自称的谦词。 **鲰**(zōu)**生:**犹小生,自称的谦词。

8 **宽宥:**宽容饶恕。

9 **主臣:**本谓君臣,后用为表示恭敬惶恐之辞。《史记·张释之冯唐列传》:"唐曰:'主臣!陛下虽得廉颇、李牧,弗能用也。'"司马贞《索隐》:"案乐彦云:'人臣进对前称主臣,犹上书前云昧死。'"

10 **"大春元"联:**明清两代,科举考试分乡试、会试、殿试三级。乡试每三年在省城举行一次,称大比,因考试时间在八月,所以又称秋试、秋闱。取中者称举人,第一名称解元,第二至十名称亚元。会试则在乡试后的第二年春天于礼部举行,各省举人参考,因为考试时间在春天,所以又称春试、春闱。取中者称贡士,第一名称会元。殿试则由皇帝亲自主持,只有贡士才有资格参加。因为考试在殿廷上举行,所以又称廷试。考试分三甲录取,一甲三名赐进士及第,第一名称状元,第二名称榜眼,第三名称探花,合称三鼎甲。二甲赐进士出身,第一名称传胪。三甲赐同进士出身。科举考试,凡取得第一名者都称元,因此大春元(春天会试第一名)、大殿选(殿试一甲第一名)、大会状(会元、状元兼得),是说举人进身后的称呼不一;大秋元(秋季乡试第一名)、大经元(五经贡生第一名)、大三元(解元、会元、状元,三元连中),是说读书人能得到多种不同的荣誉。

11 **掾**(yuàn)**史:**汉代以后职权较重的长官有属吏,分曹治事,通称掾史。多由长官自行辟举。唐宋后废辟举制,掾史之名渐移于胥吏。

12 **柱石:**支梁的柱子和承柱子的基石,比喻担负重任的人。 **乡宦:**居乡的官宦,指原来担任过国家重任的人。

原文

贺入学,曰云程发韧[1];贺新冠,曰元服初荣[2]。贺人荣归,谓之锦旋[3];作商得财,谓之稛

译文

恭贺人家进学,叫作云程发轫;祝贺男子成年加冠,称作元服初荣。祝贺人富贵后体面回乡,称之为锦旋;祝贺人经商发财,称之为稛载。自谦礼物菲薄,便

原文	译文
载[4]。谦送礼曰献芹[5]，不受馈曰反璧[6]。谢人厚礼曰厚贶[7]，自谦礼薄曰菲仪[8]。送行之礼，谓之赆仪[9]；拜见之资，名曰贽敬[10]。贺寿仪曰祝敬[11]，吊死礼曰奠仪[12]。请人远归，曰洗尘[13]；携酒送行，曰祖饯[14]。	说献芹；拒绝接受馈赠，就说反璧。感谢别人的厚礼，说是厚贶；自己谦称礼薄，说是菲仪。送人出行的礼物，称之为赆仪；拜见长者所送的礼物，称之为贽敬。贺寿的礼品叫祝敬，吊丧的礼品叫奠仪。宴请远方归来的人，叫作洗尘；送人出行饮酒告别，称作祖饯。

注释

1 **入学**：明清童生经考试取录后入府、州、县学读书，称为入学，亦称进学。**云程发轫**(rèn)：比喻从此官运亨通。云程，犹云路，比喻仕途；发轫，止住车轮转动的木头叫轫，车启行时须先去轫，故称启程为发轫。

2 **新冠**：古代男子成年时，始举行加冠的礼节，故称。 **元服**：帽子。元，首。

3 **锦旋**：即衣锦还乡。旋，归、还。

4 **稇**(kǔn)**载**：指满载、重载。稇，用绳索捆束。

5 **献芹**：《列子·杨朱》："昔人有美戎菽、甘枲茎、芹萍子者，对乡豪称之。乡豪取而尝之，蜇于口，惨于腹。众哂而怨之，其人大惭。"后用献芹或芹献自谦所献菲薄或言不足取。

6 **馈**(kuì)：赠送。这里指赠送的礼物。**反璧**：退还璧。后称不受馈赠为反璧。

7 **厚贶**(kuàng)：厚赐。贶，赐予。

8 **菲仪**：薄礼。仪，礼物。

9 **赆**(jìn)**仪**：送给远行者的路费或礼物。

10 **资**：财货。 **贽敬**：初见尊长者时所送的礼物，以表敬意。也专指送给老师的礼物、学费等。

11 **祝敬**：即华(huà)封三祝。传说唐尧游于华，华封人祝其寿、富、多男子。见《庄子·天地》。后因以华封三祝为祝颂之辞，称祝贺生辰的礼物为祝敬。

12 **奠仪**:送给办丧事人家的礼品。也指死者灵前的供品。

13 **洗尘**:一般多用于欢迎远来的人,即为其洗涤风尘的意思,也叫接风。

14 **祖饯**:即饯行。

原文

犒仆夫,谓之旌使[1];演戏文,谓之俳优[2]。谢人寄书,曰辱承华翰[3];谢人致问,曰多蒙寄声[4]。望人寄信,曰早赐玉音[5];谢人许物,曰已蒙金诺[6]。具名帖曰投刺[7],发书函曰开缄[8]。思慕久,曰极切瞻韩[9];想望殷,曰久怀慕蔺[10]。相识未真,曰半面之识[11];不期而会,曰邂逅之缘[12]。

译文

犒劳奴仆佣人,称之为旌使;表演戏剧的人,称之为俳优。感谢别人寄来书信,说是辱承华翰;感谢别人转致问候,说是多蒙寄声。盼望别人来信,便说早赐玉音;感谢人家答应自己的要求,便说已蒙金诺。递上名片,叫作投刺;开启书信,叫作开缄。思念仰慕已久,叫作极切瞻韩;钦慕向往殷切,叫作久怀慕蔺。虽说相识了解并不真切,称作半面之识;没有约定而凑巧相遇,叫作邂逅之缘。

注释

1 **旌使**:奖励使者。旌,表彰、奖励;使,这里指供派遣的人。

2 **俳**(pái):古代以乐舞谐戏为业的艺人。

3 **华翰**:对他人来信的美称。翰,毛笔,引申为文辞。

4 **寄声**:口头传达问候。

5 **玉音**:对别人言辞的敬称,谓其贵重。

6 **金诺**:守信不渝的诺言。金,比喻贵重。

7 **投刺**:投名帖求见。刺,古代在竹简上刺上名字,所以称名片为刺。也指抛弃名帖,表示隐退不仕。

8 **开缄**(jiān):开启书信。缄,书信。

9 **瞻韩**:李白《与韩荆州书》:"白闻天下谈士相聚而言曰:'生不用封万户

侯,但愿一识韩荆州。' 何令人之景慕一至于此耶!" 韩荆州,即唐代韩朝宗,时任荆州大都督府长史兼襄州刺史。他乐于识拔后进,为时人所推重。后因以识荆为初次识面的敬辞,用瞻韩表示思念仰慕已久的敬辞。

10 **慕蔺:**《史记·司马相如列传》:"相如既学,慕蔺相如之为人,更名相如。"后用为钦慕贤者之辞。司马相如,西汉辞赋家。蔺相如,战国时赵国大臣。

11 **半面之识:**东汉应奉记忆力很强,有一车匠曾于门中露半面看他,后数十年,于路见车匠,识而呼之。见《后汉书·应奉传》李贤注。后指初相识或相识不深为半面。

12 **邂逅**(xiè hòu)**:**不期而遇。

原文

登龙门,得参名士[1];瞻山斗,仰望高贤[2]。一日三秋,言思慕之甚切[3];渴尘万斛,言想望之久殷[4]。暌违教命,乃云鄙吝复萌[5];来往无凭,则曰萍踪靡定[6]。虞舜慕唐尧,见尧于羹,见尧于墙[7];颜渊学孔圣,孔步亦步,孔趋亦趋[8]。

译文

拜谒名人得其援引以增声誉谓之登龙门;瞻山斗,形容敬仰德高望重的贤人。一日三秋,是说思念友人的心情十分深切;渴尘万斛,形容盼望会见友人的迫切心情。不能经常听到贤者的教诲,贪鄙庸俗的念头又会有所滋生;随意来来往往,就像踪迹不定的水上浮萍。舜帝思慕尧帝,尧去世三年后,饮食起居仍处处想到他;孔子的学生颜渊效法孔子,孔子慢走他也慢走,孔子快走他也快走。

注释

1 **登龙门:**《艺文类聚》引《三秦记》:"河津一名龙门,大鱼集龙门下数千,不得上,上者为龙。" 河津,地在今陕西韩城与山西河津间。后以登龙门比喻得到有力者的援引而增长声誉。科举时代亦称进士登科为登龙门。

2 **山斗**:泰山、北斗的省称,也称泰斗。比喻德高望重或有卓越成就而为世人所敬仰的人。

3 **一日三秋**:一天没有见面,就像隔了三年一样。表示离别后想念得很殷切。秋,指一年。

4 **渴尘万斛**:形容盼望会见的迫切心情。渴尘,渴心生尘的省称,比喻思念殷切。斛(hú),量器名,亦容量单位。古代以十斗为一斛,南宋末年改为五斗。万斛,极言尘埃之多。

5 **暌(kuí)违**:违背。**鄙吝复萌**:庸俗的念头又有所滋生。鄙吝,这里指庸俗;萌,萌发。

6 **萍踪靡定**:喻行踪无定。萍生水中,漂泊无定,因称无定的行踪为萍踪。靡,无。

7 **虞舜慕唐尧**:《后汉书·李固传》:"昔尧殂之后,舜仰慕三年。坐则见尧于墙,食则睹尧于羹。"后以羹墙表示对已死前辈的追念。

8 **颜渊**:孔子学生。名回,字子渊。春秋末鲁国人。后被封建统治者尊为复圣。 **孔圣**:即孔子。自汉以后,孔子学说成为两千余年传统文化的主流,影响极大。封建统治者一直把他奉为圣人。**孔步亦步,孔趋亦趋**:后演化为成语亦步亦趋。原指学生向老师学习。后来指一意模仿或追随别人。步,缓行、慢走;趋,快走。

原文

曾经会晤,曰向获承颜接辞[1];谢人指教,曰深蒙耳提面命[2]。求人涵容,曰望包荒[3];求人吹嘘,曰望汲引[4]。求人荐引,曰幸为先容[5];求人改文,曰望赐郢斫[6]。借重鼎言,是托人言事[7];望移玉趾,

译文

曾经与人会面,就说向获承颜接辞;感谢别人指导教诲,就说深蒙耳提面命。求人包涵、宽容,就说望包荒;求人宣扬自己,就说望汲引。求别人引荐自己,就说幸为先容;求别人修改文章,就说望赐郢斫。借重鼎言,是拜托人家去说事;望移玉趾,是央求别人亲自前往。多蒙推毂,是感谢别人推荐的言辞;

是浼人亲行[8]。多蒙推毂，谢人引荐之辞[9]；望作领袖，托人首倡之说[10]。言辞不爽，谓之金石语[11]；乡党公论，谓之月旦评[12]。逢人说项斯，表扬善行[13]；名下无虚士，果是贤人[14]。

望作领袖，是请别人带头的话语。说过的话语全都算数，被称之为像金石一样坚固不可更改的话语；东汉许劭和堂兄许靖每月对乡里人物评论一次，大家认为公正客观，时人称之为月旦评。唐朝人杨敬之很器重项斯的人品和才学，便到处逢人说项斯；名下无虚士，则是感叹钦佩对方果然有才能。

注释

1 **承颜接辞**：有幸见面交谈。承颜，承接颜色，犹识面。

2 **耳提面命**：不仅当面指教，而且贴着耳朵叮嘱，希望他永不忘记。形容教诲殷勤恳切。

3 **涵容**：包涵宽容。 **包荒**：本谓度量宽宏，对于荒秽遐远的都能容受。后转作宽容、原谅或掩饰解。

4 **吹嘘**：吹拂，从旁相助的意思。引申为称扬、揄扬。今多指吹捧自己或别人，含贬义。 **汲引**：从下往上打水。后比喻为提拔、引荐人才。

5 **先容**：本指先加修饰，后引申为事先为人介绍。容，雕饰。

6 **郢斫**(yǐng zhuó)：楚国郢都的一个巧匠，能运斧成风，后因用郢匠称文章老手，称请人修改文章为郢斫。

7 **鼎言**：像鼎一样重的言语，形容说话的作用很大。《史记·平原君列传》："毛先生(毛遂)一至楚，而使赵重于九鼎大吕。"后概括为成语一言九鼎。

8 **玉趾**：称人行止的敬词，犹言玉步。 **浼**(měi)：请求，央求。

9 **推毂**(gǔ)：本义是推车前进。后用来比喻推荐人才或助人举事。毂，车轮中心的圆木，即车轴。

10 **领袖**：衣服的领和袖。借指为人表率的人。 **首倡**：带头，最先发起。

11 **言辞不爽**：说过的话全都算数。爽，违背，失约。 **金石语**：话语像金石一样坚固，不可更改。

12 **乡党公论:**乡里的公正评价。乡党,周制以五百家为党,一万二千五百家为乡,后因以乡党泛指乡里。 **月旦评:**《后汉书·许劭传》:“初,劭与靖(劭从兄)俱有高名,好共核论乡党人物,每月辄更其品题,故汝南俗有月旦评焉。”后因称品评人物为月旦评,或省称月旦。

13 **逢人说项斯:**唐朝项斯,字子迁,江东人。未成名时,以诗稿谒杨敬之,希望提携。杨赠诗说:“几度见诗诗尽好,及观标格(人品)过于诗。平生不解藏人善,到处逢人说项斯。”诗传到长安,第二年项斯就高中了。后因称替人说好话为说项。成语有逢人说项。

14 **名下无虚士:**名实相副,名不虚传。《陈书·姚察传》:“沛国刘臻,窃于公馆访(问姚察)《汉书》疑事十余条,并为剖析,皆有经据。臻谓所亲曰:‘名下定无虚士。’”意思是,有大名的人必有实学。虚士,盗虚声而得名之士。

原文

党恶为非,曰朋奸[1];尽财赌博,曰孤注[2]。徒了事,曰但求塞责[3];戒明察,曰不必苛求[4]。方命是逆人之言[5],执拗是执己之性[6]。曰觊觎,曰睥睨,总是私心之窥望[7];曰倥偬,曰旁午,皆言人事之纷纭[8]。小过必察,谓之吹毛求疵[9];乘患相攻,谓之落井下石[10]。

译文

恶人结党为非作歹,叫作朋奸;用所有的钱财作赌注进行赌博,叫作孤注。只是想了结事情,称作但求塞责;办事不必细究深察事情的根底,叫作不必苛求。方命,是表示不能按对方嘱托办事的谦词;执拗,是指人固执己见的性格。说觊觎,说睥睨,指的都是怀有非分之想的窥探、观望;说倥偬,说旁午,说的都是复杂纷繁的人际关系。对别人的些小过失也要刨根究底,称之为吹毛求疵;乘人之危加以陷害,称之为落井下石。

注释

1 **党恶:**与恶人结党。 **朋奸:**朋比为奸。形容坏人结成集团干坏事。朋比,互相勾结。

2 **孤注：**倾其所有以为赌注。

3 **塞责：**抵塞罪责，弥补所任事之不足。今指做事不认真负责。

4 **苛求：**苛刻的要求。苛，苛刻、繁细。

5 **方命：**抗命、违命。后常用作谦词，表示对对方的嘱托不能照办。

6 **执拗：**固执倔强。

7 **觊觎**(jì yú)**：**非分的希望或企图。 **睥睨**(pì nì)**：**侧目窥察。

8 **倥偬**(kǒng zǒng)**：**形容事多而急迫。 **旁**(bàng)**午：**交错，纷繁。

9 **吹毛求疵：**比喻刻意挑剔毛病，寻找过错。求，寻找；疵，小毛病。

10 **落井下石：**比喻乘人之危加以陷害。

原文

欲心难厌如溪壑[1]，财物易尽若漏卮[2]。望开茅塞，是求人之教导[3]；多蒙药石，是谢人之箴规[4]。芳规芳躅，皆善行之可慕[5]；格言至言，悉嘉言之可听[6]。无言曰缄默[7]，息怒曰霁威[8]。包拯寡色笑，人比其笑为黄河清[9]；商鞅最凶残，尝见论囚而渭水赤[10]。

译文

贪欲之心难以满足，就像溪壑一样难以填平；财物容易散尽，如同渗漏的酒器一般。望开茅塞，是指恳求别人的教导；多蒙药石，是说感谢别人的忠告和规劝。芳规和芳躅，是说前辈贤哲的善行都值得仰慕；格言和至言，是指有益的佳句都值得听取。闭口不语，叫作缄默；停止发怒，称作霁威。宋朝的包拯很少露笑容，人们把他难得的一笑比作黄河清；秦相商鞅最为凶狠残暴，一次在渭水边处决囚犯，竟使渭水变红。

注释

1 **溪壑：**本指溪谷与沟壑，后用填不满的溪壑比喻贪得无厌。

2 **漏卮**(zhī)**：**渗漏的酒器。后常用以比喻利权外溢。

3 **茅塞：**被茅草堵塞，后用以比喻人的思路闭塞或愚昧不懂事。成语有茅塞顿开。

4 **药石**:治病的药物和砭石。也用以比喻规劝改过迁善的话。**箴**(zhēn)**规**:规谏劝诫。

5 **芳规、芳躅**:前贤的行为准则和正直的行径。芳,比喻有贤德的人;躅,足迹。

6 **格言**:熟语的一种。可为准则的言简意赅的语句。 **至言**:深切中肯的言论。

7 **缄默**:闭口不言。

8 **霁**(jì)**威**:收敛威怒。霁,比喻怒气消释,脸色转和。

9 **包拯**:字希仁,北宋庐州合肥人。为官刚正,执法严峻,为封建时代清官的典型。《宋史·包拯传》:"拯立朝刚毅,贵戚宦官为之敛手,闻者皆惮之,人以包拯笑比黄河清。童稚妇女亦知其名,呼曰包待制。京师为之语曰:'关节不到,有阎罗包老。'"

10 **商鞅**:战国时政治家。卫国人,公孙氏,名鞅。后入秦说服秦孝公变法图强。因战功封於、商十五邑,号商君,因称商鞅。《资治通鉴·周纪·显王三十一年》载,商鞅相秦,用法严酷,一次在渭河边处决囚犯,使渭水尽赤。

原文

仇深曰切齿[1],人笑曰解颐[2]。人微笑曰莞尔[3],掩口笑曰胡卢[4]。大笑曰绝倒[5],众笑曰哄堂[6]。留位待贤,谓之虚左[7];官僚共署,谓之同寅[8]。

译文

形容冤仇很深,就说切齿;形容人们大笑,便说解颐。人微笑,叫作莞尔;掩口笑,称作胡卢。大笑得无法自控,说是绝倒;大家一起大笑,说是哄堂。战国时信陵君留下左边的尊位等待侯嬴,后来人们就把预留位置以待贤者称为虚左;古代官吏僚佐同在一个衙署里办事,称之为同寅。

注释

1 **切齿**:咬紧牙齿,表示极端痛恨。

2 **解颐:**指大笑,欢笑。颐,面颊。

3 **莞**(wǎn)**尔:**微笑的样子。

4 **胡卢:**喉间的笑声。

5 **绝倒:**大笑不能自持。

6 **哄堂:**本作"烘堂"。唐代御史有台院、殿院、察院,以一年资高的御史知杂事,谓之杂端。公堂会食,皆绝言笑,唯杂端笑而三院皆随之笑,谓之烘堂。后用以形容满屋的人同时发笑。

7 **虚左:**古时以左为尊,空着左边的位置以待宾客叫虚左。

8 **同寅:**古代称在同一处做官的人。

原文

人失信曰爽约,又曰食言[1];人忘誓曰寒盟,又曰反汗[2]。铭心镂骨,感德难忘[3];结草衔环,知恩必报[4]。自惹其灾,谓之解衣抱火[5];幸离其害,真如脱网就渊[6]。

译文

人一旦失去了信用就叫爽约,又叫食言;人一旦忘记了誓言就叫寒盟,又叫反汗。铭心镂骨,形容感念恩德,永志不忘;结草衔环,比喻受恩深重,必当图报。自己招惹灾祸,称之为解衣抱火;侥幸免除祸殃,真像鱼儿脱网就渊。

注释

1 **爽约:**失约。爽,违背。 **食言:**谓言而无信,不履行诺言。食,吞没。

2 **寒盟:**寒盟,谓忘却盟约,背约。寒,冷却。 **反汗:**汗既出就不能反。常用来形容不守诺言或收回成命。

3 **铭心镂骨:**铭于心,镂于骨,形容记忆深刻,永志不忘。亦作铭心刻骨。铭,把文字刻在石头或金属器物上;镂,雕刻。

4 **结草衔环:**《左传·宣公十五年》载,晋大夫魏武子有爱妾。武子病,命儿子魏颗在自己死后嫁其妾,但临终时又命魏颗以妾殉葬。武子死,魏颗嫁其妾。后来魏颗与秦力士杜回作战,"见老人结草以亢(抗)杜回,杜回踬而颠",因此俘获了杜回。夜里魏颗梦见那老人对他说,我是你所嫁妇人的父亲,特来战场上结草报恩的。衔环,即古代神话黄雀衔环的故事。《后汉书·杨震传》李贤注引吴均《续齐谐记》:东汉杨宝九岁时救了一只黄雀,原来这黄雀是西王母的使者。后夜有黄衣童子衔白环四枚相报,并祝杨宝子孙都做三公,后杨宝子、孙、曾孙果皆显贵。这些本都是古代有关迷信报应的传说,后来就用结草衔环比喻感恩报德,至死不忘。

5 **解衣抱火**:脱下衣服将火抱在身上。比喻自己招惹灾祸。

6 **脱网就渊**:鱼儿逃脱渔网进入水深的地方。比喻幸免灾祸,求得生存。

原文

两不相入,谓之枘凿[1];两不相投,谓之冰炭[2]。彼此不合曰龃龉[3],欲进不前曰趑趄[4]。落落,不合之词[5];区区,自谦之语[6]。竣者作事已毕之谓[7],醵者敛财饮酒之名[8]。赞襄其事,谓之玉成[9];分裂难完,谓之瓦解[10]。

译文

两者不能相合,称之为枘凿;二者不能相容,称之为冰炭。相互合不来,叫作龃龉;犹豫不前,叫作趑趄。落落,是形容孤独无援的词语;区区,是表示自己微不足道的谦称。竣,是一件事情已经做完的说法;醵,是大家凑钱饮酒的名称。帮助成全这件事,称之为玉成;分裂不全,难以整合称之为瓦解。

注释

1 **枘(ruì)凿**:方枘圆凿的省语。用方的榫插圆孔,自然难以插入。比喻两不相合或互相矛盾。枘,榫头;凿,榫眼。

2 **冰炭**:一冷一热,比喻二者不能相容。

3 **龃龉**(jǔ yǔ):上下齿不相配合。比喻意见不合、不融洽。

4 **趑趄**(zī jū):且前且却,犹豫不进。

5 **落落**:形容孤独,不遇合。亦指见解孤立,无可与谋。

6 **区区**:细小的样子。用作自称的谦词。

7 **竣**:退立。后引申为完毕。

8 **醵**(jù):凑钱饮酒。

9 **赞襄**:佐助,协助。 **玉成**:原为爱之如玉,而使有成就。后用为成全之意。

10 **完**:完全,完好。 **瓦解**:制瓦时先把陶土制成圆筒形,分解为四,即成瓦。比喻分裂、分离。

原文

事有低昂曰轩轾[1],力相上下曰颉颃[2]。凭空起事曰作俑[3],仍前踵弊曰效尤[4]。手口共作曰拮据[5],不暇修容曰鞅掌[6]。手足并行曰匍匐[7],俯首而思曰低徊[8]。明珠投暗,大屈才能[9];入室操戈,自相鱼肉[10]。

译文

事体有高低轻重,叫作轩轾;力量不相上下,叫作颉颃。首开恶例,便说是作俑;仍然跟着犯错,就说是效尤。手口一同劳苦,形容经济窘迫,说是拮据;没有时间修饰容貌,说是鞅掌。手脚并行,称作匍匐;低头思考,叫作低徊。明珠投暗,比喻有才能的人受到压抑;入室操戈,比喻内部互相残杀。

注释

1 **轩轾**(zhì):车子前高后低叫轩,前低后高叫轾。引申为高低、轻重。

2 **颉颃**(xié háng):鸟上下飞翔的样子。引申为不相上下或相抗衡的意思。

3 **作俑**:制作殉葬用的木偶或陶人。后用以比喻首开恶例。

4 **踵弊**:跟着犯错。踵,脚后跟;弊,弊病。 **效尤**:仿效错误。尤,错误。

5 **拮据**:本指鸟之筑巢,口足劳苦。引申为经济窘迫。

6 **不暇**:没有空闲。 **鞅掌**:劳苦而容貌不整的样子。

7 **匍匐**:伏地而行。

8 **低徊**:徘徊,流连。

9 **明珠投暗**:比喻贵重物品落到不识货的人手里,也比喻有才能的人没有得到重视或好人误入坏人群体。

10 **入室操戈**:《后汉书·郑玄传》:“任城何休好公羊学,遂著《公羊墨守》《左氏膏肓》《穀梁废疾》。玄乃发《墨守》,针《膏肓》,起《废疾》。休见而叹曰:‘康成(郑玄的字)入吾室,操吾戈以伐我乎?’”意思是,进我的屋子,拿起我的武器来进攻我。后来就用入室操戈比喻用对方的论点来反驳对方。成语同室操戈由入室操戈演化而来，意谓一家人动刀枪，比喻兄弟争吵或内部纷争。**自相鱼肉**：比喻内部自相残杀。鱼肉，指当作鱼肉宰割。

原文

求教于愚人，是问道于盲[1]；枉道以干主，是炫玉求售[2]。智谋之士，所见略同[3]；仁人之言，其利甚溥[4]。班门弄斧，不知分量[5]；岑楼齐末，不识高卑[6]。势延莫遏，谓之滋蔓难图[7]；包藏祸心，谓之人心叵测[8]。作舍道旁，议论多而难成[9]；一国三公，权柄分而不一[10]。

译文

向愚蠢的人求教，这是问道于盲；不以正道求得君主的重用，这就好比炫玉求售。智谋之士的见解大体相同，仁人的话语作用极大。在鲁班门前舞弄斧头，真是自不量力；一寸长的木头可以比尖顶的高楼还高，实在是不知道高低。任其顺势发展不予遏制，称之为滋蔓难图；心里藏着害人的主意，称之为人心叵测。作舍道旁，形容众说纷纭，莫衷一是，事情难于办成；一国三公，说明国家权力分散，政出多门，令人无所适从。

注释

1 **问道于盲**：向瞎子问路。比喻向一无所知的人求教。常用作谦词。

2 **枉道以干主**：不以正道求得君主重用。枉道，歪道；干，求。 **炫玉求售**：炫耀自己的才能，以求重用。

3 **所见略同**：见解大体相同。

4 **其利甚溥**：它的作用很广大。溥，广大。

5 **班门弄斧**：在鲁班门前舞弄斧头，比喻在行家面前卖弄本领。班，鲁班，我国古代的巧匠。

6 **岑楼齐末**：《孟子·告子下》："不揣其本而齐其末，方寸之木可使高于岑楼。"后用来比喻人不知高低。岑楼，尖顶高楼。

7 **势延莫遏**：任其顺势发展，不予遏制。延，伸展。 **滋蔓难图**：常指祸患的滋长扩大。后用以比喻势力大了难于对付。

8 **包藏祸心:**心里藏着害人的主意。 **人心叵测:**人心不可测度。后用作贬义。

9 **作舍道旁:**比喻众说纷纭,莫衷一是,做事难成。

10 **一国三公:**比喻政出多门,事权不一,令人无所适从。

原文

事有奇缘,曰三生有幸[1];事皆拂意,曰一事无成[2]。酒色是耽,如以双斧伐孤树[3];力量不胜,如以寸胶澄黄河[4]。兼听则明,偏听则暗,此魏徵之对太宗[5];众怒难犯,专欲难成,此子产之讽子孔[6]。欲逞所长,谓之心烦技痒[7];绝无情欲,谓之槁木死灰[8]。座上有江南,语言须谨[9];往来无白丁,交接皆贤[10]。

译文

事情有奇特的缘分,说是三生有幸;事情都不如意,说是一事无成。沉溺酒色,好比用两把斧头同时砍一棵树,危害极大;力量承受不了,就像要用寸胶澄清黄河一样,是根本做不到的。听取各方面的意见,才能明辨是非,单听一方面的话,就容易糊涂,这是魏徵回答唐太宗的名言;群众的愤怒不能冒犯,一己的私欲难以实现,这是郑国子产劝谏子孔的话。急于表现自己的特长,称之为心烦技痒;对任何东西都失去了兴趣和要求,称之为槁木死灰。座上如果有江南客,说话就必须谨慎,以免无意中触动人家的心事;唐代刘禹锡说他往来无白丁,表明他所交往的都是学识渊博、道德高尚的贤人。

注释

1 **三生有幸:**三世都很幸运,极言幸运之深。三生,佛教指过去、现在、未来三世。

2 **拂意:**违背心愿,不如意。 **一事无成:**形容什么事情都没有做成。

3 **耽:**沉溺,入迷。 **双斧伐孤树:**比喻沉溺酒色将严重损害身体。

4 **寸胶澄黄河:**极少的胶无法使黄河澄清。比喻力小办不了大事。

5 **兼听则明,偏听则暗:**听取多方面的意见,才能明辨是非;单听一方面的话,就分不清是非。明,指看事清楚;暗,昏暗、糊涂。 **魏徵:**唐初政治家。 **唐太宗:**即李世民,唐代皇帝。

6 **众怒难犯,专欲难成:**众人的愤怒不能触犯,专权的欲望难以成功。犯,触犯、冒犯;专欲,个人的欲望。 **子产:**春秋郑国大臣。名侨,字子产,郑穆公之孙,郑简公时执国政。 **子孔:**郑国公子,简公三年杀死国相子驷,代任国相。

7 **心烦技痒:**形容擅长及爱好某种技艺,一遇机会就急于表现的情态。

8 **情欲:**指人的欲望、嗜好。 **槁木死灰:**比喻毫无生气或心情极端消沉。槁木,枯干的树木;死灰,冰冷的炉灰。

9 **座上有江南:**鹧鸪鸟的叫声很像"行不得也哥哥"。古乐府有一首《鹧鸪曲》,江南游子听了就容易引起思乡的情绪,因此郑谷在《席上贻歌者》诗有"座中亦有江南客,莫向春风唱鹧鸪"之句。后来就用"座上有江南"强调说话要小心,以免触动别人的心事。江南,指江南客。

10 **白丁:**旧指平民,没有功名的人。

原文

将近好处,曰渐入佳境[1];无端倨傲,曰旁若无人[2]。借事宽役曰告假[3],将钱嘱托曰夤缘[4]。事有大利,曰奇货可居[5];事宜鉴前,曰覆车当戒[6]。

译文

境况逐渐好转,兴味渐渐浓厚说是渐入佳境;无缘无故的傲慢不恭,不把别人放在眼里,叫作旁若无人。因事请免工作,叫作告假;用钱攀附权贵,托其办事,称作夤缘。对于能够牟取巨大利益的事物,叫作奇货可居;做事应当吸取前面的教训,叫作覆车当戒。

注释

1 **渐入佳境:**《晋书·顾恺之传》:"恺之每食甘蔗,恒自尾至本,人或怪之。云:'渐入佳境。'"意思是说,甘蔗下端比上端甜,从上往下,越吃越甜。

后用来比喻境况逐渐好转或兴味逐渐浓厚。佳境,美好的境界。

2 **无端倨傲:**无缘无故的傲慢不恭。 **旁若无人:**好像旁边没有人。形容态度自然,也形容高傲,不把旁人放在眼里。

3 **告假:**请假。告,休假。

4 **夤(yín)缘:**本指攀附他物上升。后比喻攀附权要,以求仕进。

5 **奇货可居:**将珍奇的东西囤积起来,等待高价出售。后常用以比喻挟持某种技艺或事物为资本,以博取功名财利。奇货,珍奇的东西;居,囤积。

6 **鉴前:**吸取前人或前面的教训。鉴,警诫或教训。 **覆车当戒:**比喻前人的失败,后人应当引为教训。覆车,翻车,比喻失败的教训。

原文

外彼为此曰左袒[1],处事两可曰模棱[2]。敌甚易摧,曰发蒙振落[3];志在必胜,曰破釜沉舟[4]。曲突徙薪无恩泽,不念预防之力大;焦头烂额为上客,徒知救急之功宏[5]。贼人曰梁上君子[6],强梗曰化外顽民[7]。竹头木屑,皆为有用之物[8];牛溲马勃,可备药石之资[9]。

译文

反对那方而偏袒这方,叫作左袒;处理事情这样也可那样也行,称作模棱。形容敌人很容易被摧毁,常说发蒙振落;形容必定取胜的决心,常说破釜沉舟。建议改造烟囱、搬走柴草的人没有得到报答,这是因为主人没有想到提醒防火者的巨大贡献;在救火中弄得焦头烂额的人都成了上宾,这是因为主人只知道救急的人有大功劳。窃贼,被称作梁上君子;蛮横无理的人,被称作化外顽民。竹头、木屑,都是有用的物资;牛溲、马勃,可以备作制药的材料。

注释

1 **左袒:**《仪礼·士丧礼》:“主人出,南面左袒。”后演化为偏袒某一方。

2 **模棱:**遇事不置可否,态度含糊。

3 **发蒙振落:**比喻轻而易举。发蒙,揭掉蒙盖物;振落,振下将落的树叶。

4 **破釜沉舟**:将饭锅打破,将渡船凿沉。比喻下定决心干到底。釜,锅。

5 **“曲突徙薪”联**:《汉书·霍光传》:“臣闻客有过主人者,见其灶直突,傍有积薪。客谓主人:‘更为曲突,远徙其薪,不者且有火患。’主人默然不应。俄而家果失火,邻里共救之,幸而得息。于是杀牛置酒,谢其邻人。灼烂者在于上行,余各以功次坐,而不录言曲突者。人谓主人曰:‘乡(向)使听客之言,不费牛酒,终无火患。今论功而请宾,曲突徙薪无恩泽,燋(焦)头烂额为上客耶?’主人乃悟而请之。”曲突徙薪,使烟囱弯曲,将柴禾搬走。突,烟囱;徙,迁移。后用以比喻防患于未然。**焦头烂额**:原形容头部被火烧成重伤,后用来比喻境遇恶劣,做事棘手,十分窘迫难堪的情况。

6 **梁上君子**:《后汉书·陈寔传》:“有盗夜入其室,止于梁上。寔阴见,乃起自整拂,呼命子孙,正色训之曰:‘夫人不可不自勉。不善之人,未必本恶,习以性成,遂至于此,梁上君子者是矣!’盗大惊,自投于地,稽颡归罪。”后因用为窃贼的代称。

7 **强梗**:骄横跋扈。也指蛮横无理的人。**化外顽民**:没有受过教化的愚顽百姓。

8 **竹头木屑**:《晋书·陶侃传》:“时造船,木屑及竹头,悉令举掌之,咸不解所以。后正会(元旦集会),积雪始晴,厅事前余雪犹湿,于是以屑布地。及桓温伐蜀,又以侃所贮竹头作丁(钉)装船。”后以竹头木屑比喻可以利用的废物。

9 **牛溲马勃**:比喻虽然微贱但是有用的东西。牛溲,牛尿,一说车前草;马勃,又名马屁勃,都是贱而易得的药材。

原文

五经扫地,祝钦明自亵斯文[1];一木撑天,晋王敦未可擅动[2]。题凤题

译文

五经扫地,说的是唐代祝钦明跳八风舞丑态百出,有辱斯文;一木撑天,说的是晋代王敦预谋叛乱,梦见一木撑天,吴猛替他解梦说木加一为未,不可轻举妄动。晋代吕安专访嵇康不遇,在门上题一“凤”字,凡鸟的意思;古代有人登门访友不遇,在门上题一

午，讥友讥亲之隐词[3]；破麦破梨，见夫见子之奇梦[4]。毛遂片言九鼎，人重其言[5]；季布一诺千金，人服其信[6]。岳飞背涅尽忠报国[7]，杨震唯以清白传家[8]。	“午”字，牛不出头的意思，这都是讽刺友人、亲人的含蓄之词。宁波有个妇人因战乱与丈夫、儿子离散，夜里梦见破麦见麸，不久就见到了丈夫和儿子；杨进贤任南阳刺史时丢失了儿子，夜里梦见破梨见子，不出十天果真找到了儿子，这都是见夫见子的奇异的梦兆。平原君门客毛遂的一句话使赵国重于九鼎，这是人们看重他的言语；汉高祖部将季布的一个允诺，价值千金，这是人们佩服他守信用。南宋抗金名将岳飞，背上有用黑色染料刺的尽忠报国四字；东汉太尉杨震，一生清廉，只把清白传留给后代子孙。

注释

1 **五经扫地**：比喻丧尽文人体面。五经，即《诗》《书》《礼》《易》《春秋》。这里指代文人或儒者。《新唐书·祝钦明传》：“帝与群臣宴，钦明自言能八风舞，帝许之。钦明体肥丑，据地摇头睆目，左右顾眄。帝大笑。吏部侍郎卢藏用叹曰：‘是举五经扫地矣！’”祝钦明当时是唐代国子监祭酒，即中央教育机构的主管。 **斯文**：斯，此；文，指礼乐制度。后以斯文指文人或儒者。

2 **一木撑天**：《太平广记·神仙》载，（晋）吴猛游江左，适逢王敦作乱。敦曰：“孤梦将一木上破其天，孤禅帝位，果十全乎？”吴猛曰：“木上破天，是未字也，明公未可妄动，晋祚固未衰耳。”后因以一木撑天比喻时机尚未成熟。 **王敦**：晋临沂人。字处仲。娶晋武帝女襄城公主，拜驸马都尉，后授镇东大将军兼都督六州诸军事，领江州刺史，寻领荆州刺史。曾两次起兵谋反。

3 **题凤**：《世说新语·简傲》：“嵇康与吕安善，每一相思，千里命驾。安后来，值康不在，喜（嵇喜）出户延之，不入，题门上作‘凤’字而去。喜不觉，犹以为欣。故作‘凤’字，凡鸟也。”吕安以凡鸟讽嵇康之兄嵇喜为庸才。后以题凤喻高贵者的访问。 **题午**：古代有访友而不遇者，便在朋友家的门上写个“午”字走了。有人解释说，这是讥笑朋友如牛不出头的意思。

4 **破麦**：传说从前宁波有个妇人，因兵乱与丈夫及儿子失散，便寄住在尼姑庵中。有一夜梦见使人磨麦，又见莲花落尽。尼姑为她解梦说，麦破见麸面，莲花落尽莲子见，你马上可以见到丈夫、儿子了。不久，这妇人果然见到了丈夫和儿子。 **破梨**：传说杨进贤担任南阳刺史时，一天登舟遇风，失掉了儿子。夫妇思念心切，忽夜梦与儿子剖梨，自认为剖梨是预兆分离，儿子可能回不来了。第二天请友人圆梦，友人说，剖开梨就见到子了。果然不出十天就找到了儿子。

5 **毛遂片言九鼎**：毛遂，战国时赵国公子平原君的门客。片言，只言。九鼎，传说是夏禹所铸的九个鼎，象征九州，三代时奉为传国之宝，是国家政权的象征。后以九鼎喻分量之重。战国时，秦国包围了赵国都城邯郸。赵国派平原君带领门客二十人去楚国求救。毛遂最终说服楚王出兵救赵。事后平原君十分钦佩地说：“毛先生一至楚，而使赵重于九鼎大吕。毛先生以三寸之舌，强于百万之师。”事见《史记·平原君列传》。

6 **季布一诺千金**：季布，原为项羽部将，项羽灭亡后归附刘邦。当时楚人有谚语说：“得黄金百斤，不如得季布一诺。”事见《史记·季布栾布列传》。一许诺就价值千金。比喻说话算数，信用高。

7 **尽忠报国**：尽心竭力，不惜一切报效国家。 **岳飞**：南宋抗金名将。字鹏举，相州汤阴人。高宗绍兴十一年十二月二十九日被奸相秦桧以莫须有的罪名杀害。**涅(niè)**：可做黑色染料的一种矿石。这里指用黑色染料刺字。

8 **杨震**：东汉弘农华阴人，字伯起。通晓群经，当时称为“关西孔子杨伯起”。安帝时官至太尉。 **清白传家**：先人将自己的廉洁品德传留给后代子孙。清白，廉洁。

原文

下强上弱，曰尾大不掉[1]；上权下夺，曰太阿倒持[2]。当今之世，

译文

臣下权力强大而君上权力弱小，指挥失灵，叫作尾大不掉；上司的权力被部属篡夺，好像倒拿着宝剑，因此称作太阿倒持。在当

不但君择臣，臣亦择君[3]；受命之主，不独创业难，守成亦不易[4]。生平所为皆可对人言，司马光之自信[5]；运用之妙唯存乎一心，岳武穆之论兵[6]。不修边幅，谓人不饰仪容[7]；不立崖岸，谓人天性和乐[8]。蕞尔幺麽，言其甚小[9]；卤莽灭裂，言其不精[10]。误处皆缘不学[11]，强作乃成自然[12]。

今这个时代，不但君主选择臣子，而且臣子也要选择君主，这是东汉马援对光武帝说的话；接受天命的君主，不仅创业艰难，守成也很不容易，这是魏徵回答唐太宗的问话。一生所做的事情都可以对他人诉说，这是北宋名臣司马光所表现的自信；兵法运用的妙处在于凭智慧随机应变，这是南宋名将岳武穆的用兵之道。不修边幅，是说人不注意衣衫、容貌的整洁；不立崖岸，是说人性情随和、不高傲。蕞尔和幺麽，形容微不足道；卤莽和灭裂，形容做事不精。刘邦错误很多，都是因为没有学问；孔斌告诉魏安鳌王，强迫自己去做，久而久之习惯就成了自然。

注释

1 **尾大不掉**：比喻部属势力强大，不服从指挥调度。掉，摆动。

2 **太阿倒持**：倒拿着宝剑，把剑柄给予别人。比喻轻率授权予人，自己反受其害。太阿，宝剑名。

3 **君择臣，臣亦择君**：《后汉书·马援传》："（马援对光武帝）曰：'当今之世，非独君择臣也，臣亦择君矣。'"

4 **创业难，守成亦不易**：开创伟大事业固然很难，但要守住前人开创的事业也是不容易的。

5 **生平所为皆可对人言**：《宋史·司马光传》："（光）自言：'吾无过人者，但平生所为，未尝不可对人言者耳。'诚心自然天下敬信，陕洛间皆化其德。" **司马光**：北宋大臣、史学家。字君实，陕州夏县涑水乡人，世称涑水先生。编撰有《资治通鉴》。

6 **运用之妙唯存乎一心**：《宋史·岳飞传》："（宗）泽大奇之，曰：'尔勇智才艺，古良将不能过，然好野战，非万全计。'因授以阵图。飞曰：'阵而后战，兵法之常，运用之妙，存乎一心。’泽是其言。”

7 **不修边幅：**原来形容不拘小节，后来形容不注意衣衫、容貌的整洁。边幅，本指布帛的边缘，借以比喻人的仪表、衣着、生活作风。

8 **不立崖岸：**性情随和，不高傲。崖岸，高峻的山崖、堤岸，常用来比喻性情高傲，不随和。

9 **蕞(zuì)尔：**很小的样子。 **幺麽(yāo mó)：**微小。亦指微不足道的人。

10 **卤莽：**即“鲁莽”，冒失，粗鲁。 **灭裂：**轻率。

11 **误处皆缘不学：**汉高祖刘邦平生错误的地方很多，后来有个叫唐仲友的评价说：“误处皆缘不学，改处皆由敏悟。”缘，因为。

12 **强作乃成自然：**开始是勉强地去做，时间久了成了习惯，也就是自然而然的了。

原文

求事速成曰躐等[1]，过于礼貌曰足恭[2]。假忠厚者，谓之乡愿[3]；出人群者，谓之巨擘[4]。孟浪由于轻浮[5]，精详出于暇豫[6]。为善则流芳百世，为恶则遗臭万年[7]。过多曰稔恶[8]，罪满曰贯盈[9]。尝见冶容诲淫，须知慢藏诲盗[10]。管中窥豹，所见无多[11]；坐井观天，知识不广[12]。无势可乘，英雄无用武之地[13]；有道则见，君子有展采之思[14]。

译文

办事急于求成，叫作躐等；对人过于谦恭，叫作足恭。表面忠实厚道，实则欺世盗名的人，称之为乡愿；人群中的杰出人物，称之为巨擘。做事孟浪，是由于言谈举止不严肃不庄重；办事精详，是由于悠闲逸乐从容不迫。好事做得多的人，就能流芳百世；做坏事的人，定当遗臭万年。过错太多，说是稔恶；罪恶极多，就像穿钱一样，已经穿满了一根绳子，因此叫作贯盈。曾经见到，打扮妖艳的容貌，无异于引诱人来调戏自己；必须懂得，自己的财物不好好收藏，无异于教唆坏人来偷窃。管中窥豹，形容看到的东西很少；坐井观天，形容懂得的知识不多。没有机会施展才干，便说英雄无用武之地；国家政治清明时就出来做官，便说君子有展采之思。

注释

1 **躐(liè)等:**不按次序,逾越等级。躐,逾越。

2 **足恭:**过度谦恭。足,过分。

3 **乡愿:**乡里多数人认为是忠厚的人。这种人实际上是媚于世而博取忠厚之名的伪善欺世者。愿,忠厚。

4 **巨擘:**大拇指。比喻杰出的人物。

5 **孟浪:**指言语鲁莽,轻率不当。 **轻浮:**言语举动随便,不严肃不庄重。

6 **暇豫:**悠闲逸乐。暇,闲;豫,乐。

7 **流芳百世:**美名永久流传于后世。流,流传、传布;芳,香,比喻美名。 **遗臭万年:**臭名一直流传,永远受人唾骂。遗臭,死后留下恶名。

8 **稔(rěn)恶:**积恶。稔,事物酝酿成熟。

9 **贯盈:**多指罪恶深重。

10 **冶容诲淫、慢藏诲盗:**《易·系辞上》:"慢藏诲盗,冶容诲淫。"意思是自己的财物不好好保管,无异于教导坏人来偷窃;女子打扮得妖里妖气,无异于引诱别人来调戏自己。这是为引起人们的注意,有意强调事物片面的一面。后概括为成语诲淫诲盗。冶,妖艳;诲,教导、诱导;淫,邪恶。

11 **管中窥豹:**从管子里看豹。比喻看到的不是全部或整体。

12 **坐井观天:**比喻眼界狭小,所见有限。

13 **英雄无用武之地:**比喻才能无处发挥或没有机会发挥。

14 **有道则见(xiàn):**国家政治清明,就出来做事。见,同"现"。 **展采之思:**实现施展自己做官才能的愿望。展,施展;采,古代卿大夫受封的土地,后引申为官职。

原文

求名利达,曰捷足先得[1];慰士迟滞,曰大器晚成[2]。不知通变,曰徒读父书[3];自作聪

译文

求取功名而顺利得到,叫作捷足先得;安慰读书人成名迟缓,就说大器晚成。不懂得适应形势而灵活变通,称为徒读父书;自以为聪明而轻率逞能,称作徒执己见。浅薄的见

明，曰徒执己见[4]。浅见曰肤见[5]，俗言曰俚言[6]。识时务者为俊杰[7]，昧先幾者非明哲[8]。村夫不识一丁[9]，愚者岂无一得[10]。

解叫作肤见，通俗的口头词语叫作俚言。能认清形势顺应时代潮流的人，才称得上杰出的人物；看不出事物变化征兆的人，不能说是洞明事理。村野的百姓不认识一个丁字，愚笨的人多次思考哪能没有一点收获。

注释

1 **捷足先得：**比喻因行动敏捷而首先达到目的。

2 **迟滞：**迟缓。滞，停留。 **大器晚成：**原来指大才需要长时间才能成器。后来用作对长期不得意的人的安慰话，即有大才的人往往成名较晚。大器，比喻大才。

3 **通变：**为应付当前形势，不按常规办事，而采取适合实际需要的灵活办法。 **徒读父书：**指战国时赵括死守教条而不知通变，因而说他白读了父亲的兵书。赵孝成王六年，秦赵两军对峙于长平，赵将廉颇坚壁不战。赵中秦反间计，用赵括代廉颇为将。蔺相如说赵王曰："王以名使括，若胶柱而鼓瑟耳。括徒能读其父书传，不知合变也。"赵王不听，遂以括为将。括大举出击，被秦将白起包围，突围不成，被射死，赵军四十余万降卒也被坑杀。事见《史记·廉颇蔺相如列传》。

4 **自作聪明：**自以为聪明而轻率逞能。

5 **肤见：**表面的见解。

6 **俚言：**通俗的口头词语。俗语的一种，常带有方言性。

7 **识时务者为俊杰：**能认清形势顺应时代潮流的人，才是杰出的人物。时务，世事，当时的形势或时代潮流。

8 **昧先幾者：**看不出事物变化征兆的人。昧，昏暗；先幾，苗头。幾，指事物细微的动向。 **明哲：**明智，洞明事理。

9 **不识一丁：**《旧唐书·张弘靖传》："今天下无事，汝辈挽得两石力弓，不如识一丁字。"丁，与"个"字形相近，即"个"之误。后世因称不识字为不识一丁或目不识丁。

10 **愚者岂无一得：**笨人多次思考总会有一点收获。

原文

拔去一丁，谓除一害[1]；又生一秦，是增一仇[2]。戒轻言，曰恐属垣有耳[3]；戒轻敌，曰勿谓秦无人[4]。同恶相帮，谓之助桀为虐[5]；贪心无厌，谓之得陇望蜀[6]。当知器满则倾[7]，须知物极必反[8]。喜嬉戏名为好弄[9]，好笑谑谓之诙谐[10]。

译文

拔去一丁，意思是说除去一个祸害；又生一秦，意思是又增加了一个仇敌。告诫人说话要谨慎，就说恐属垣有耳；告诫人不要轻敌，就说勿谓秦无人。同恶人相互勾结，帮助恶人干坏事，称之为助桀为虐；贪得无厌，既平陇，复望蜀，称之为得陇望蜀。应当懂得器物装满了就会倾覆，必须清楚事物发展到顶点时定会走向反面。爱好游戏，叫作好弄；爱开风趣的玩笑，称之为诙谐。

注释

1 **拔去一丁：**北宋真宗时，丁谓为谏议大夫、权三司使。旋与王钦若迎合帝意，大营道观，屡上祥异。天禧三年为参知政事，次年挤寇準去位，升为宰相。时人谚曰："欲得天下宁，拔去眼中丁。"丁，指当时专权的丁谓。

2 **又生一秦：**又树一敌。《史记·张耳陈餘列传》载，秦末陈涉起义，自立为陈王。后以武臣为将军，北略赵地。武臣却自立为赵王，以陈餘为大将军，以邵骚、张耳为左、右丞相。"陈王大怒，欲尽族武臣等家，而发兵击赵。陈王相国房君谏曰：'秦未亡而诛武臣等家，此又生一秦也。不如因而贺之，使急引兵西击秦。'陈王然之，从其计。"

3 **属(zhǔ)垣有耳：**谓以耳附墙，窃听人言。后称窃听为属垣。

4 **勿谓秦无人：**告诫人不要轻敌。《左传·文公十三年》载，晋国的士会投靠秦国，晋国人担心秦国任用士会，就让魏寿余假装率领魏地的人叛乱，以引诱士会。魏寿余夜里逃往秦国，请求将魏地归入秦国，秦康公答应了。在魏寿余的要求下，秦康公派士会跟魏寿余先回魏地。临行前，绕朝将马鞭送给士会，说："子无谓秦无人，吾谋适不用也。"

5 **助桀为虐：**协助桀干暴虐的事。比喻帮助坏人作恶。桀，夏代的亡国之君，相传是个暴君。

6 **得陇望蜀：**比喻人贪得无厌。陇，古地名，约当今甘肃省东部；蜀，古地名，约当今四川省中西部。

7 **器满则倾：**器物装满了就会倾覆。

8 **物极必反：**事物发展到极度时，就会向相反的方向转化。

9 **好弄：**爱好游戏。

10 **谑(xuè)：**开玩笑。 **诙谐：**谈话富于风趣。

原文

谗口交加，市中可信有虎[1]；众奸鼓衅，聚蚊可以成雷[2]。萋斐成锦，谓谮人之酿祸[3]；含沙射影，言鬼蜮之害人[4]。针砭所以治病[5]，鸩毒必至杀人[6]。李义府阴柔害物，人谓之笑里藏刀[7]；李林甫奸诡陷人，世谓之口蜜腹剑[8]。

译文

谣言诽谤在市井中到处流传，假的事也会变成真的，说闹市上有老虎也会有人相信了；众多的奸人挑起事端，积小成大，就像蚊虫聚在一起，声音如同雷声一样。萋斐成锦，是说造谣中伤能酿成大祸；含沙射影，说的是鬼蜮在水中喷沙害人，比喻暗中攻击或陷害别人。古代的针砭是用来给人治病的；用鸩鸟羽毛制成的毒药、毒酒，一定是拿来杀人的。李义府外表和蔼却暗中害人，人们称他是笑里藏刀；李林甫奸诈虚伪陷害他人，世人称他是口蜜腹剑。

注释

1 **交加：**兼施齐下的意思。 **市中可信有虎：**《战国策·魏策二》："夫市之无虎明矣，然而三人言而成虎。"谓有三个人谎称市上有虎，听者就信以为真。比喻谣言或讹传一再反复，就能使人认假为真。

2 **鼓衅：**挑起事端。 **聚蚊可以成雷：**比喻众口喧嚣，积小成大。

3 **萋斐成锦**:《诗经·小雅·巷伯》:"萋兮斐兮,成是贝锦。"比喻花言巧语,罗织罪名,诬陷他人。萋斐,花纹错杂的样子。 **谮**(zèn):进谗言,说别人的坏话。

4 **含沙射影**:传说有一种叫蜮的毒虫,在水中喷沙害人;人被射中即发疮,人的影子被射中也会害病。见干宝《搜神记》。后来就用含沙射影比喻暗中攻击或陷害人。现在指影射。**鬼蜮**:比喻用心险恶、暗中伤人者。

5 **针砭**(biān):针灸治病。砭,古代治病的石头针。

6 **鸩**(zhèn)**毒**:毒药,毒酒。鸩,传说中的一种毒鸟,喜食蛇,羽毛紫绿色,放在酒中能毒杀人。

7 **李义府**:唐大臣。为人奸险,时人谓其笑中有刀,称为李猫。**笑里藏刀**:比喻外表和蔼而内心阴险。

8 **李林甫**:唐玄宗开元年间任宰相。对人表面友好,暗加陷害,被称为口蜜腹剑。

原文

代人作事曰代庖[1],与人设谋曰借箸[2]。见事极真,曰明若观火[3];对敌易胜,曰势若摧枯[4]。汉武内多欲而外施仁义[5],廉颇先国难而后私仇[6]。卧榻之侧,岂容他人鼾睡,宋太祖之语[7];一统之世,真是胡越一家,唐高祖之时[8]。

译文

代替别人做事就像代替厨师做饭一样,所以说是代庖;替人设计谋划就像张良借用刘邦的筷子进行指画一般,所以说是借箸。观察事物极为真切,就用明若观火来形容;对敌作战轻易获胜,就用势若摧枯来比喻。汉武帝内心多私欲,表面上却施行仁义;廉颇先关心国家的危难,然后再考虑个人的仇怨。卧榻之侧,岂容他人鼾睡,这是宋太祖灭南唐时咄咄逼人的话语;天下一统,胡越一家,这是唐高祖开国时的大好局面。

注释

1 **代庖**(páo):代治庖厨。比喻代做他人分内的事。庖,厨师。

2 **借箸:**《汉书·张良传》:“郦生未行,(张)良从外来谒汉王。汉王方食,曰:‘客有为我计挠楚权者。’具以郦生计告良……良曰:‘请借前箸以筹之。’”意思是借刘邦吃饭用的筷子,以指画当时的形势。比喻为人策划。

3 **明若观火:**比喻观察事物明白透彻。

4 **摧枯:**形容极容易摧毁。

5 **汉武:**即汉武帝刘彻。

6 **先国难而后私仇:**《史记·廉颇蔺相如列传》载,廉颇和蔺相如都是战国时赵惠文王的大臣。廉颇因蔺相如位在自己之上不服,总想羞辱他。蔺相如却处处忍让,他说:“吾所以为此者,以先国家之急而后私仇也。”廉颇感到羞愧,“肉袒负荆,因宾客至蔺相如门谢罪”。

7 **宋太祖:**即赵匡胤,宋朝的建立者。涿州人。《杨文公谈苑》载,宋太祖开宝八年,宋兵攻金陵,南唐主李煜派徐铉入朝,请求缓兵。宋太祖曰:“不须多言,江南有何罪?但天下一家,卧榻之侧,岂可许他人鼾睡?”

8 **唐高祖:**即李渊,唐朝的建立者。玄武门之变后,传位次子世民,称太上皇。《资治通鉴》载:“(唐太宗)从上皇置酒于故汉未央宫。上皇(高祖)命突厥颉利可汗起舞,又命南蛮酋长冯智戴咏诗,既而笑曰:‘胡越一家,自古未有也!’”胡在北,越在南,相距遥远。胡越一家,比喻天下一统,四海一家。

原文

至若暴秦以吕易嬴,是嬴亡于庄襄之手[1];弱晋以牛易马,是马灭于怀愍之时[2]。中宗亲为点筹于韦后,秽

译文

至于暴秦时代,吕不韦的儿子做了秦王,吕姓取代了嬴姓,所以说嬴氏的秦国在庄襄王手中就已经灭亡了;衰弱的晋国,司马睿本是小吏牛金的血脉,牛姓代替了司马,所以说司马氏的晋国早在西晋怀帝、愍帝时就已经败亡了。唐中宗的皇后韦后与奸夫武三思玩双陆,唐中宗竟亲自在旁边为他们点算筹码,这个丑闻一直流传到千年以后;唐明皇的妃子

播千秋[3];明皇赐洗儿钱于贵妃,臭遗万代[4]。	杨玉环认与己私通的安禄山作干儿子,并于安禄山生日后的第三天在内宫为他举行洗儿礼,唐明皇竟赏赐贵妃洗儿钱,这样的丑事遗臭万年。

注释

1 **以吕易嬴:**《史记·吕不韦列传》载,战国末年,秦国子楚(名异人)为质于赵,赵不予礼遇。秦太子宠妃华阳夫人无子,商人吕不韦托华阳之姊,说华阳立异人为嗣。吕不韦从邯郸女子中选取最美丽又善歌舞者同居而怀孕。这女子被异人看中,吕不韦便将她献给了异人,生下了嬴政。于是异人立她为夫人。后异人回国,即位为庄襄王,用吕不韦为相,封为文信侯。庄襄王在位三年逝世,太子嬴政继位为王,尊奉吕不韦为相国,称他为仲父。嬴政实系吕不韦血脉,所以说嬴氏的秦国在庄襄王手里已经灭亡。

2 **以牛易马:**东晋元帝司马睿,系司马懿曾孙,琅邪王司马觐之子。司马觐的妃子与王府小吏牛金私通,生下睿。睿登帝位后,晋姓司马实际上已变成了牛姓。马,即司马。 **怀愍:**即晋怀帝司马炽和晋愍帝司马邺,西晋末期的两位皇帝,在位的时间都很短。

3 **中宗亲为点筹于韦后:**《资治通鉴》载:“上(中宗)使韦后与(武)三思双陆,而自居旁为之点筹。三思遂与后通,由是武氏之势复振。”中宗,唐中宗李显,高宗李治子。双陆,古代博戏。局如棋盘,左右各有六路,两人相博,先出完者为胜。 **秽播千秋:**丑闻传至千年以后。

4 **明皇赐洗儿钱于贵妃:**《资治通鉴》载:“(安)禄山生日,上及贵妃赐衣服、宝器、酒馔甚厚。后三日,召禄山入禁中,贵妃以锦绣为大襁褓,裹禄山,使宫人以彩舆舁之。上闻后宫欢笑,问其故,左右以贵妃三日洗禄儿对。上自往观之,喜,赐贵妃洗儿金银钱,复厚赐禄山,尽欢而罢。自是禄山出入宫掖不禁,或与贵妃对食,或通宵不出,颇有丑声闻于外,上亦不疑。”杨贵妃名义上认安禄山作干儿子,实则与其私通。明皇,即唐玄宗李隆基。贵妃,即杨玉环。

原文

非类相从，不如鹑鹊[1]；父子同牝，谓之聚麀[2]。以下淫上谓之烝[3]，野合奸伦谓之乱[4]。从来淑慝殊途，唯在后人法戒[5]；斯世清浊异品，全赖吾辈激扬[6]。

译文

不是同一个种类却生活在一起，这就比不上鹌鹑、喜鹊的雌雄相随；父亲和儿子与同一个女人私通，这就与禽兽没有差别，所以称之为聚麀。以晚辈的身份与母辈发生性关系，称之为烝；男女私通以及乱伦的男女关系，称之为乱。为善为恶从来并非只有一种途径，只在于后人效法善良、警诫邪恶；这个世上清和浊的品性本来就不相同，全靠我辈激浊扬清，斥恶奖善。

注释

1 **鹑鹊**：鹑，鹌鹑；鹊，喜鹊。

2 **牝**(pìn)：鸟兽的雌性。　**聚麀**(yōu)：《礼记·曲礼上》："夫唯禽兽无礼，故父子聚麀。"麀，牝鹿。禽兽不知父子夫妇之伦，故有父子共一牝之事。后指父子共妻的乱伦行为。

3 **烝**：古代指以下淫上，与母辈发生性关系。

4 **野合**：旧指不合礼仪的婚配。后亦指男女私通苟合。　**乱**：淫乱，奸淫。

5 **淑慝**(tè)：犹言善恶。淑，善；慝，恶。　**法戒**：效法、警诫。

6 **清浊**：本指水清与水浊。这里以清喻善，以浊喻恶。　**激扬**：这里是激浊扬清的意思，即斥恶奖善。

饮 食

导读

全篇围绕饮食说事，既有食物的名称、名称的由来，又有与饮食相关的人和事，读来饶有兴味。“珍馐”指皇帝的食品，“玉粒”指精制的白米；周朝的杜康最早酿成美酒，西汉淮南王刘安最先制作豆腐；“饱德”是感谢别人的宴请，“每饭不忘”是指想报答别人的恩德。

原文

甘脆肥脓，命曰腐肠之药[1]；羹藜含糗，难语太牢之滋[2]。御食曰珍馐[3]，白米曰玉粒[4]。好酒曰青州从事，次酒曰平原督邮[5]。鲁酒茅柴，皆为薄酒[6]；龙团雀舌，尽是香茗[7]。待人礼衰，曰醴酒不设[8]；款客甚薄，曰脱粟相留[9]。

译文

甜脆肥浓的美食和烈酒，名字应当叫作烂肠的毒药；喝野菜汤、吃干粮的人，就很难说出珍贵食品的滋味。皇帝的食品，叫作珍馐；精制的白米，叫作玉粒。好酒叫作青州从事，劣酒叫作平原督邮。鲁酒和茅柴，都是劣酒；龙团和雀舌，都是香茶。说人待客轻慢，称作醴酒不设；款待客人太菲薄，说是脱粟相留。

注释

1 **甘脆肥脓**：甘甜香脆的食物和肥肉烈酒。脓，通“醲”，指酒味浓烈。

2 **羹藜含糗**(qiǔ)：用野菜做汤、吃干粮。形容食物粗劣。藜，灰菜，泛指野菜；

糗,炒熟的米、麦等谷物,泛指干粮。**太牢:**古代帝王、诸侯祭祀社稷时,牛、羊、豕三牲全备。这里比喻珍贵的食物。

3 **御食:**供皇帝食用的食品。御,对帝王所作所为及所用物的敬称。**珍馐**(xiū):贵重珍奇的食品。

4 **玉粒:**指米。

5 **"好酒"联:**《世说新语·术解》:"桓公(桓温)有主簿,善别酒,有酒辄令先尝。好者谓青州从事,恶者谓平原督邮。青州有齐郡,平原有鬲县。从事,言到脐;督邮,言在鬲上住。""齐"与"脐"谐音,"鬲"与"膈(横膈膜)"谐音。人体肚脐在腹部,横膈膜在胸部。所以好酒称青州从事,劣酒称平原督邮。

6 **鲁酒:**鲁国酒薄,因称薄酒为鲁酒。**茅柴:**村酿的薄酒。

7 **龙团:**宋代贡茶名。**雀舌:**嫩芽茶。**茗:**茶芽,一说指晚采的茶。陆羽《茶经》:"一曰茶,二曰槚,三曰蔎,四曰茗,五曰荈。"因采摘的早晚而不同名。今茶、茗互用,泛指茶。

8 **醴酒不设:**《汉书·楚元王传》:"初,元王敬礼申公等,穆生不耆(嗜)酒,元王每置酒,常为穆生设醴。及王戊即位,常设,后忘设焉。穆生退曰:'可以逝矣!醴酒不设,王之意怠,不去,楚人将钳我于市。'"后因称对人敬礼渐减为醴酒不设。醴酒,甜酒。

9 **脱粟:**只去皮壳不加精制的米,即糙米。

原文

竹叶青、状元红,俱为美酒[1];葡萄绿、珍珠红,悉是香醪[2]。五斗解酲,刘伶独溺于酒[3];两腋生风,卢仝偏嗜乎茶[4]。茶曰酪奴,又曰瑞草[5];米曰白粲,又曰长腰[6]。太羹玄酒,亦可

译文

竹叶青和状元红,都是美酒;葡萄绿和珍珠红,全是醇酒。饮五斗酒就能解酒病,这是晋代刘伶沉湎于酒的狂言;喝七碗茶两腋就能习习生风,这是唐代卢仝酷爱饮茶的名句。茶叫酪奴,又叫瑞草;米叫白粲,又叫长腰。肉汁和清水,也可以用来祭祖敬神;用尘土做饭,用泥

荐馨[7]；尘饭涂羹，焉能充饥[8]。酒系杜康所造[9]，腐乃淮南所为[10]。僧谓鱼曰水梭花，僧谓鸡曰钻篱菜[11]。

水做汤，怎么能够充饥。酒是杜康最早酿造的，豆腐是淮南王刘安最先制作的。和尚称鱼为水梭花，称鸡为钻篱菜。

注释

1 **竹叶青、状元红**：皆美酒名。竹叶青，亦作“竹叶清”。古苍梧地方酿酒，用竹叶掺和，取其清洁，故名。今用汾酒浸渍嫩竹叶及栀子、广木香等十二种名贵药材制成的酒，也称竹叶青。状元红，儿子结婚时用来招待客人的酒。

2 **葡萄绿、珍珠红**：皆美酒名。葡萄绿，用葡萄酿制的酒，色有赤、白多种。汉时来自西域，唐时已能自酿。 **醪**(láo)：本指汁滓混合的酒，即浊酒。这里泛指酒。

3 **五斗解酲**(chéng)：喝过五盏才能消除酒病。斗，古代酒器；酲，酒醒后的困惫如病状态。**刘伶**：西晋沛国人，字伯伦。“竹林七贤”之一。纵酒放达，尝著《酒德颂》，自称“唯酒是务，焉知其余”。

4 **卢仝**(tóng)：唐代诗人。家贫好读书，初隐少室山，不求仕进。生性嗜茶，《走笔谢孟谏议寄新茶》：“一碗喉吻润，两碗破孤闷。三碗搜枯肠，唯有文字五千卷。四碗发轻汗，平生不平事，尽向毛孔散。五碗肌骨清，六碗通仙灵。七碗吃不得也，唯觉两腋习习清风生。”习习，微风和煦貌。

5 **酪奴**：茶的别名。**瑞草**：古代以为吉祥的草，一般指灵芝之类，这里指茶。

6 **白粲**：白米。 **长腰**：米名。形狭长，亦名箭子。

7 **太羹**：不和五味的肉汁。古代祭祀时用。 **玄酒**：古代称行祭礼时当酒用的水。 **荐馨**：有芳香的气味，可用来祭祖敬神。荐，献、进奉。

8 **尘饭涂羹**：用尘土做饭，用泥水做菜汤，是儿童的游戏，比喻没有用处的东西，也指以假当真。

9 **杜康**：传说中酒的发明者。后即以杜康为酒的代称。

10 **腐**：指豆腐。李时珍《本草纲目 · 谷四 · 豆腐》：“豆腐之法，始于汉淮南王刘安。” **淮南**：指西汉淮南王刘安。思想家、文学家。汉高祖之孙，袭父封淮南王。

11 **水梭花、穿篱菜：**僧人蔬食，讳言鱼肉，故谓鱼为水梭花，鸡为钻篱菜。

原文

临渊羡鱼，不如退而结网[1]；扬汤止沸，不如去火抽薪[2]。羔酒自劳，田家之乐[3]；含哺鼓腹，盛世之风[4]。人贪食曰徒哺啜[5]，食不敬曰嗟来食[6]。多食不厌，谓之饕餮之徒[7]；见食垂涎，谓有欲炙之色[8]。未获同食曰向隅[9]，谢人赐食曰饱德[10]。安步可以当车，晚食可以当肉[11]。

译文

站在水边想得到鱼，不如回去织好鱼网；将热水扬起来降温，不如抽掉柴草灭火。自己烹羊酿酒慰劳自己，这是农家的田园之乐；口里含着食物，用手拍着肚子，这是太平盛世的景象。如果一个人只是为了吃喝，就叫作徒哺啜；给人吃带侮辱性的食物，叫作嗟来食。贪于饮食不知满足，称之为饕餮之徒；看见食物就流口水，说是有欲炙之色。没有获得共同进餐的待遇，叫作向隅；感谢别人宴请，叫作饱德。从容缓慢地行走，可以当坐车一样舒服；推迟进食，吃什么都有滋味，可以当肉一样美味。

注释

1 **临渊羡鱼：**比喻徒有愿望，不去实干，于事无补。

2 **扬汤止沸：**比喻办法不彻底，没有从根本解决问题。汤，开水；扬汤，把开水从锅里舀起来再倒回去。 **薪：**柴草。

3 **羔酒自劳：**自己烹羊酿酒来犒劳自己。形容自得其乐的农家生活。羔，小羊。

4 **含哺鼓腹：**口含食，手拍腹。原是古人想象中原始社会时无忧无虑的生活。后用以形容太平之世的欢乐景象。

5 **徒哺啜**(chuò)**：**只是为了吃喝。哺，食、吃；啜，饮、喝。

6 **嗟来食：**《礼记·檀弓下》："齐大饥，黔敖为食于路，以待饿者而食之。有饿者，蒙袂辑屦，贸贸然来。黔敖左奉食，右执饮，曰：'嗟！来食！'

扬其目而视之曰：'予唯不食嗟来之食，以至于斯也！' 从而谢焉，终不食而死。" 后因以嗟来之食表示带有侮辱性的施舍。亦简作 "嗟来"。

7 **饕餮**(tāo tiè)：比喻贪婪凶恶。贪财为饕，贪食为餮。后亦专指贪于饮食。

8 **欲炙之色**：想吃烤肉的情态。炙，烤肉。

9 **向隅**：刘向《说苑·贵德》："今有满堂饮酒者，有一人独索然向隅而泣，则一堂之人皆不乐矣。"后因以比喻得不到机遇而失望或孤独失意。隅，角落。

10 **饱德**：饱受恩德。

11 **"安步" 联**：形容人能安贫守贱。安步，缓步而行；晚食，饿了之后再吃，自然有滋有味，所以说可以当肉。

原文

饮食贫难，曰半菽不饱[1]；厚恩图报，曰每饭不忘[2]。谢扰人，曰兵厨之扰[3]；谦待薄，曰草具之陈[4]。白饭青刍，待仆马之厚[5]；炊金爨玉，谢款客之隆[6]。家贫待客，但知抹月批风[7]；冬月邀宾，乃云敲冰煮茗[8]。君侧元臣，若作酒醴之曲糵；朝中冢宰，若作和羹之盐梅[9]。宰肉甚均，陈平见重于父老[10]；戛羹示尽，邱嫂心厌乎汉高[11]。毕卓为吏部而盗酒，逸兴太豪[12]；越王爱士卒而投醪，战气百倍[13]。

译文

生活贫穷难吃饱，称作半菽不饱；厚重的恩德想报答，说是每饭不忘。谢人款待，打扰主人，说是兵厨之扰；待客太菲薄的自谦说法，叫作草具之陈。白饭青刍，形容主人待客丰厚；炊金爨玉，感谢主人待客的隆重。抹月批风是文人表示家里贫穷，没有东西可以招待客人的戏言，说是只能用风月当菜肴；冬天邀请宾客，就说是敲冰煮茗。君王身边重臣的作用，就像酿酒时的发酵剂；朝廷宰相的作用，就像调和五味羹汤的盐和梅。割肉分配很平均，所以陈平受到家乡父老的敬重；故意用勺刮锅，表示汤尽，这是嫂子邱氏心里讨厌刘邦。晋代毕卓在吏部做官，嗜酒成癖，晚上乘醉去偷邻家的酒喝，兴致过分放荡；越王勾践爱士兵，将别人送的醇酒倒在河水的上游，叫士兵到下游去喝，士兵们激动不已，勇气百倍。

注释

1 **半菽**(shū):吃的饭里有一半是豆子,指粗劣的饭食。菽,本指大豆,引申为豆类的总称。

2 **每饭不忘**:时刻不忘。

3 **扰**:打扰。谓烦人款待。 **兵厨**:即步兵厨。晋代阮籍纵情诗酒,不问世事。《世说新语·任诞》载,步兵校尉一职曾经出缺,当时步兵校尉衙门厨房中藏有好几百斛酒。于是,阮籍向朝廷请求做步兵校尉。后因称储存美酒之处为步兵厨。

4 **草具**:指粗劣的食物。

5 **白饭青刍**(chú):以白饭供仆,以青刍喂马。形容主人待客丰厚。刍,喂牲口的草。

6 **炊金爨**(cuàn)**玉**:形容饮宴的豪奢珍贵。炊、爨,皆指烧火煮饭。

7 **抹月批风**:用风月当菜肴。文人表示家贫无可待客的戏言。苏轼《和何长官六言次韵》之五:"贫家何以娱客,但知抹月批风。"细切叫抹,薄切叫批。

8 **敲冰煮茗**:六朝时的王休,住在太白山下,经常与僧道异人来往。每到冬天结冰时,便敲取溪里的冰块,烧水冲茶,款待客人。见王仁裕《开元天宝遗事》。后因称盛情邀请宾客为敲冰煮茗。

9 **"君侧元臣"联**:元臣,大臣、重臣。曲糵(niè),酿酒用的发酵剂,今称酒药子。冢宰,周代为辅佐天子之官,后因称宰相为冢宰。和羹,五味调和的羹汤。曲糵、盐梅,比喻元臣、冢宰应该发挥的重要作用。

10 **宰肉甚均**:《史记·陈丞相世家》:"里中社,(陈)平为宰,分肉食甚均。父老曰:'善,陈孺子之为宰!'平曰:'嗟乎!使平得宰天下,亦如是肉矣!'"后因以称人在处理小事中可以看出治国才能。也作为人在未发迹时怀有大志的典故。宰,割。 **陈平**:汉初阳武人。陈涉起义,他投魏王咎,后从项羽入关,旋归刘邦。汉朝建立,封曲逆侯。文帝时,任丞相。

11 **戛**(jiá)**羹示尽**:汉高祖刘邦未发迹时,常与客至嫂处就食。釜中虽有余羹,嫂故意用勺刮釜,作出响声,表示羹尽。刘邦由是怨嫂。既为帝,封嫂之子信为羹颉侯。后因谓嫂不贤为戛羹之嫂。参阅《史记·楚元王世家》。戛,刮。

12 **毕卓:**晋新蔡鲖阳人,字茂世。太兴末为吏部郎,后从温峤为平南长史。《晋书·毕卓传》:"(卓)为吏部郎,常饮酒废职。比舍郎酿熟,卓因醉夜至其瓮间盗饮之,为掌酒者所缚。明旦视之,乃毕吏部也,遽释其缚。卓遂引主人宴于瓮侧,致醉而去。"后来诗文中多用为嗜酒的典故。

13 **"越王"联:**相传越王勾践伐吴时,他将人送来的醇酒投入江上流,叫士卒迎下流同饮。士卒深受感动,士气高涨。见《列女传·母仪传·楚子发母》。

原文

惩羹吹齑,谓人惩前警后[1];酒囊饭袋,谓人少学多餐[2]。隐逸之士,漱石枕流[3];沉湎之夫,藉糟枕曲[4]。昏庸桀纣,胡为酒池肉林[5];苦学仲淹,唯有断齑画粥[6]。

译文

惩羹吹齑,是说人把以前的错误作为教训,以后办事更加谨慎;酒囊饭袋,比喻不学无术、只会吃喝不会干事的庸人。退隐山林的读书人,说是用石头漱口,用流水洗耳;嗜酒无度的人,说是用酒糟作垫被,用酒曲作枕头。昏庸无道的商纣王,为什么要用酒池肉林来荒淫挥霍呢?勤学刻苦的范仲淹,却只能切断腌菜、划分粥块来充饥。

注释

1 **惩羹吹齑**(jī)**:**被热汤烫过的人,心怀戒惧,吃冷食肉菜也要吹一下。比喻受过教训遇事小心过甚。齑,细切的冷食。

2 **酒囊饭袋:**比喻无用之人,只会吃喝,不会做事。

3 **漱石枕流:**《世说新语·排调》:"孙子荆年少时,欲隐,语王武子'当枕石漱流',误曰'漱石枕流'。王曰:'流可枕,石可漱乎?'孙曰:'所以枕流,欲洗其耳;所以漱石,欲砺其齿。'"后以漱石枕流或漱流枕石指士大夫的隐居生活。

4 **沉湎:**沉溺,多指不良爱好。 **藉糟枕曲:**躺在酒糟上,枕在酒曲上。比喻嗜酒。

5 **桀、纣:**桀,夏代的亡国之君,名履癸,暴虐荒淫。纣,商代的亡国之君,亦称帝辛。这里偏指纣。 **酒池肉林:**形容穷奢极欲。《史记·殷本纪》:“(帝纣)大聚乐戏于沙丘,以酒为池,县(悬)肉为林,使男女裸相逐其间,为长夜之饮。”

6 **仲淹:**即范仲淹。北宋政治家、文学家。少时贫困力学,出仕后有敢言之名。 **断齑画粥:**释文莹《湘山野录》载,范仲淹幼孤,随母适长山朱氏,读书于长白山僧舍。每天将腌菜割成几截,将冷粥划成四块,分早晚两次食用。形容安于贫困,刻苦学习。

宫 室

导读

本篇开头用有巢氏构木为巢的历史传说,说明房屋由来。远古时代,为了避免禽兽的攻击,人们晚上就住在天然洞穴里。有一位聪明人教人用树枝和藤条在高大的树干上建造房屋,既可以挡风避雨,又能防止野兽的侵害,大家都非常感激他,便推选他当部落酋长,并尊称他为有巢氏。

接着详细叙述朝廷宫室的构成,来龙去脉,极为清晰。“紫宸”是皇帝的内朝正殿,“柏台乌府”是御史衙门的别称。

最后说到各种与建筑有关的人和事,使人见识大增。

原文

洪荒之世,野处穴居[1];有巢以后,上栋下

译文

远古蒙昧时代,人白天在荒野活动,晚上就住在天然洞穴;有巢氏以后,构木为巢,

宇[2]。竹苞松茂，谓制度之得宜[3]；鸟革翚飞，谓创造之尽善[4]。

上面是栋梁，下面是屋檐。根基稳固，枝叶繁茂，是说宫室规划得十分得体；鸟儿展翅，野鸡飞翔，是说宫室建造得尽善尽美。

注释

1 **洪荒：**谓混沌、蒙昧的状态。也指远古时代。 **野处穴居：**白天在野外活动，晚上住在天然洞穴里。

2 **有巢：**即有巢氏。传说中构木为巢而居的创始者。 **上栋下宇：**栋，房屋的正梁；宇，屋檐。

3 **竹苞松茂：**《诗经 · 小雅 · 斯干》："如竹苞矣，如松茂矣。" 毛传："苞，本也。"比喻根基稳固，枝叶繁茂。后常用作祝长寿或宫室落成时的颂词。 **制度：**制作合度，这里指规划适宜。

4 **鸟革翚(huī)飞：**《诗经 · 小雅 · 斯干》："如鸟斯革，如翚斯飞。" 形容宫室华丽。革，鸟张翼；翚，野鸡，羽毛很美。

原文

朝廷曰紫宸[1]，禁门曰青琐[2]。宰相职掌丝纶，内居黄阁[3]；百官具陈章疏，敷奏丹墀[4]。木天署，学士所居[5]；紫薇省，中书所莅[6]。金马玉堂，翰林院宇[7]；柏台乌府，御史衙门[8]。布政司称为藩府[9]，按察司系是臬司[10]。

译文

皇帝的内朝正殿，叫作紫宸；皇宫门户有禁，同时上面雕刻涂青，所以禁门叫作青琐。宰相掌管皇帝的诏书，在黄阁里办公；百官向皇帝呈送各种奏章，总是在丹墀前陈述。木天署，是学士居住的地方；紫薇省，是内阁中书莅临的场所。金马玉堂，后来代称翰林院；柏台乌府，就用作御史台的别称。布政司的长官简称藩司、藩台，所以布政司也称作藩府；按察司是明清时主管一省司法的机构，它的长官按察使就是臬司、臬台。

注释

1 **紫宸**:殿名。唐宋为皇帝接见群臣、外国使者朝见庆贺的内朝正殿。

2 **禁门**:秦汉制,皇帝宫中称禁中,言门户有禁,非侍卫及通籍之士不得入内。所以皇宫的门称禁门。 **青琐**:古代宫门上的一种装饰。后亦借指宫门。

3 **丝纶**:《礼记·缁衣》:"王言如丝,其出如纶。"比喻帝王的一句极微细的话也会产生很大的影响。后称帝王的诏书为丝纶。 **黄阁**:汉代丞相听事阁及汉以后三公官署厅门涂黄色,故称黄阁。

4 **章疏**:臣下呈送皇帝的奏章、奏疏。疏,分条陈述。 **丹墀**:古代宫殿前的石阶以红色涂饰,故名。

5 **木天署**:指高大宏壮的木结构建筑物,也指翰林院。

6 **紫薇省**:官署名。唐开元元年,改中书省为紫薇省,中书令为紫薇令。五年,恢复旧称。

7 **金马玉堂**:汉代有金马门和玉堂殿,后亦以金马玉堂称翰林院。 **翰林院**:官署名。唐代初置,本为各种文艺技术之士供取之处,明代始将修史、著作、图书等事务并归翰林院,正式成为外朝官署。

8 **柏台乌府**:御史台的别称。《汉书·朱博传》:"是时御史府吏舍百余区,井水皆竭。又其府中列柏树,常有野乌数千栖宿其上,晨去暮来,号曰朝夕乌。"号因称御史府为柏台、乌府。 **御史衙门**:即御史台。官署名。西汉称御史府,长官为御史大夫。为封建国家的监察机关。明代改为都察院。

9 **布政司**:官署名。明洪武九年改行中书省为承宣布政使司。宣德后,全国的府、州、县等分统于两京和十三布政使司,每司设左、右布政使各一人,为一省最高行政长官。布政使简称藩司、藩台,所以布政司亦称藩府。后布政使权位渐轻,清代为督、抚属官,专管一省的财赋和人事。

10 **按察司**:官署名。唐初仿汉刺史制设立按察使,赴各省巡视,考察吏治。元代改称肃政廉访使,明初复原名,为各省提刑按察使司的长官,主管一省司法。清末改称提法使,简称臬司。臬,刑法、法度。

原文

潘岳种桃于满县，故称花县[1]；子贱鸣琴以治邑，故曰琴堂[2]。潭府是仕宦之家[3]，衡门乃隐逸之宅[4]。贺人有喜，曰门阑蔼瑞[5]；谢人过访，曰蓬荜生辉[6]。美奂美轮，礼称屋宇之高华[7]；肯构肯堂，书言父子之同志[8]。土木方兴曰经始[9]，创造已毕曰落成[10]。楼高可以摘星[11]，屋小仅堪容膝[12]。

译文

西晋潘岳为河阳县令时，全县种遍桃树，所以称河阳为花县；孔子的学生宓子贱做单父宰时，身不下堂，弹琴治理好了单父，所以后来就把州、县官的衙门叫作琴堂。潭府，深邃的大宅，这是指官宦人家；衡门，简陋的房屋，这是指隐士的住宅。祝贺别人有喜事，称作门阑蔼瑞；感谢客人来访，就说蓬荜生辉。美奂美轮，是《礼记》中称赞房屋高大华丽的词语；肯构肯堂，是《尚书》里要求父子应当志向相同的说法。建筑刚刚开始，叫作经始；建筑已经完工，叫作落成。形容楼高，说能够摘到星星；形容屋小，说仅能容下双膝。

注释

1 **潘岳**：西晋文学家。字安仁，荥阳中牟人。潘岳为河阳令时，百姓有拖欠赋税的，令植桃花一株，其赋税由官府交纳。离任时，一县皆桃花。人称河阳为花县。事见《晋书·潘岳传》。

2 **子贱**：即宓(fú)子贱，孔子学生，名不齐。春秋末鲁国人。曾为单父宰。《吕氏春秋·察贤》："宓子贱治单父，弹鸣琴，身不下堂而单父治。"后因称州、县官的衙门为琴堂。

3 **潭府**：深邃的大宅。韩愈《符读书城南》："一为公与相，潭潭府中居。"潭潭，深邃的样子。后因尊称他人住宅或官宦之家为潭府，亦称潭第。

4 **衡门**：横木为门，指简陋的房屋。后多用来指隐士所居。

5 **门阑蔼瑞**：门前笼罩着祥云。门阑，门框；蔼瑞，祥云。蔼，通"霭"，云气。

6 **蓬荜生辉**：使寒舍增加光彩。多用为谦谢之辞。蓬荜，草屋柴门，指穷人住的房子。

7 **美奂美轮:**形容高大美观。多用于赞美新屋。奂,众多,盛大;轮,盘旋屈曲而上,引申为高大。

8 **肯构肯堂:**《尚书·大诰》:"若考作室,既厎法,厥子乃弗肯堂,矧肯构?"孔传:"以作室喻治政也。父已致法,子乃不肯为堂基,况肯构立屋乎?"原意是儿子连房屋的地基都不肯做,哪里还谈得上盖房子。后反其意而用之,比喻儿子能继承父业。构,架屋;堂,立堂基。

9 **经始:**开始营建。

10 **落成:**落,古代宫室筑成时举行的祭礼。后因称建筑工程竣工为落成。

11 **摘星:**可以采摘星辰。形容楼高到无以复加。传说商纣王建有摘星楼,极高峻。

12 **容膝:**室小仅能容双膝。极言其狭小。

原文

寇莱公庭除之外,只可栽花[1];李文靖厅事之前,仅容旋马[2]。恭贺屋成曰燕贺[3],自谦屋小曰蜗庐[4]。民家名曰闾阎[5],贵族称为阀阅[6]。朱门乃富豪之第[7],白屋是布衣之家[8]。客舍曰逆旅[9],馆驿曰邮亭[10]。书室曰芸窗[11],朝廷曰魏阙[12]。成均辟雍,皆国学之号[13],黉宫胶序,乃乡学之称[14]。

译文

宋朝宰相寇準被封为莱国公,他家的庭院小,只可以种花;宋朝宰相李文靖大厅前面十分狭窄,仅能调转马头。恭贺房屋落成,叫作燕贺;自谦房屋太小,说是蜗庐。平民百姓的住宅,叫作闾阎;达官贵人的住所,称作阀阅。门上加朱漆,是富豪的门第;用白草覆盖的房屋,是百姓的家园。宾客留宿的场所,叫作逆旅;古代供信使和旅客歇宿的旅馆、驿站,称为邮亭。书斋常备芸香,所以书房叫作芸窗;宫门前的台观常悬法令,所以朝廷又叫魏阙。成均和辟雍,都是古代京师官学的称号;黉宫和胶序,就是地方所办学校的名称。

注释

1 **寇莱公:**即寇準,北宋政治家。景德元年拜相,力主抗辽。不久被王钦若排挤罢相。晚年再起为相。天禧四年又被丁谓排挤去位,封莱国公。 **庭除:**庭前阶下,庭院。

2 **李文靖:**即李沆,字太初,真宗时为相,谥文靖。 **厅事:**大厅,客厅。 **旋马:**掉转马身。形容地方狭窄。

3 **燕贺:**本指有安身之所,互相庆贺。后用为祝贺新居落成。

4 **蜗庐:**狭小如蜗壳的屋子。

5 **闾阎:**借指平民。闾,里巷的大门;阎,巷门,亦指里巷。

6 **阀阅:**古代仕宦人家大门外的左右柱,常用来榜贴功状。后称仕宦门第。

7 **朱门:**门上加朱漆,帝王赏给公侯的九锡之一,后为贵族邸第的代称。

8 **白屋:**用茅草覆盖的屋。

9 **逆旅:**客舍。逆,迎,迎止宾客之处。犹后来的旅馆。

10 **馆驿:**古时驿站上设的旅舍。 **邮亭:**古时供信使和旅客歇宿的屋舍。

11 **芸窗:**书斋。古人常在书房用芸香驱蠹虫,所以书斋称芸窗。

12 **魏阙:**古代宫门两边巍然高出的台观。其下为宣布法令之所,因以为朝廷的代称。

13 **成均:**相传为远古尧舜时的学校。 **辟雍:**西周天子为贵族子弟所设的大学。 **国学:**西周设于王城及诸侯国都的学校。后世国学为京师官学的通称,尤指太学和国子学。

14 **黉(hóng)宫:**古代的学校。 **胶序:**古时学校夏朝叫校,殷朝叫序,周朝叫庠。又周人养国老于东胶。后因以胶序为学校的通称。 **乡学:**招收郊区六乡国人子弟入学的地方学校。后世因称地方所办学校。

原文

笑人善忘,曰徙宅忘妻[1];讥人不谨,曰开门揖盗[2]。何楼所市,皆滥恶之物[3];垄断独登,讥专利

译文

讽刺别人健忘,说是徙宅忘妻;讥笑别人不谨慎,说是开门揖盗。何楼下面所卖的东西,都是粗劣冒牌的货物;垄断、独登,是讥讽那些欺行霸市的商人。筚门圭窦,

之人[4]。筚门圭窦，系贫士之居[5]；瓮牖绳枢，皆窭人之室[6]。宋寇準真是北门锁钥[7]，檀道济不愧万里长城[8]。

是寒士的住所；瓮牖绳枢，是穷人的住房。北宋宰相寇準，真是看管北方国门的锁钥；南朝宋名将檀道济，不愧是国家所依赖的万里长城。

注释

1 **徙宅忘妻：**《孔子家语·贤君》："哀公问于孔子曰：'寡人闻忘之甚者，徙宅而忘其妻，有诸？'"后因以徙宅忘妻比喻人办事荒唐粗心。徙，迁移。

2 **开门揖盗：**比喻引进坏人，自招祸患。揖，打拱，表示欢迎。

3 **何楼：**宋代都城开封，有个何家楼，楼下设市，所出售的东西都是以次品充好货。后称虚伪欺诈的人。事见刘攽《中山诗话》。**滥恶：**极端粗劣。

4 **垄断：**《孟子·公孙丑下》："有贱丈夫焉，必求垄断而登之，以左右望而罔市利。"意思是说，商人登高探望，以求易于获取高利的货物，进行交易。后遂引申为把持和独占。垄断，本指高而不相连属的土墩子。

5 **筚门圭窦：**指穷人的住处。筚门，柴门；圭窦，小户，穿壁为户，上锐下方，状如圭。

6 **瓮牖绳枢：**用破瓮口做窗户，用绳做门户枢纽。比喻贫穷人家。**窭**(jù)：贫寒。

7 **北门锁钥**(yuè)：北城门上的锁和钥匙。比喻北方重镇。

8 **檀道济：**南朝宋将领。东晋末从刘裕攻后秦，屡立战功。文帝以其前朝重臣，诸子皆善战，忌而杀之。"道济见收，愤怒气盛，目光如炬。俄尔间引饮一斛，乃脱帻投地曰：'乃坏汝万里长城。'"见《南史·檀道济传》。万里长城，比喻国家所依赖的大将。

器 用

导读

本篇由前后两部分组成。前一部分开头就点明物品之所以名称不同，是因为它们各有各的作用。因此前后两部分就分别介绍了大量物品的名称和作用。如笔的别名叫“管城子”和“中书君”，砚池的称呼是“石虚中”和“即墨侯”；梳妆台上没有尘埃的镜子叫“寿光客”，佛堂里日夜不息的油灯叫“长明公”。这就将物品的名称和作用二者之间的关系说得清清楚楚。

后一部分则列举相关典故。“刻舟求剑”，自然徒劳无功；“胶柱鼓瑟”比喻拘泥不知变通；西晋大臣王衍喜欢清谈，经常手执白玉柄的佛尘，时人称他“口中雌黄”；北宋哲学家张载，常在关中靠在虎皮座席上讲《周易》，从者众多。本篇中，作者用大量人物的事迹作例证，揭示出一批历史典故的由来。

原文

一人之所需，百工斯为备[1]。但用则各适其用，而名则每异其名[2]。管城子、中书君，悉为笔号[3]；石虚中、即墨侯，皆为砚称[4]。墨为松使者[5]，纸号楮先生[6]。纸曰剡藤，又曰玉版[7]；墨曰

译文

一个人所需要的物品，需要各类工匠制作才能完备。但使用起来各有各的作用，因而物品的名称也就各不相同。管城子和中书君，都是笔的别号；石虚中和即墨侯，都是砚池的称呼。墨就是松使者，纸的别号就叫楮先生。纸叫剡藤，又叫玉版；墨叫陈玄，又叫龙剂。

陈玄，又曰龙剂[8]。共笔砚，同窗之谓[9]；付衣钵，传道之称[10]。

共笔砚，是同师受业的意思；付衣钵，是师傅传授学问的说法。

注释

1 **一人之所需**：《孟子·滕文公上》："且一人之身，而百工之所为备。如必自为而后用之，是率天下而路也。"意思是说，一个人所需要的东西，要靠各种工匠为他准备。如果一定都要自己去做，那是不可能的。

2 **"但用"联**：器物的用途各不相同，因此它们的名称也各不一样。

3 **管城子、中书君**：韩愈《毛颖传》借毛颖将笔人格化，抒写文人的功劳与遭遇。文中说，毛颖是中山人。秦始皇时，将军蒙恬南伐楚，次中山。遂猎，围毛氏之族，拔其豪，载颖而归。秦始皇封颖管城，号曰管城子。累拜中书令，与上益狎。上尝呼为中书君。后因称笔为管城子、中书君。

4 **石虚中、即墨侯**：唐朝人文嵩，曾以砚拟人，作《即墨侯石虚中传》。说石虚中，字居默，南越高要人。隐遁不仕，后拜即墨侯。文见苏易简《文房四谱·砚谱》。后遂称砚为石虚中、即墨侯。

5 **松使者**：因松烟用于制墨，所以墨又称松使者。

6 **楮(chǔ)先生**：韩愈《毛颖传》："(毛)颖与绛人陈玄、弘农陶泓及会稽楮先生友善，相推致，其出处必偕。上召颖，三人者不待诏，辄俱往，上未尝怪焉。"楮，木名，高一二丈，叶似桑，多涩毛。皮可制纸，因以为纸的代称。毛颖、陈玄、陶泓、楮先生即文房四宝：笔、墨、砚、纸。

7 **剡(shàn)藤、玉版**：都是纸名。古代浙江剡溪，出产古藤，上佳的制纸原料，而且溪水制纸甚佳，所产纸叫剡藤或剡纸，久负盛名。成都浣花溪所制的宣纸，坚致精良，洁白如玉，所以叫作玉版。

8 **陈玄**：指墨。　**龙剂**：即龙香剂，唐玄宗所用墨名。

9 **同窗**：即同学，同师受业的人。

10 **付衣钵**：佛教僧尼的袈裟和食器称衣钵。中国禅宗师徒间道法的传授，常付衣钵为信证，称为衣钵相传。后又泛指师传的学问、技能等。

原文

笃志业儒，曰磨穿铁砚[1]；弃文就武，曰安用毛锥[2]。剑有干将莫邪之名[3]，扇有仁风便面之号[4]。何谓箑？亦扇之名[5]；何谓籁？有声之谓[6]。小舟名蚱蜢[7]，巨舰曰艨艟[8]。金根是皇后之车[9]，菱花乃妇人之镜[10]。银凿落原是酒器[11]，玉参差乃是箫名[12]。

译文

志向专一钻研学问，称作磨穿铁砚；弃文从武，说是安用毛锥。春秋末年，干将、莫邪夫妇历时三年，铸就雌雄二宝剑，剑就用他们的名字来命名；晋代袁宏就谢安赠送的扇子说，当奉扬仁风，汉代张敞以便面拊马，因此后世就用仁风、便面作为扇子的别号。什么叫箑？就是扇子的名称；什么叫籁？是用来形容声音的。小船因其小而轻，所以用蚱蜢命名；巨大的战舰用来攻击敌船，所以叫它艨艟。金根是皇后、太后乘坐的车子，菱花就是女人使用的镜子。银凿落，原本是一种盛酒的器皿；玉参差，就是镶玉排箫的名称。

注释

1 **笃志**：志向专一不变。笃，诚笃、忠实。 **磨穿铁砚**：喻立志不变。

2 **毛锥**：即毛锥子，指毛笔。以束毛为笔，形状如锥，故名。

3 **干将莫邪**(yé)：古代人名，转为宝剑名。相传干将、莫邪二人为夫妇，楚王命干将铸造宝剑，三年成雌雄二剑，雄名干将，雌名莫邪。

4 **仁风**：仁德之风。本为古时美化帝王或地方长官的谀词，言其恩德如风之遍布。后来借指扇子。 **便面**：用来遮面的扇状物。后来也称团扇、折扇为便面。

5 **箑**(shà)：传说古代有一种吉祥草叫箑，叶子自动扇风，后以箑指扇。

6 **籁**(lài)：从孔穴中发出的声音，也指一般的声响。

7 **蚱蜢**：本是一种危害农作物的害虫，因其小而轻，所以借指小船。亦作"舴艋"。

8 **艨艟**(méng chōng)：古代战船名。

9 **金根**：车名。《后汉书·舆服志》："太皇太后、皇太后法驾，皆御金根。"

因此金根为皇后、太后所乘之车。

10 **菱花**:古代以铜为镜,映日则发光影如菱花,因名菱花镜。后来诗文中常以菱花为镜的代称。

11 **银凿落**:以金银镂饰的酒盏。

12 **玉参差**(cēn cī):镶玉的排箫。

原文

刻舟求剑,固而不通[1];胶柱鼓瑟,拘而不化[2]。斗筲言其器小[3],梁栋谓是大材[4]。铅刀无一割之利[5],强弓有六石之名[6]。杖以鸠名,因鸠喉之不噎[7];钥同鱼样,取鱼目之常醒[8]。

译文

刻舟求剑,这是讥讽人头脑僵化不知变通;胶柱鼓瑟,这是嘲笑人拘泥而不知变通。斗筲是说人器量狭小,梁栋是说人大有才干。用铅做刀,拿来切割东西都不够锋利;强弓,有六石的名称。古代老人的拐杖取名鸠杖,因为鸠是不噎的鸟,借此祝愿老人健康;门上的钥匙做成鱼形,因为鱼夜不闭目,取其能守夜的意思。

注释

1 **刻舟求剑**:《吕氏春秋·察今》:"楚人有涉江者,其剑自舟中坠于水,遽契其舟曰:'是吾剑之所从坠。'舟止,从其所契者入水求之。舟已行矣,而剑不行。求剑若此,不亦惑乎?"比喻拘泥固执,不知变通。

2 **胶柱鼓瑟**:柱被粘住,音调就不能换,比喻拘泥不知变通。瑟,一种古乐器;柱,瑟上转动琴弦以调节声音高低的短木。

3 **斗筲**:斗和筲都是很小的容器。后用来比喻人的才识短浅,器量狭小。

4 **梁栋**:即栋梁,房屋的大梁。比喻担负国家重任的人。

5 **铅刀**:铅质的刀,言其不锋利。比喻才力微弱,有鄙视或自谦之意。

6 **强弓**:硬弓。 **石**:重量单位,百二十斤为石。古代以石为单位来测量弓的强度。

7 **杖以鸠名**:杖头刻有鸠形的拐杖,故名鸠杖。《后汉书·礼仪志中》:"年始七十者,授之以王杖,铺之以糜粥。八十、九十,礼有加赐。王杖长九尺,端以鸠鸟为饰。鸠者,不噎之鸟也。欲老人不噎。”

8 **钥同鱼样:**古代的门锁或钥匙,常饰作鱼形,取鱼夜不瞑目而守护之义。

原文

兜鍪系是头盔[1],叵罗乃为酒器[2]。短剑名匕首[3],毡毯曰氍毹[4]。琴名绿绮焦桐[5],弓号乌号繁弱[6]。香炉曰宝鸭[7],烛台曰烛奴[8]。龙涎鸡舌,悉是香名[9];鹢首鸭头,别为船号[10]。

译文

兜鍪,古称胄,是作战用的头盔;叵罗,是古代的酒器,一种敞口的浅杯。短剑称作匕首,毡毯叫作氍毹。古琴名叫绿绮、焦桐,良弓名叫乌号、繁弱。香炉叫作宝鸭,烛台叫作烛奴。龙涎和鸡舌,都是香料的名字;鹢首和鸭头,都是船只的别号。

注释

1 **兜鍪**(móu)**:**头盔。古称胄,秦汉以后称兜鍪。

2 **叵**(pǒ)**罗:**酒卮,敞口的浅杯。

3 **匕首:**短剑。其头类匕(箭头),故曰匕首。

4 **氍毹**(qú shū)**:**毛织的地毯。

5 **绿绮:**古琴名。 **焦桐:**《后汉书·蔡邕传》:“吴人有烧桐以爨者,邕闻火烈之声,知其良木,因请而裁为琴,果有美音,而其尾犹焦,故时人名曰焦尾琴焉。”后因称琴为焦桐。

6 **乌号:**古良弓名。 **繁弱:**古代良弓名。

7 **宝鸭:**鸭形的香炉。

8 **烛奴:**烛台的别称。

9 **龙涎:**一种珍贵的香料。抹香鲸病胃的一种分泌物。因得于海上,故称龙涎。亦名龙泄。 **鸡舌:**香名。即丁香,可治口气。

10 **鹢**(yì)**首:**古代船头上画着鹢鸟,故称船首为鹢首,也借指船。鹢,古籍中的鸟名。指一种像鸬鹚的水鸟,能高飞。 **鸭头:**即鸭头船,船首作鸭头状的大船。

原文

寿光客是妆台无尘之镜[1],长明公是梵堂不灭之灯[2]。桔槔是田家之水车[3],袯襫是农夫之雨具[4]。乌金,炭之美誉[5];忘归,矢之别名[6]。夜可击,朝可炊,军中刁斗[7];云汉热,北风寒,刘褒画图[8]。

译文

寿光客,是梳妆台上没有尘埃的镜子;长明公,是佛堂里日夜不熄的油灯。桔槔,是农夫家的水车;袯襫,是农夫的雨具。乌金,是煤炭的美称;忘归,是箭的别名。夜间可用来敲击巡更,白天可用来做饭,这就是古代军队中的刁斗;画云汉图,人们看了就觉得热,画北风图,人们看了就觉得冷,这就是东汉刘褒所画的神图。

注释

1 **寿光客:**指镜。唐人司空图作《容城侯传》,以镜拟人,称镜为容城侯金炯,亦曰寿光先生。

2 **长明公:**燃灯供佛前,昼夜不灭,故谓长明。 **梵堂:**寺院。梵,婆罗门教、印度教名词。佛教沿用此语,用来称呼与佛教有关的事物。

3 **桔槔**(gāo):井上汲水的工具,也泛指吊物的简单机械。

4 **袯襫**(bó shì):古时指农夫穿的蓑衣一类的防雨服。

5 **乌金:**民间称煤炭为乌金,极言其贵重。

6 **忘归:**箭名。

7 **刁斗:**古代军中用具。铜质,有柄,能容一斗。白天用来烧饭,夜则击以巡更。

8 **刘褒画图:**《太平广记》引张华《博物志》:“后汉刘褒,桓帝时人,曾画云汉图,人见之觉热;又画北风图,人见之觉凉。”

原文

勉人发愤,曰猛着祖鞭[1];求人宥罪,曰幸开汤网[2]。拔

译文

勉励人奋发向上,就说猛着祖鞭;求人宽恕罪过,就说幸开汤网。拔掉赵国军旗,插上汉军红旗,大获全胜,韩信用兵的计策确实很奇妙;

帜立帜，韩信之计甚奇[3]；楚弓楚得，楚王所见未大[4]。董安于性缓，常佩弦以自急；西门豹性急，常佩韦以自宽[5]。汉孟敏尝堕甑不顾，知其无益[6]；宋太祖谓犯法有剑，正欲立威[7]。王衍清谈，常持麈拂[8]；横渠讲《易》，每拥皋比[9]。

楚共王出游丢失了宝弓，便说楚人失弓楚人得之，不要去找，孔子听了觉得他见识太小，为什么不说人遗弓人得之呢。董安于生性迟缓，因此经常佩戴弓弦，提醒自己要紧张一点；西门豹性情急躁，因此总是佩戴韦皮，告诫自己要宽缓一点。东汉孟敏曾经将挑着的甑掉在地上摔破了，他连头也不回，知道看也于事无补；宋太祖赵匡胤说，谁触犯了我的法律，我就用手中的剑制裁他，正想借此树立权威。晋代王衍喜欢清谈，经常拿着白玉柄的麈拂；北宋张载，世称横渠先生，常在京师讲授《周易》，讲学时总是靠在虎皮座席上。

注释

1 **祖鞭**：《晋书·刘琨传》载，刘琨与祖逖为友，闻逖被用，乃致书亲故云："吾枕戈待旦，志枭逆虏，常恐祖生先吾着鞭。"后常以此为勉人努力进取的典故。

2 **宥罪**：宽恕罪过。 **汤网**：商汤网开三面，比喻刑政宽大。《史记·殷本纪》："汤出，见野张网四面，祝曰：'自天下四方皆入吾网。'汤曰：'嘻，尽之矣！'乃去其三面，祝曰：'欲左，左；欲右，右；不用命，乃入吾网。'诸侯闻之，曰：'汤德至矣，及禽兽。'"

3 **拔帜立帜**：汉将韩信与张耳击赵，背水陈兵以诱赵兵，另选轻骑三千，各持一赤帜，从间道隐蔽山后以待。赵出营与战，汉军佯败，弃鼓旗而走，赵空营往追；汉轻骑疾入赵营，拔赵帜，立汉帜。赵军不胜，还，见皆已汉帜，兵惊乱，遂为汉所破。事见《史记·淮阴侯列传》。后来以拔帜喻战胜，以拔帜易帜喻取而代之。 **韩信**：汉初军事家，善于将兵。

4 **楚弓楚得**：《孔子家语·好生》载，一次楚共王出游将宝弓丢失了，他手下的人要去寻找，楚王说："止。楚王失弓，楚人得之，又何求之？"后因称虽有所失而利不外溢。孔子听到这件事，曰："惜乎其不大也。不曰人遗弓、人得之而已，何必楚也！"这是讥笑楚共王的胸怀还不够开阔。

5 **"董安于"联：**春秋时，晋国赵孟的家人董安于，性情迂缓，所以他总是佩戴弓弦，提醒自己必须紧张一点，因为弓弦经常是紧绷着的。战国时，魏国邺令西门豹性情急躁，所以他经常佩戴韦皮，提醒自己应该宽缓一点，因为韦皮（熟牛皮）性柔韧。

6 **堕甑(zèng)不顾：**《后汉书·郭太传》："（孟敏）客居太原，荷甑堕地，不顾而去。林宗见而问其意。对曰：'甑以破矣，视之何益？'林宗以此异之，因劝令游学。"比喻事已过去，虽有遗憾，但不作无益的惋惜。

7 **犯法有剑：**《续资治通鉴长编》载，宋太祖曾问内臣李承进："庄宗以英武定中原，享国不久，何也？"对曰："盖威令不行，赏赉无节也。"太祖叹曰："朕今抚养士卒，固不吝惜爵赏，苟犯吾法，唯有剑耳。"宋太祖，即赵匡胤，宋朝的建立者。

8 **王衍：**西晋大臣，字夷甫。喜谈老庄，所论义理，随时更改，时人称为口中雌黄。　**麈(zhǔ)拂：**拂尘。魏晋人清谈时常执的一种拂子，用麈的尾毛制成。麈，兽名，似鹿而大。

9 **横渠讲易：**北宋哲学家张载，字子厚。凤翔郿县横渠镇人，世称横渠先生，理学创始人之一。常于关中，坐皋比，讲《周易》，从者甚众。故其学派被称为关学。事见《宋史·张载传》。　**皋比：**虎皮。后称讲学者的座席为皋比，并称任教为坐拥皋比。

原文

尾生抱桥而死，固执不通[1]；楚妃守符而亡，贞信可录[2]。温峤昔燃犀，照见水族之鬼怪[3]；秦政有方

译文

战国时鲁人尾生，因不愿违背与女子的约定，抱着桥柱被活活淹死了，真是固执不知变通；春秋时楚昭王出游，夫人留在渐台，坚守"召必以符"的约定不肯离开，因大水骤至，弄得个台毁人亡，昭王谥夫人为贞姜，其坚贞值得记载。晋代大将军温峤，从前经过牛渚矶时，点燃犀牛角，照见

镜，照见世人之邪心[4]。车载斗量之人，不可胜数[5]；南金东箭之品，实是堪奇[6]。传檄可定，极言敌之易破[7]；迎刃而解，甚言事之易为[8]。以铜为鉴，可整衣冠；以古为鉴，可知兴替[9]。

水族中有不少妖魔鬼怪；秦始皇嬴政有一面方镜，能够照见世人的邪心。三国时吴国的赵咨出使魏国，魏文帝很赏识他，问吴国像你这样的人有多少，赵咨说，像我这样用车载、用斗量的人，数也数不尽；西南华山的金石，东南会稽的竹箭，都是珍奇的物品，后来就用来比喻杰出的人才。传递檄文便可平定，这是说敌人极容易被攻破；碰上刀口就能分割开来，这是说事情很容易办好。用铜做镜子，可以整理衣帽；用历史作借鉴，可以知道国家的兴盛与衰败，这是唐太宗的名言。

注释

1 **尾生**：古代传说中坚守信约的人。战国时鲁人尾生与女子约会于桥下，女子未至，河水上涨，生仍不离去，结果抱桥柱淹死。见《庄子·盗跖》。

2 **楚妃**：春秋时楚昭王夫人，齐侯之女。一次昭王出游，留夫人于渐台之上。后王闻江水大至，令使者迎之。使者至，然忘持其符，夫人曰："王与宫人约令，召宫人必以符。今使者不持符，妾不敢从使者行。"使者曰："今水方大至，还而取符，则恐后矣。"夫人曰："妾闻之，贞女之义不犯约，勇者不畏死。"使者归取符，水大至，台崩，夫人淹死，乃号贞姜。事见刘向《列女传》。

3 **温峤昔燃犀**：刘敬叔《异苑》："晋温峤至牛渚矶，闻水底有音乐之声。水深不可测。传言下多怪物，乃燃犀角而照之。须臾见水族覆火，奇形异状，或乘车马，着赤衣帻。其夜梦人谓曰：'与君幽明道隔，何意相照耶？'峤甚恶之，未几卒。"温峤，字太真，晋元帝时为刘琨右司马，晋明帝时官至骠骑大将军，卒谥忠武。

4 **秦政有方镜**：传说秦始皇有一方镜，用以照人，能见其肝胆。凡宫女有邪心者，以镜照之，无不胆悸心动。见葛洪《西京杂记》。

5 **车载斗量**：形容数量很多，质量一般。 **不可胜数**：数不尽。形容数量极多。胜,尽。

6 **南金东箭:**《尔雅·释地》:"东南之美者,有会稽之竹箭焉……西南之美者,有华山之金石焉。"后来就用南金东箭比喻杰出的人才。

7 **传檄可定:**不须用兵就可平定。传檄,传递檄文。檄,古代的公文,写在木简上,用来征召、晓喻或声讨。

8 **迎刃而解:**碰着刀口就分割开来了。比喻事情极易解决。

9 **"以铜为鉴"联:**《新唐书·魏徵传》载,魏徵卒,唐太宗叹曰:"以铜为鉴,可正衣冠;以古为鉴,可知兴替;以人为鉴,可明得失。朕尝保此三鉴,内防己过。今魏徵逝,一鉴亡矣。"

珍　宝

导读

"山川之精英,每泄为至宝;乾坤之瑞气,恒结为奇珍。"开篇紧扣主题,从美玉、珍珠引出钱财,然后通篇围绕财宝说事。

杨伯雍在蓝田种石得玉,并娶得徐公的娇女为妻;汉灵帝时崔烈用钱买得一官位,世人都讨厌他一身铜臭;南朝宋刘伯龙,为官几任,两袖清风,一天在家谋划获取十一之利,却被鬼取笑。篇中运用大量历史人物与财宝关系的传说,介绍了大量与财宝有关的成语,如"怀瑾握瑜""抛砖引玉""买椟还珠""玉石俱焚""阮囊羞涩"等。

原文

山川之精英,每泄为至宝[1];乾坤之瑞气,恒

译文

高山大河的精华,每每泄露出来成为最好的宝物;天地的祥瑞之气,长期郁

结为奇珍[2]。故玉足以庇嘉谷，明珠可以御火灾[3]。鱼目岂可混珠[4]，碔砆焉能乱玉[5]。黄金生于丽水[6]，白银出自朱提[7]。曰孔方、曰家兄，俱为钱号[8]；曰青蚨、曰鹅眼，亦是钱名[9]。

结成为奇异的珍宝。美玉能避免水旱之灾，保障五谷丰收；明珠可以防御火灾。鱼目虽圆，怎能与珍珠混淆；碔砆虽好，哪能与美玉混同。黄金在丽水生成，白银在朱提出产。说孔方、说家兄，都是钱的别号；说青蚨、说鹅眼，也是钱的别名。

注释

1 **精英：**精华。

2 **乾坤：**《周易》中的两个卦名，指阴阳两种对立势力。这里引申为天地。**瑞气：**祥瑞之气。瑞，吉祥。

3 **"故玉"联：**《国语·楚语下》载，春秋时楚大夫王孙圉在回答晋国正卿赵简子的问话时说："圉闻国之宝六而已。明王圣人能制议百物，以辅相国家，则宝之；玉足以庇荫嘉谷，使无水旱之灾，则宝之；龟足以宪臧否，则宝之；珠足以御火灾，则宝之；金足以御兵乱，则宝之；山林薮泽足以备财用，则宝之。" **嘉谷：**古以粟（小米）为嘉谷，后成为五谷的总称。

4 **鱼目混珠：**鱼眼睛掺杂在珍珠里面。比喻以假乱真。

5 **碔砆**（wǔ fū）**：**似玉的美石。

6 **丽水：**古水名。《韩非子·内储说上·七术》："荆南之地，丽水之中生金，人多窃采金。" 又今金沙江，亦称丽水、丽江，也产金。

7 **朱提**（shú shí）**：**山名。在今云南省昭通市境内，产银多而美。后世因以朱提为高质银的代称。

8 **孔方、家兄：**钱的别称。旧时铜钱中有方孔，因称钱为孔方、家兄或孔方兄，含有戏谑的意味。

9 **青蚨：**干宝《搜神记》："（南方有虫）名青蚨……生子必依草叶，大如蚕子。取其子，母即飞来，不以远近。虽潜取其子，母必知处。以母血涂钱八十一文,以子血涂钱八十一文。每市物,或先用母钱,或先用子钱,皆复飞归,轮转无已。”后人因称钱为青蚨。 **鹅眼:**一种质量低劣的钱币。鹅眼形容其小。

原文

可贵者,明月夜光之珠[1];可珍者,璠玙琬琰之玉[2]。宋人以燕石为玉,什袭缇巾之中[3];楚王以璞玉为石,两刖卞和之足[4]。惠王之珠,光能照乘[5];和氏之璧,价重连城[6]。鲛人泣泪成珠[7],宋人削玉为楮[8]。

译文

最贵重的珍珠是明月和夜光,最珍奇的美玉是璠玙和琬琰。宋国有个愚人得到一块燕石,认为是宝玉,就用多层橘红色丝布将它包得严严实实;楚国人卞和得到一块璞玉,先后献给厉王和武王,但都被当作石头,因此以欺君罪先后被砍去了左脚和右脚。魏惠王的宝珠所发出的光亮,能够照亮十二乘车的前前后后;和氏之璧价值连城,秦昭王就想用十五座城来跟赵惠文王交换。传说人鱼流下的眼泪会变成珍珠,宋国有人将美玉刻削成楮树叶真假难分。

注释

1 **明月:**即明月珠。因珠光晶莹似月光,故名。 **夜光:**即夜光珠。传说中夜里能发光,故名。

2 **璠玙**(fán yú)**:**宝玉。 **琬琰**(wǎn yǎn)**:**美玉。

3 **宋人以燕石为玉:**《太平御览》卷五十一引《阙子》:“宋之愚人,得燕石于梧台之东,归而藏之,以为大宝。周客闻而观焉,主人端冕玄服以发宝,华柜十重,缇巾十袭。客见之,卢胡而笑曰:‘此燕石也,与瓦甓不异。’主人大怒,藏之愈固。”后用以比喻不足珍藏的假古董,又用作对自己的作品或收藏的谦称。 **什袭缇**(tí)**巾:**用十层橘红色丝布包裹着。什,即十,言其多;袭,重叠;缇巾,橘红色丝织物。

4 **楚王以璞玉为石:**春秋时,楚人卞和在山中得一璞玉,先后献给楚厉王和楚武王，玉匠认为是石头，因此都以欺君罪被先后砍去了双腿。及文王即位，卞和抱玉哭于荆山下。文王派人问他，他说："吾非悲刖也，悲夫宝玉而题之以石，贞士而名之以诳。"文王使人剖璞，果得宝玉。因称和氏璧，简称和璧。事见《韩非子》。 **刖**(yuè)**：**断足。古代酷刑之一。

5 **惠王之珠：**战国时期，齐威王二十四年，与魏（梁）王会田于郊。魏王问曰："王亦有宝乎？"威王曰："无有。"梁王曰："若寡人国小也，尚有径寸之珠照车前后各十二乘者十枚，奈何以万乘之国而无宝乎？"见《史记·田敬仲完世家》。惠王，即魏惠王，战国时魏国国君。惠王从安邑迁都大梁，所以"魏"也称"梁"。 **乘**(shèng)**：**古时一车四马为一乘。

6 **和氏之璧：**《史记·廉颇蔺相如列传》："赵惠文王时，得楚和氏璧。秦昭王闻之，使人遗赵王书，愿以十五城请易璧。"因此说和氏璧价重连城。

7 **鲛人：**传说中居于海底的人鱼。《太平御览》引张华《博物志》："鲛人从水出，寓人家积日，卖绢。将去，从主人索一器，泣而成珠满盘，以与主人。"

8 **削玉为楮**(chǔ)**：**《列子·说符》："宋人有为其君以玉为楮叶者，三年而成。锋杀茎柯，毫芒繁泽，乱之楮叶中而不可别也。此人遂以巧食宋国。"楮，木名，叶似桑，多涩毛，实圆色红，皮可制桑皮纸。

原文

贤乃国家之宝[1]，儒为席上之珍[2]。王者聘贤，束帛加璧[3]；真儒抱道，怀瑾握瑜[4]。雍伯多缘，种玉于蓝田而得美妇[5]；太公奇遇，钓璜于渭水而遇文王[6]。

译文

贤人是国家的宝贝，读书人是怀才待用的席上珍品。君王聘请贤人，五匹帛再加上玉璧；真正的儒者坚持自己的道义，就像怀瑾握瑜一样丝毫不肯放松。杨伯雍的机缘很好，在蓝田种石得玉，又娶得徐公的娇女为妻；姜太公有奇遇，在渭水边垂钓，从鲤鱼肚里得到一块璜玉，上有"姬受命，吕佐之"六字，后来果真遇到了周文王。剖开肚皮来收藏珍珠，真是爱财而不剖腹藏珠，爱财而不爱命[7]；缠头作锦，助舞而更助娇[8]。孟尝廉洁，克俾合浦还珠[9]；相如勇忠，能使秦廷归璧[10]。玉钗作燕飞，汉宫之异事[11]；金钱成蝶舞，唐库之奇传[12]。

爱命；歌舞艺人表演时用锦缠头，表演结束，客人又以锦罗为赠，这既为歌舞助兴又使艺人显得更娇艳。东汉孟尝廉洁奉公，担任合浦太守后，革除前任弊端，使珍珠又回到了合浦；战国时蔺相如对赵王忠心耿耿，在秦廷英勇无畏，迫使秦王屈服，终于将和氏璧带回了赵国。打开匣子，玉钗竟然化作白燕飞升上天，这是汉朝宫中的怪事；金钱突然变成蝴蝶，在牡丹花丛中飞舞，这是唐朝金库里的奇闻。

注释

1 **贤乃国家之宝**：秦欲伐楚，使人观楚之宝器。楚将昭奚恤谓使者曰："客欲伐楚之宝器乎？楚之所宝，即贤人也，唯大国之所观。"

2 **儒为席上之珍**：《礼记·儒行》："孔子侍曰：'儒有席上之珍以待聘，夙夜强学以待问，怀忠信以待举，力行以待取，其自立有如此者。'"比喻怀才待用。席，铺在地上的草垫；珍，宝玉。

3 **束帛加璧**：束帛之上又加玉璧，古代贵重的礼物。束，帛（丝织物）五匹为束。

4 **怀瑾握瑜**：《楚辞·九章·怀沙》："怀瑾握瑜兮，穷不知所示。"王逸注："在衣为怀，在手为握；瑾、瑜，美玉也。"比喻人具有纯洁优美的品德。这里比喻真正的儒者就像怀瑾握瑜一样，坚持自己的信仰与学说。

5 **雍伯多缘**：雍伯，应为伯雍。杨伯雍居终南山，行孝好义，有人给他一颗石子，说种好可得美玉和佳妻。他在蓝田山上种下石子果然得到美玉。后听说徐公有好女，便前去求婚。徐公说如果你能拿出一双玉璧就答应你。伯雍回到山上取出五双璧玉，终于娶得徐公的娇女。事见干宝《搜神记》。

6 **太公奇遇**：姜太公在渭水垂钓而遇周文王。关于吕尚钓鱼，《史记正义》引《说苑》载，初下得鲋，次下得鲤，刺鱼腹得书，书文曰："吕望封于齐。"

又《尚书中候》说剖鱼得璜玉,玉文曰:"姬受命,吕佐之。" **璜**(huáng):古玉石器名。形状像璧的一半,古代贵族朝聘、祭祀、丧葬时所用的礼器,也作装饰用。 **渭水:**黄河最大支流,在陕西省中部。 **文王:**即周文王。

7 **剖腹藏珠:**《资治通鉴·唐太宗贞观元年》:"上谓侍臣曰:'吾闻西域贾胡得美珠,剖身以藏之,有诸?'侍臣曰:'有之。'上曰:'人皆知彼之爱珠而不爱其身也。'"比喻为物伤身,轻重倒置。

8 **缠头作锦:**古代艺人表演时以锦缠头,表演结束后客人又往往以锦罗赠艺人,既表示为歌舞助兴,又期盼艺人更娇美。借指买笑寻欢的费用。

9 **合浦还珠:**《后汉书·孟尝传》:"(尝)迁合浦太守。郡不产谷实,而海出珠宝。与交阯比境,常通商贩,贸籴粮食。先时宰守并多贪秽,诡人采求,不知纪极,珠遂渐徙于交阯郡界。于是行旅不至,人物无资,贫者饿死于道。尝到官,革易前敝,求民病利。曾未逾岁,去珠复还。"后以合浦还珠比喻人去而复回或物失而复得。合浦,沿海水产业发达,特产合浦珍珠。

10 **秦廷归璧:**战国时,秦以强凌弱,欲以十五城换赵和氏璧。蔺相如奉璧往秦,见秦无意偿赵城,在秦廷上先持璧却立,怒斥秦王失信于赵。继而要求秦王斋戒五日,设九宾于廷,这才上璧。但相如度秦王虽斋,决负约不偿城,乃使从者从径道归璧。最后相如在秦廷义正词严,舌战群臣,并自请就刑。秦王无奈,只得自我解嘲。相如终于取得了璧归人归的重大胜利。事见《史记·廉颇蔺相如列传》。

11 **玉钗作燕飞:**郭宪《洞冥记》载,汉武帝元鼎元年,建招仙阁于甘泉宫西,神女留玉钗以赠帝,帝以赐赵婕妤。至昭帝元凤时,宫人犹见此钗。黄諃欲之,既发匣,钗化为白燕飞升而去。后宫人学做此钗,因名玉燕钗,言吉祥也。

12 **金钱成蝶舞:**苏鹗《杜阳杂编》载,唐穆宗时,禁中千叶牡丹开,香气袭人,一朵千叶大而且红,每夜有黄白蛱蝶数万,飞集花间,辉光照耀。帝令张网捕之,得数百,纵嫔妃追捉以为娱乐。后验视之,乃为库中金钱化为蝶者。

原文

广钱固可以通神[1]，营利乃为鬼所笑[2]。以小致大，谓之抛砖引玉[3]；不知所贵，谓之买椟还珠[4]。贤否罹害，如玉石俱焚[5]；贪婪无厌，虽锱铢必算[6]。崔烈以钱买官，人皆恶其铜臭[7]；秦嫂不敢视叔，自言畏其多金[8]。熊衮父亡，天乃雨钱助葬[9]；仲儒家窘，天乃雨金济贫[10]。

译文

唐朝张延赏判一大案，人贿钱十万，便说钱至十万，可通神矣，活画出一副贪官的嘴脸；南朝宋刘伯龙，为官几任，两袖清风，一天在家谋划赚取十一之利，却被旁边的鬼所取笑。用小的引来大的，称之为抛砖引玉；不懂得事物的贵贱而取舍失当，称之为买椟还珠。好人和坏人同时受害，就像美玉和石头一起烧毁，叫作玉石俱焚；贪图钱财到了无法满足的地步，一点一滴都要计较，就叫锱铢必算。汉灵帝时崔烈用五百万钱买得一司徒官位，世人都厌恶他一身铜臭；战国时苏秦发迹后衣锦回乡，他嫂子自跪四拜而不敢仰视，说是因为苏秦位尊而多金。相传唐昭宗时兵部尚书熊衮的父亲死了，无钱安葬，因其至孝，老天爷就像落雨一样落了三天钱币，帮他葬父；传说翁仲儒家道窘迫，上天就落下十斛黄金周济他，使他一日之间富比王侯。

注释

1 **广钱固可以通神**：极言金钱魔力之大。张固《幽闲鼓吹》载，唐朝张延赏判一大案，召吏严缉。旦日见案上有一小帖子曰："钱三万贯，乞不问此狱。"张怒掷之，更促之。明日帖子复来曰："钱五万贯。"张益怒，命两日须毕。明日复见帖子曰："钱十万贯。"张遂止不问。有人问他，张说："钱至十万，可通神矣，无不可回之事。吾惧及祸，不得不止。"后概括为成语钱可通神。

2 **营利乃为鬼所笑**：《南史·刘损传》："损同郡宗人有刘伯龙者，少时贫薄。及长，历位尚书左丞、少府、武陵太守，贫窭尤甚。常在家慨然，召左右将营十一之方，忽见一鬼在旁抚掌大笑。伯龙叹曰：'贫穷固有命，乃复为鬼所笑也。’遂止。”

3 **抛砖引玉:**相传,唐人赵嘏(gǔ)有诗名,至吴,常建欲得其诗,知其必游灵岩寺,乃先题二句于壁。嘏游寺见诗,为补成一绝。常建诗不及赵嘏,故人谓建乃抛砖引玉。后因以抛砖引玉比喻自己先发表粗浅的意见或文章,目的在于引出别人的高见或佳作,表示谦虚。

4 **买椟(dú)还珠:**《韩非子·外储说左上》:“楚人有卖其珠于郑者,为木兰之柜,熏以桂椒,缀以珠玉,饰以玫瑰,辑以羽翠。郑人买其椟而还其珠。”后因用以比喻舍本逐末,取舍失当。椟,木匣子。

5 **贤否(pǐ)罹(lí)害:**贤者与不贤者遭受灾难。 **玉石俱焚:**玉和石头一同烧毁。比喻好的和坏的同归于尽。

6 **锱(zī)铢必算:**形容极其吝啬,很少的钱都要计算。锱、铢,都是古代很小的重量单位。

7 **崔烈以钱买官:**汉灵帝时卖官鬻爵。崔烈本冀州名士,因入钱五百万,得为司徒。一日,问其子钧曰:“吾居三公,于议者何如?”钧曰:“论者嫌其铜臭。”见《后汉书·崔寔传》。后常以铜臭讥讽以钱买官者或富豪之家。

8 **秦嫂不敢视叔:**《战国策·秦策一》载,苏秦说秦王,书十上而说不行。负书担橐,形容枯槁,面目黧黑,归至家,妻不下纴,嫂不为炊,父母不与言。后说赵王于华屋之下,赵王大悦,封为武安君,受相印。将说楚王,路过洛阳。父母闻之,清宫除道,张乐设饮,郊迎三十里;妻侧目而视,倾耳而听;嫂蛇行匍伏,四拜自跪而谢。苏秦曰:“嫂何前倨而后卑也?”嫂曰:“以季子之位尊而多金。”

9 **熊衮父亡:**相传熊衮于唐昭宗时任兵部尚书,性至孝。时值乱离,例无俸给,唯立功得赏,然熊衮将赏赐悉分与部下。后父死无钱安葬,便日夜向天号泣,忽然天雨钱三天,助其葬父。除安葬费用外,余钱全部交官,而邻里所得却均化成了土。

10 **仲儒家窘:**《太平御览》引《述异记》载,传说汉时翁仲儒在渭川务农,家极贫困,一日天雨金十斛于其家,于是富比王侯。

原文

汉杨震畏四知而辞金[1]，唐太宗因惩贪而赐绢[2]。晋鲁褒作《钱神论》，尝以钱为孔方兄[3]；王夷甫口不言钱，乃谓钱为阿堵物[4]。然而床头金尽，壮士无颜[5]；囊内钱空，阮郎羞涩[6]。但匹夫不可怀璧[7]，人生孰不爱财。

译文

东汉名臣杨震拒绝接受昌邑县令王密深夜送来的十斤金，王说"暮夜无知者"，杨说"天知、神知、我知、子知，何谓无知"，王邑只得羞愧地带金离去；唐太宗时长孙顺德接受了别人贿赂的绢，唐太宗为了惩治贪污又在殿廷赐给他十四绢，让他内心感到羞耻。西晋鲁褒写了《钱神论》，曾经把钱称作孔方兄；西晋大臣王夷甫口里从不说钱，就把钱叫作阿堵物。然而床头如果没有钱了，即使是勇士，也会觉得脸面无光；阮孚钱袋里只有一文钱了，他说"一钱看囊，恐其羞涩"，因此后人身无钱财，就说阮郎羞涩。但是，平民百姓不能身怀璧玉，否则就有可能招致祸殃；人生在世又有谁不贪爱钱财，但是必须取之有道。

注释

1 **杨震畏四知**：东汉名臣杨震荐举王密为昌邑县令。杨震为荆州刺史道经昌邑时，王密夜送金十斤。震曰："故人知君，君不知故人，何也？"密曰："暮夜无知者。"震拒之曰："天知、神知、我知、子知，何谓无知？"王密只得羞愧地带金离去。见《后汉书·杨震传》。

2 **惩贪而赐绢**：唐太宗长孙皇后的族叔长孙顺德，接受别人贿赂的绢。事情败露后，太宗惜其功不忍加罪，遂于殿廷赐绢十匹，以愧其心。大理少卿胡演进曰："顺德枉法受财，罪不可恕，奈何又赐之绢？"太宗曰："人生性灵，得绢甚于刑戮。如不知愧，一禽兽耳，杀之何益。"见《旧唐书·长孙顺德传》。

3 **《钱神论》**：西晋鲁褒作。对货币权力作了揭露和嘲讽，如说，"钱之所在，危可使安，死可使活。钱之所去，贵可使贱，生可使杀"。

4 **王夷甫**：名衍，琅邪临沂人，西晋大臣。 **阿堵物**：六朝人口语，犹言这东西，这个东西。后为钱的另称，有讽刺意义。《世说新语·规箴》："王夷甫雅尚玄远，常嫉其妇贪浊，口未尝言钱字。妇欲试之，令婢以钱绕床，不得行。夷甫晨起，见钱阂行，呼婢曰：'举却阿堵物。'"

5 **床头金尽：**形容陷入贫困的境地。

6 **阮郎羞涩：**阴时夫《韵府群玉·七阳·一钱囊》："阮孚持一皂囊，游会稽。客问：'囊中何物？'阮曰：'但有一钱看囊，空恐羞涩。'"后人自谓身无钱财曰阮郎羞涩，亦作阮囊羞涩。

7 **怀璧：**《左传·桓公十年》："周谚有之：'匹夫无罪，怀璧其罪。'"杜预注："人利其璧，以璧为罪。"后用以比喻多财致祸或有才能而遭嫉害。匹夫，古指平民中的男子。

贫 富

导读

篇中指出贫人与富人的种种称谓。"钱愚"指贪爱钱财的人，"地癖"指喜欢置田买房的人，钱多而又吝啬的人叫"守钱虏"，贫穷而又失业的人叫"落魄夫"。接着，作者列举历史人物在这方面的具体情况，说明贫富对立的客观存在。"家徒壁立"，西汉辞赋家司马相如穷得一无所有；晋代何曾，生活奢侈，日食万钱，还说没处下筷子；石崇常与王恺比阔气，石崇用蜡烛当柴烧，王恺用饴糖洗锅子；东汉人范丹经常断粮，以致饭锅里生了虫子，饭甑里积满了灰尘。

"命之修短有数，人之富贵在天"，作者用宿命论观点统领全篇。篇末用"饱德之士不愿膏粱，闻誉之施奚图文绣"总结全篇，表明自己对贫富的看法。

原文

命之修短有数，人之富贵在天[1]。唯君子安贫，达人知命[2]。贯朽粟陈，称羡财多之谓[3]；紫标黄榜，封记钱库之名[4]。贪爱钱物，谓之钱愚[5]；好置田宅，谓之地癖[6]。守钱虏，讥蓄财而不散[7]；落魄夫，谓失业之无依[8]。贫者地无立锥，富者田连阡陌[9]。

译文

一个人寿命的长短，自有定数；一个人的富贵贫贱，由上天安排。只有君子能够安贫乐道，通达事理的人才能懂得自己的命运。贯朽粟陈，这是称道羡慕财产极多的说法；紫标黄榜，这是钱库封条标志的名称。贪爱钱财的人，称之为钱愚；喜欢置田买房的人，称之为地癖。守财奴，是讥讽那些钱多而又吝啬的人；落魄夫，是感叹那些失业而生活没有着落的人。贫穷的人没有立锥之地，富有的人田地纵横相连。

注释

1 **“命之修短”联**：《论语 · 颜渊》：“子夏曰：‘商闻之矣：死生有命，富贵在天。’”意思是说，一个人寿命的长短由命运决定，一个人的贫贱或富贵由上天安排。这自然是一种宿命论观点。修，长；数，气数、命运。

2 **“唯君子安贫”联**：王勃《滕王阁序》：“所赖君子安贫，达人知命。”意思是说，只有君子能够安贫乐道，贤达的人能够认识自己的命运。

3 **贯朽粟陈**：穿钱的绳子已经朽断，囤积的粮食早已腐烂。形容钱、粮之多且久而不用。

4 **紫标黄榜**：财库封条标志的名称。

5 **钱愚**：晋代和峤担任太傅，富比王侯，但吝啬，杜预称其为钱愚。后指钱迷心窍。

6 **地癖**：唐李憕善于置办田产，人称地癖。后指兼并土地成性。

7 **守钱虏**：鄙称财多而吝啬的人。

8 **落魄夫**：穷困失意的人。

9 **“贫者”联**：《汉书 · 食货志上》：“至秦则不然，用商鞅之法，改帝王之制，除井田,民得卖买。富者田连阡陌,贫者无立锥之地。”立锥,插锥子,形容地方极小。田连阡陌,是说富者占有的田地跨越井田界限,使田间道路连接起来,即田地连片。阡陌,田间纵横交错的小路,南北叫阡,东西叫陌。

原文

室如悬磬,言其甚窘[1];家无儋石,谓其极贫[2]。无米曰在陈[3],守死曰待毙[4]。富足曰殷实[5],命蹇曰数奇[6]。苏涸鲋,乃济人之急[7];呼庚癸,是乞人之粮[8]。家徒壁立,司马相如之贫[9];扊扅为炊,秦百里奚之苦[10]。鹄形菜色,皆穷民饥饿之形[11];炊骨爨骸,谓军中乏粮之惨[12]。

译文

室如悬磬,是说家境特别困难;家无儋石,是说家里十分贫穷。没有粮食叫在陈,坐着等死叫待毙。家境富裕钱粮充足,叫作殷实,命运不佳,称作数奇。苏涸鲋,是解救别人的急难;呼庚癸,是向别人借粮的隐语。家里只有四面墙,这是说司马相如穷得一无所有;用门闩来烧饭,这是说秦国的百里奚苦不堪言。鹄形菜色,是形容穷苦百姓因饥饿而瘦削的样子;炊骨爨骸,是说军中缺粮的惨状。

注释

1 **悬磬**(qìng):形容空无所有,贫穷之极。

2 **儋**(dàn)**石**:《汉书 · 扬雄传》:“家产不过十金,乏无儋石之储,晏如也”。儋同担,古代容量单位,一石是十斗,两石为一担。常用来形容米粟为数不多。

3 **在陈**:孔子周游列国时,从陈国去蔡国途中,被陈国人包围,绝粮七天。见《论语 · 卫灵公》。后因用“在陈”比喻处于饥饿、困难的境地。

4 **待毙**:等死。比喻遇到困难、危险,不积极设法克服,而是等待灾难临头。

5 **殷实**:众多,充满。后多用作富裕、厚实的意思。

6 **命蹇**(jiǎn):命运不顺。蹇,艰阻,不顺利。 **数奇**(jī):命数单而不偶合,指命运不好，遇事多不利。

7 **苏涸(hé)鲋：**让干枯车辙中的小鱼复生。《庄子·外物》："庄周家贫，故往贷粟于监河侯。监河侯曰：'诺。我将得邑金，将贷子三百金，可乎？'庄周忿然作色曰：'周昨来，有中道而呼者，周顾视车辙中，有鲋鱼焉。周问之曰：鲋鱼来，子何为者邪？对曰：我东海之波臣也。君岂有斗升之水而活我哉？周曰：诺。我且南游吴越之王，激西江之水而迎子，可乎？鲋鱼忿然作色曰：吾失我常与，我无所处，吾得斗升之水然活耳。君乃言此，曾不如早索我于枯鱼之肆！'"后因以涸辙之鲋或涸鲋比喻处于困境中急待援助的人。鲋，小鱼。

8 **呼庚癸：**是向人借粮的隐语。《左传·哀公十三年》："吴申叔仪乞粮于公孙有山氏……对曰：'粱则无矣，粗则有之。若登首山以呼曰，庚癸乎，则诺。'"杜预注："军中不得出粮，故为私隐。庚，西方，主谷；癸，北方，主水。"

9 **家徒壁立：**家里只有四周的墙壁。形容穷得一无所有。徒，只。**司马相如：**字长卿，蜀郡成都人，西汉辞赋家。

10 **扊扅(yǎn yí)为炊：**春秋时秦国大夫百里奚，原为虞国大夫，虞亡时为晋所俘，作为陪嫁之臣送入秦国。后逃亡至楚，为楚人所执。秦穆公闻其贤，用五张公羊皮赎回，擢为秦相，号为五羖大夫。一日于堂上作乐，其所雇浣洗女自言知音，因鼓琴抚弦而歌。词曰："百里奚，五羊皮，忆别时，烹伏雌，炊扊扅，今日富贵忘我为！"言当时在家穷困，用门闩为炊。百里奚寻问之，乃其离散之妻。见《史记·秦本纪》。扊扅，门闩。

11 **鹄形菜色：**形容饥疲瘦削的样子。

12 **炊骨爨(cuàn)骸：**用死人的尸骨做饭。炊、爨，都是烧火做饭的意思。

原文

饿死留君臣之义，伯夷叔齐[1]；资财敌王公之富，陶朱猗

译文

宁可饿死也要留下君臣的道义，这就是伯夷、叔齐逃进首阳山饿死而不愿做周朝臣民的原因；财富多得可以跟王公相匹敌，这就是春

顿[2]。石崇杀伎以侑酒,恃富行凶[3];何曾一食费万钱,奢侈过甚[4]。二月卖新丝,五月粜新谷,真是剜肉医疮[5];三年耕而有一年之食,九年耕而有三年之食,庶几遇荒有备[6]。

秋时的巨富陶朱公和猗顿。晋代石崇常令美女劝酒,如果客人饮酒未尽,就叫人杀掉美女,这是自恃豪富而行凶;晋代何曾,一天的饮食花费上万,实在是过分奢华。二月丝未成,五月谷未熟,不顾日后的生计而贱价卖青,真是剜却心头肉来医治眼前疮;三年耕种能储备一年的粮食,九年耕种能储备三年的粮食,这样即使遇到荒年也就有所准备了。

注释

1 **伯夷、叔齐:**商末孤竹君的两个儿子。孤竹君死后,兄弟二人互让君位而出走。后两人闻周文王善养老而入周。适逢周文王去世,儿子周武王载着父亲的木灵牌去攻打商纣。伯夷、叔齐勒住马缰劝谏道:“父死不葬,爰及干戈,可谓孝乎?以臣弑君,可谓仁乎?”武王灭商后,他们隐居首阳山,采摘野菜充饥,因义不食周粟最终饿死。事见《史记·伯夷列传》。

2 **陶朱:**即范蠡。字少伯,春秋时楚国宛人。仕越为大夫,辅佐越王勾践刻苦图强,卒灭吴国。以勾践为人可与同患难,不能共安乐,去越入齐,改名鸱夷子皮。到陶称朱公,世称陶朱公,经商致富。十九年中,治产三致千金,一再分散与贫交和疏远的兄弟。见《史记·越王勾践世家》《史记·货殖列传》。 **猗顿:**春秋时鲁国人。经营河东盐池,后陶朱公教以畜牧,他到猗氏大畜牛羊,十年之间成为巨富,赀拟王侯。因发家于猗氏,故称猗顿。见《史记·货殖列传》。

3 **石崇:**西晋巨富。字季伦,渤海南皮人。历任散骑常侍、荆州刺史等职。以劫掠客商致巨富。《世说新语·汰侈》:“石崇每要客宴集,常令美人行酒。客饮不尽者,使黄门交斩美人。王丞相(导)与大将军(王敦)尝共诣崇,丞相素不能饮,辄自勉强,至于沉醉。每至大将军,固不饮,以观其变。已斩三人,颜色如故,尚不肯饮。” **伎:**古指歌女或舞女。 **侑(yòu)酒:**劝酒。

4 **何曾**:魏晋时大臣。字颖考,陈国阳夏人。西晋初,位至丞相、太傅。生活奢侈,日食万钱,还说没处下筷子。其子何劭更甚,日食至两万钱。见《晋书·何曾传》。

5 **剜肉医疮**:比喻只顾眼前救急,不顾日后的困苦。聂夷中《伤田家》:"二月卖新丝,五月粜新谷。医得眼前疮,剜却心头肉。"二月蚕种始生,五月禾苗始插,这里却说"卖新丝""粜新谷",就是将尚未产出的农产品预先贱价抵押,即卖青。农民为了求得眼前的生存,所以就只能剜肉医疮了。

6 **遇荒有备**:《礼记·王制》:"国无九年之蓄,曰不足;无六年之蓄,曰急;无三年之蓄,曰国非其国也。三年耕,必有一年之食;九年耕,必有三年之食。以三十年之通,虽有凶旱水溢,民无菜色,然后天子食,日举以乐。" **庶几**,差不多,可以。

原文

贫士之肠习藜苋[1],富人之口厌膏粱[2]。石崇以蜡代薪,王恺以饴沃釜[3]。范丹釜中生鱼,破甑生尘[4];曾子捉襟见肘,纳履决踵[5]。子路衣敝缊袍,与轻裘立,贫不胜言[6];韦庄数米而炊,称薪而爨,俭有可鄙[7]。总之,饱德之士不愿膏粱,闻誉之施奚图文绣[8]。

译文

穷苦人的肠胃习惯了野菜,有钱人吃厌了肥肉和细粮。西晋大臣石崇和王恺比阔气,石崇拿蜡烛当柴烧,王恺用饴糖洗锅。东汉范丹家里经常断粮,以致饭锅里生了虫子,破饭甑里也积满了灰尘;春秋时的曾子十分贫穷,扯衣襟就露出胳膊肘,穿鞋子就现出脚后跟。孔子的学生子路穿着破旧的丝棉袍子,跟穿着珍贵皮衣的人站在一起,实在穷得可怜;唐代诗人韦庄生性吝啬,往往是数过米粒再做饭,称过柴草再点火,这样的节俭真是到了可鄙的程度。总之,道德高尚的人不会羡慕别人的精美食品;名望声誉卓著的人也不会去想什么锦绣衣裳了。

注释

1 **习藜苋**(xiàn)**:**习惯于吃藜藿和苋菜。形容生活清苦。

2 **厌膏粱:**吃厌了精美的食品。膏粱,肥肉和细粮,泛指精美的食物。

3 **“石崇以蜡代薪”联:**《世说新语 · 汰侈》载,石崇常与王恺比豪华,石崇用蜡烛当柴烧,王恺用饴糖和着干饭擦洗锅子。 **王恺:**字君夫,西晋东海郯县人。司马昭妻弟,官至后军将军。性豪侈。

4 **范丹:**即范冉。字史云,东汉陈留外黄人。桓帝时被任为莱芜长,不就。生活极贫,有时绝粮,但穷居自若。闾里有歌称:“甑中生尘范史云,釜中生鱼范莱芜。”见《后汉书·范冉传》。 **釜:**锅,古代炊器。 **鱼:**小虫子。 **甑:**古代蒸食炊器,如同现代的蒸锅。

5 **曾子:**孔子学生。春秋末鲁国南武城人。 **捉襟见肘:**拉一下衣襟,胳膊就露出来了。原来是说衣服破烂,生活穷困。后来比喻顾此失彼,无法应付。 **纳履决踵:**一提上鞋就露出脚后跟。比喻穷困窘迫。纳履,穿鞋;决踵,鞋后跟裂开。

6 **子路:**孔子学生。春秋末鲁国卞人。《论语 · 子罕》:“子曰:‘衣敝缊袍,与衣狐貉者立,而不耻者,其由也与?’” **缊**(yùn)**袍:**用乱麻旧棉作絮的袍子,常为贫穷者所穿。 **轻裘:**轻暖珍贵的狐皮袍子。

7 **“韦庄数米而炊”联:**唐张鷟《朝野佥载》:“韦庄颇读书,数米而炊,称薪而爨,炙少一脔而觉之。”形容吝啬或生活贫困。

8 **“饱德之士”联:**《孟子 · 告子上》:“《诗》云:‘既醉以酒,既饱以德。’言饱乎仁义也,所以不愿人之膏粱之味也;令闻广誉施于身,所以不愿人之文绣也。”意思是说,道德修养高尚的人,就不会羡慕别人的美食了;自己已经得到了美好的声誉,所以也就不羡慕别人身上的锦绣衣裳了。

疾病死丧

导读

本篇由前后两个部分组成。前一部分首先介绍与疾病有关的一些通俗说法，如“贵体违和”是询问别人的病情，“偶沾微恙”是说自己得病；“膏肓”指疾病到了无法医治的地步，“无恙”是指平安无事。然后再写人死后的民间习俗，读来一目了然。如父母死后安葬之前，儿子必须睡在草席上，枕着土块，用来表示对父母入土哀痛不安。

后一部分主要写父母死后，做子女的应该怎样守孝，并介绍与之有关的活动。“与其椎牛而祭墓，不如鸡豚之逮存”，篇末所引孔子学生曾参的话语，是很值得我们认真思考的。

原文

福寿康宁，固人之所同欲[1]；死亡疾病，亦人所不能无。唯智者能调[2]，达人自玊[3]。问人病，曰贵体违和[4]；自谓疾，曰偶沾微恙[5]。罹病者，甚为造化小儿所苦[6]；患病者，岂是实沈台骀为灾[7]。疾不可疗曰膏肓[8]，

译文

幸福长寿、健康安宁，这本是人们所共同期望的；死亡疾病，也是人们所不能避免的。只有聪明的人才会调养自己，通达情理的人才会珍爱自己。询问别人的病情，就说贵体违和；称自己得病，说是偶沾微恙。唐代杜审言遭疾病困扰，说是为造化小儿所折磨；春秋时晋侯得病，难道是实沈、台骀造成的灾难？疾病到了无法治疗的地步，叫作病人膏肓；平安无事，说是无

平安无事曰无恙。采薪之忧，谦言抱病[9]；河鱼之患，系是腹疾[10]。

恙。采薪之忧，是患病的自谦说法；河鱼之患，就是指得了腹泻病。

注释

1 **福寿康宁：**幸福、长寿、健康、安宁。福，旧指福运、福气，与祸相对。

2 **调：**调理、调养。这里指保养身体，防御疾病。

3 **自玉：**自己珍重。玉，珍重、爱护。

4 **违和：**身体失于调和而不舒服。常用作称他人患病的婉词。

5 **偶沾微恙：**偶然得了小病。恙，疾病。

6 **罹(lí)病者：**遭受疾病折磨的人。罹，遭受。 **造化小儿：**谓司命神，用以指命运，是一种风趣的说法。《新唐书·杜审言传》："审言病甚，宋之问、武平一等省候何如，答曰：'甚为造化小儿相苦，尚何言！'"

7 **实沈(chén)、台骀(tái)：**《左传·昭公元年》："晋侯有疾，郑伯使公孙侨如晋聘，且问疾。叔向问焉，曰：'寡君之疾病，卜人曰实沈、台骀为祟。史莫之知，敢问此何神也？'"实沈，古代神话中高辛氏的季子，是参宿之神；台骀，传说中汾水之神。

8 **膏肓(huāng)：**指心膈之间，为人体内主要部位。膏，心下微脂；肓，心脏与隔膜之间。

9 **采薪之忧：**《孟子·公孙丑下》："昔者有王命，有采薪之忧，不能造朝。"朱熹注："采薪之忧，言病不能采薪。"自称有病的婉辞。

10 **河鱼之患：**腹泻的病。河鱼，腹疾的代称；患，病。因鱼烂先从腹内开始，故有腹疾者，以河鱼为喻。

原文

可以勿药，喜其病安[1]；厥疾弗瘳，言其病笃[2]。疟不病君子，病君子正为疟耳[3]；

译文

可以不吃药，为病将痊愈而高兴；此病不容易好，是说病得很重。传说疟鬼不敢侵犯正人君子，现在既然侵害了君子，才正是叫疟呢；占卜是用来决断疑难的，既然没有疑难，又何卜所以决疑,既不疑复何卜哉[4]。谢安梦鸡而疾不起,因太岁之在酉[5];楚王吞蛭而疾乃痊,因厚德之及人[6]。将属纩、将易箦,皆言人之将死[7];作古人、登鬼箓,皆言人之已亡[8]。

必占卜呢?东晋宰相谢安梦见自己坐在大将军桓温的车子里走了十六里,遇到一只白鸡就停了下来,他预感自己鸡年将会死。这年他一病不起,果真死了。相传春秋末年,楚惠王吃饭时发现一条水蛭,为了不使厨师受罚,便偷偷吞下,结果他的病反而痊愈,这是因为仁德施及他人,必有好报。将属纩、将易箦,都是说人将要死了;作古人、登鬼箓,都是说人已经死了。

注释

1 **勿药:**不用服药而病自愈。

2 **厥疾弗瘳**(chōu)**:**疾病不容易好。瘳,病愈。 **病笃:**病重。

3 **疟不病君子:**西晋有一个小孩为父亲买治疟疾的药。店主人说:“令尊是有德行的君子,为什么会害疟疾?”小孩回答说:“正因为侵犯君子,所以才叫作疟。”见《世说新语·言语》。当时人传说疟鬼不敢侵犯正人君子,所以小孩利用“疟”与“虐”的谐音关系,为父亲开脱。

4 **卜所以决疑:**唐朝初年,长孙无忌等人劝李世民除掉兄弟建成和元吉。李世民叫卜者灼龟占卜。张公瑾从外面闯进来,将卜具摔到地上说:卜将以决嫌疑,今既事在不疑,何卜之有!事见《旧唐书·张公瑾传》。

5 **谢安梦鸡:**谢安,字安石。东晋陈郡阳夏人。年四十余始出仕,孝武帝时位至宰相。《晋书·谢安传》:“(安)谓所亲曰:‘昔桓温在时,吾常惧不全,忽梦乘温舆行十六里,见一白鸡而止。乘温舆者,代其位也,十六里止,今十六年矣。白鸡主酉,今太岁在酉,吾病殆不起乎?’乃上疏逊位……寻薨。” **太岁:**星名,即木星。旧历纪年所用值岁干支的别名。每十二年一循环。 **酉:**十二地支之十。又十二属相之一,酉为鸡。

6 **楚王吞蛭**(zhì)**:**相传春秋末年,楚惠王吃饭时见食中有水蛭,他担心厨师受罚,就不声不响吞下,不让人知道。令尹知其故,谓王曰:“王有仁德，天之所奉也，病不为伤。”后来果然平安无事。见贾谊《新书·春秋》。后来就用吞蛭称颂统治者宽以待下。蛭，即水蛭，俗称蚂蟥。居池沼或水田中，吸食人畜血液。

7 **属纩**(zhǔ kuàng)**：**用新绵置临死的人鼻前，验其是否断气。后因以为疾病临危的代称。 **易箦**(zé)**：**《礼记·檀弓上》：“曾子寝疾，病，乐正子春坐于床下，曾元、曾申坐于足，童子隅坐而执烛。童子曰：‘华而睆，大夫之箦与？’……曾子曰：‘然。斯季孙之赐也，我未之能易也。元，起易箦！’”箦是华美光泽的竹席，按当时的习俗，做大夫的人才能用，曾子未曾为大夫，不当用，所以病重临死时要人换掉。后来因称人病重将死为易箦。

8 **作古人：**俗称死去为作古，即已作古人的省称。 **鬼箓：**谓冥间死人的名册。箓，簿籍。

原文

亲死则丁忧[1]，居丧则读礼[2]。在床谓之尸，在棺谓之柩[3]。报孝书曰讣[4]，慰孝子曰唁[5]。往吊曰匍匐[6]，庐墓曰倚庐[7]。寝苫枕块，哀父母之在土[8]；节哀顺变，劝孝子之惜身[9]。

译文

古人父母去世要丁忧，在为父母服丧时要读礼书。人死后停在灵床上称之为尸；安放在棺材里，称之为柩。到亲友家去报丧叫作讣，安慰孝子叫作唁。去丧家吊唁，叫作匍匐；建在墓旁守墓的小屋，称作倚庐。寝苫枕块是说父母安葬之前，儿子必须睡在草席上，枕着土块，这是为父母入土哀痛不安；节哀顺变是慰勉孝子节制哀痛，顺应变故，爱惜自己的身体。

注释

1 **丁忧：**旧称遭父母之丧为“丁忧”。父母死后，子女要在家守丧三年，不做官，不婚娶，不赴宴，不应考。

2 **读礼：**《礼记·曲礼下》：“居丧未葬，读丧礼；既葬，读祭礼。”意思是说，守丧在家，读有关丧祭的礼书，因称居丧为读礼。

3 **尸:**尸体。**柩**(jiù):已盛尸体的棺材。

4 **讣**(fù):报丧,也指报丧的文书。

5 **唁**(yàn):对遭遇非常变故者的慰问。后来多指对遭遇丧事的人表示慰问。

6 **匍匐:**这里指前往吊唁,而非伏地而行。

7 **倚庐:**古人守丧时住的房子。倚木为庐,门向北开,用草木等物盖成,不涂泥。在中门外东墙下。

8 **寝苫**(shān)**枕块:**礼法规定,子从父母之丧起,至入葬期间,不住寝室,睡在草席上,以土块为枕。苫,居丧时睡的草席。

9 **节哀顺变:**节抑悲哀,顺应变故。意思是说,父母之死是极大的悲哀,但也不要哀伤过度。后常用为慰唁遭遇亲丧之词。

原文

男子死,曰寿终正寝[1];女人死,曰寿终内寝[2]。天子死曰崩,诸侯死曰薨,大夫死曰卒,士人死曰不禄,庶人死曰死,童子死曰殇[3]。自谦父死曰孤子,母死曰哀子,父母俱死曰孤哀子[4];自言父死曰失怙,母死曰失恃,父母俱死曰失怙恃[5]。

译文

古时男子将死,停卧于正厅东首,死后说是寿终正寝;女子将死,安置在内室,死后说是寿终内寝。古代等级森严,天子死了叫崩,诸侯死了叫薨,大夫死了叫卒,士人死了叫不禄,百姓死了叫死,未成年的人死了叫殇。父死,谦称自己为孤子,母死称哀子,父母俱死称孤哀子;自己说父死为失怙,母死为失恃,父母都死为失怙恃。

注释

1 **寿终正寝:**指年老时在家突然死去,别于横死、客死或夭亡而言。正寝,住宅的正屋。

2 **寿终内寝:**古时男子将死,停于正厅东首;女子将死,则仍留在内室。内寝,内室,也专指妇女的居室。

3 **崩、薨(hōng)、卒、不禄、死:**《礼记·曲礼下》:“天子死曰崩,诸侯死曰薨,大夫死曰卒,士曰不禄,庶人曰死。”士,指没有做官的读书人;不禄,没有俸禄。以上是周代的规定。唐代则有所不同。《新唐书·百官志》:“凡丧,三品以上称薨,五品以上称卒,自六品达于庶人称死。” **殇(shāng):**未成年而死。

4 **孤子、哀子、孤哀子:**古代居父丧、母丧或父母俱丧者的自称。

5 **失怙(hù)、失恃、失怙恃:**丧父为失怙,丧母为失恃,父母双亡为失怙恃。怙、恃,都是依靠、依赖的意思。

原文

父死何谓考?考者成也,已成事业也[1];母死何谓妣?妣者媲也,克媲父美也[2]。百日内曰泣血[3],百日外曰稽颡[4]。期年曰小祥,两期曰大祥[5]。不缉曰斩衰,缉之曰齐衰,论丧之有轻重[6];九月为大功,五月为小功,言服之有等伦[7]。三月之服曰缌麻[8],三年将满曰禫礼[9]。

译文

父亲死后为什么叫考?考是成的意思,是说父亲事业有成;母亲死后为什么叫妣?妣是媲的意思,是说母亲的美德能和父亲相匹配。父母亡故百日之内,儿女的哭泣叫泣血;父母亡故百日之外,居丧者答谢宾客的跪拜礼节叫稽颡。父母死后,周年的祭礼叫小祥;两周年的祭礼叫大祥。用极粗生麻布做丧服且不缝衣边的叫斩衰,用粗麻布做丧服并将衣边缝上的叫齐衰,表明丧服有轻重之别;服丧时间为九个月所穿的丧服叫大功,服丧时间为五个月所穿的丧服叫小功,说明丧服有等级之分。用细麻布做丧服,服期三个月的叫缌麻;服丧将满三年,除丧服的祭礼叫禫礼。

注释

1 **考:**父,后专称已死的父亲。

2 **妣:**母亲。后来只用于亡母。 **媲(pì):**匹配,比得上。

3 **泣血:**极其悲痛而无声的哭泣。

4 **稽颡**(qǐ sǎng)：古时一种跪拜礼。屈膝下拜，以额触地，居丧答拜宾客时行之，表示极度的悲痛和感谢。

5 **小祥、大祥**：父母死后周年的祭礼叫小祥，两周年的祭礼叫大祥。期，周年；祥，吉。

6 **缉**：缝衣边。 **斩衰**(cuī)：古代五服(斩衰、齐衰、大功、小功、缌麻)中最重的一种。用极粗生麻布制成，不缝边，以示无饰。服期三年。子、未嫁之女对父母，媳对公婆，承重孙对祖父母，妻对夫，都服斩衰。**齐衰**(zī cuī)：旧时丧服名，为五服之一，次于斩衰。用粗麻布做成，以其缉边，故称齐衰。服期有一年的，为齐衰期，如孙为祖父母，夫为妻；有五月的，如为曾祖母；有三月的，如为高祖父母。见《仪礼·丧服》。

7 **大功**：旧时丧服名，为五服之一。其服用熟麻布做成，较齐衰为细，较小功为粗。服期九个月。为堂兄弟、未嫁的堂姊妹、已嫁的姑姊妹服，还有已嫁女为伯叔父、兄弟等服之。**小功**：为五服之一。其服用较细的熟麻布做成。服期为五个月。以上均见《仪礼·丧服》。

8 **缌麻**：丧服名，五服中最轻的一种。用细麻布制成。服期三月。

9 **禫**(dàn)**礼**：除丧服的祭礼。

原文

孙承祖服，嫡孙杖期[1]；长子已死，嫡孙承重[2]。死者之器曰明器，待以神明之道[3]；孝子之杖曰哀杖，为扶哀痛之躯[4]。父之节在外，故杖取乎竹；母之节在内，故杖取乎桐[5]。以财物助丧家谓之赙[6]，以车马助丧家谓之赗[7]。以衣殓

译文

孙辈为祖父母服丧，嫡出的长孙执哀杖一年称为杖期；长子死了，嫡孙要承担丧祭和宗庙的重任，服丧三年。死者随葬的各种器物叫明器，是用对待神明的办法来对待死人；孝子所扶的丧杖叫作哀杖，用来支撑哀痛的身躯。父亲的节操在外，所以父死时哀杖就用苴竹制成；母亲的节操在内，所以母死时哀杖就用桐木制成。用财物帮助丧家办丧事，称之为赙；用车马帮助丧家办丧事，称之为赗。将衣被送给死者入棺时穿用，

死者之身谓之禭[8]，以玉实死者之口谓之琀[9]。

称之为禭；将玉放进死者口中，称之为琀。

注释

1 **杖期**(jī)：旧时服丧礼制。如嫡子、众子为庶母丧，或父母已亡，夫为妻丧，都服杖期。杖，居丧时拿的棒；期，一年之丧。期服用杖的叫杖期，不用杖的叫不杖期。见《仪礼·丧服》。

2 **承重**：承担丧祭和宗庙的重任。按封建宗法制度，本身及父都是嫡长(妻所生的长子)而父先死，在祖父母死亡时即作丧主，称承重孙。如果祖父及父都已死，在曾祖父母死亡时，就称为承重曾孙。都要服丧三年。见《仪礼·丧服》。

3 **明器**：古代用竹、木或陶土专为随葬而制作的器物。后世又有用纸扎成的送葬物称为冥器。

4 **哀杖**：丧礼中孝子所扶的杖。

5 **"父之节"联**：《仪礼·丧服》："苴杖，竹也；削杖，桐也。"古代按照男主外、女主内的礼节，居父丧时，孝子用苴杖，即粗糙的竹杖；居母丧时，孝子用桐木稍稍加工的削杖。苴杖、削杖，后来俗称哭丧棒。竹外有节，表示亡父的节操在外；"桐"与"同"谐音，表示亡母"内心同之于父"。见《仪礼·丧服》。

6 **赙**(fù)：以财物助人办丧事。

7 **赗**(fèng)：助葬用的车马。

8 **殓**：给尸体穿衣入棺。 **禭**(suì)：给死者赠送衣被。

9 **琀**(hán)：送终时含在死者口中的珠、玉、贝等的通称。

原文

送丧曰执绋[1]，出柩曰驾輀[2]。吉地曰牛眠地[3]，筑坟曰马鬣封[4]。墓前石人，原名翁仲[5]；柩前功布，

译文

送葬时牵引灵柩，叫作执绋；发丧出殡，称作驾輀。吉祥的坟地叫牛眠地，封土筑成的坟墓叫马鬣封。墓地前的石人原名为翁仲，灵柩前的布幡现在叫铭旌。

今曰铭旌[6]。挽歌始于田横[7],墓志创于傅奕[8]。	哀悼死者的挽歌,始于汉初田横去世;坟墓内的表志,是唐代傅奕首创。

注释

1 **执绋**(fú)**:**送葬时帮助牵引灵柩。绋,引柩的绳索。后作为送葬的别称。

2 **驾輀**(ér)**:**出殡。輀,古代载运棺柩的车。

3 **牛眠地:**《晋书 · 周光传》:“初,陶侃微时,丁艰(即丁忧),将葬,家中忽失牛而不知所在。遇一老父,谓曰:‘前冈见一牛眠山污中,其地若葬,位极人臣矣。’”后世因称坟的吉地为牛眠地。风水先生认为,人葬牛眠地,子孙就能富贵。

4 **马鬣**(liè)**封:**坟墓上封土的一种形状,亦指坟墓。

5 **翁仲:**传说秦代阮翁仲身高一丈三尺,异于常人。始皇命他出征匈奴,死后铸像立于咸阳宫外。后因称铜像、石像为翁仲。此指墓前石人。

6 **功布:**出丧引柩所用的布。以白布三尺悬于竿首,略似旗幡。柩行时,居柩前,如道路有高低转折,抬棺木的人看布的抑扬左右,有所准备。因丧服都用粗麻布,此布经过加工,色白较细,故称功布。 **铭旌:**竖在柩前以表识死者官职、姓名的旗幡。又称铭、明旌。平民之丧,不用铭旌。

7 **挽歌:**送葬时挽柩者所唱的哀歌,后泛指哀悼死者的歌。始于田横门人。崔豹《古今注·音乐》:“《薤露》《蒿里》,并丧歌也,出田横门人。横自杀,门人伤之,为作悲歌……使挽柩者歌之,世亦呼为挽歌。” **田横:**秦末狄县人。秦末,从兄田儋起兵,重建齐国。楚汉战争中自立为齐王,不久为汉军所破。汉朝建立,率徒党五百余人逃亡海岛;汉高祖命他到洛阳,被迫前往,因不愿称臣于汉,途中自杀。留居海岛者闻田横死,也全部自杀。见《史记 · 田儋列传》。

8 **墓志:**放在墓中刻有死者传记的石刻。上面记有死者姓名、籍贯和生平,可作为历史资料,补史书的不足。北魏以后,方形墓志成为定制。下底上盖,底刻志铭,盖刻标题。 **傅奕:**唐代相州邺人。精于天文历数。唐高祖时官太史令。《旧唐书 · 傅奕传》:“奕生平遇患,未尝请医服药,虽究阴阳数术之书，而并不之信。又尝醉卧，蹶然起曰：‘吾其死矣！’因自为墓志曰：‘傅奕，青山白云人也。因酒醉死，呜呼哀哉！’”

原文

生坟曰寿藏[1]，死墓曰佳城[2]。坟曰夜台[3]，圹曰窀穸[4]。已葬曰瘗玉[5]，致祭曰束刍[6]。春祭曰禴，夏祭曰禘，秋祭曰尝，冬祭曰烝[7]。

译文

生前自造的墓穴称为寿藏，死后安葬的墓地叫作佳城。坟墓叫作夜台，墓穴称作窀穸。死者已经埋葬，叫作安瘗玉树；到坟前祭奠，叫作一束生刍。天子诸侯宗庙四时之祭，春祭叫禴，夏祭叫禘，秋祭叫尝，冬祭叫烝。

注释

1 **生坟**：在生时自造的墓穴。 **寿藏**(zàng)：生前预筑的坟墓。犹寿冢，亦称生圹。

2 **佳城**：张华《博物志·异闻》：“汉滕公(夏侯婴)薨，求葬东都门外，公卿送丧，驷马不行，踣地悲鸣。跑蹄下地，得石有铭，曰：‘佳城郁郁，三千年，见白日，吁嗟滕公居此室。’遂葬焉。”后因称墓地为佳城。

3 **夜台**：坟墓。陆机《挽歌》：“按辔遵长薄，送子长夜台。”李周翰注：“坟墓一闭，无复见明，故云长夜台。”

4 **圹**(kuàng)：墓穴，亦即指坟墓。 **窀穸**(zhūn xī)：《左传·襄公十三年》：“唯是春秋窀穸之事。”杜预注：“窀，厚也；穸，夜也。厚夜，犹长夜也。春秋谓祭祀，长夜谓埋葬。”后指墓穴。

5 **瘗**(yì)**玉**：死人已经埋葬，叫安瘗玉树。瘗，埋葬。古时祭山埋玉，祭水沉璧。这里借玉指死人。

6 **束刍**：《后汉书·徐稚传》：“及(郭)林宗有母忧，稚往吊之，置生刍一束于庐前而去。众怪，不知其故。林宗曰：‘此必南州高士徐孺子也。诗不云乎：生刍一束，其人如玉。吾无德以堪之。’”后以束刍称祭品。

7 **禴**(yuè)、**禘**(dì)、**尝**、**烝**：古代宗庙四时祭名。

原文

饮杯棬而抱痛，母之口泽如存；读父书以增伤，父之手泽未泯[1]。子羔悲亲而泣血[2]，子夏哭子而丧明[3]。王裒哀父之死，门人因废《蓼莪》诗[4]；王修哭母之亡，邻里遂停桑柘社[5]。树欲静而风不息，子欲养而亲不在，皋鱼增感[6]；与其椎牛而祭墓，不如鸡豚之逮存，曾子兴思[7]。故为人子者，当思木本水源[8]；须重慎终追远[9]。

译文

用杯棬饮水而心中悲痛，深感亡母口中的津液犹存；读父亲的书而增加伤感，总觉亡父手上的汗渍未失。子羔哀悼父母而泣血；子夏痛哭儿子，以致双目失明。晋人王裒为父亲的惨死哀痛不已，他的门徒也因此不再读《蓼莪》诗；魏人王修的母亲亡于社日，每到这天他都要号啕痛哭，乡邻为之感动，就停止了这一年的社祭。树要静止而风却偏不停息，儿子想要尽孝心而父母却不在了，贤者皋鱼双亲死后感慨倍增；与其在父母死后杀牛祭墓，还不如趁父母在时用鸡肉、猪肉奉养他们，这是孔子弟子曾参读丧礼后的想法。所以说做人子女的，应当追本溯源，不要忘记父母的养育之恩；必须庄重谨慎地办理父母亲的丧事，必须虔诚地祭祀远代的祖先。

注释

1 **“饮杯棬”联**：《礼记·玉藻》：“父没而不能读父之书，手泽存焉尔；母没而杯圈不能饮焉，口泽之气存焉尔。”郑玄注：“孝子见亲之器物，哀恻不忍用也。圈，屈木所为，谓卮匜之属。”孔颖达疏：“是杯圈，妇人所用，故母言杯圈也。”后用作思念亡母的典故。杯棬，亦作“杯圈”，一种木制的饮器。

2 **子羔**：姓高名柴，字子羔。《礼记·檀弓上》：“高子皋之执亲之丧也，泣血三年。”

3 **子夏**：即卜商，字子夏。孔子弟子。有子早死，痛哭失明。见《史记·仲尼弟子列传》。

4 **王裒**（póu）：字伟元，晋城阳营陵人。博学多能，痛父王仪为司马昭所杀，誓不臣晋。母死，读《诗经》至“哀哀父母，生我劬劳”，流涕不已，门人为废《蓼莪》之篇。见《晋书·王裒传》。

5 **王修：**三国魏人，字叔治。王修七岁时，母于社日亡。第二年，邻里社祭，王修哀痛过甚，邻里均为之凄然，遂停止社祭。事见《三国志·魏书·王修传》。 **桑柘**(zhè)**：**桑树和柘树，叶可喂蚕，为古代住宅旁常栽的树木。代指农桑之事。 **社：**即社日。古代春、秋两次祭祀土神的日子，一般在立春、立秋后第五个戊日。

6 **“皋鱼”联：**《韩诗外传》：“孔子行，闻哭声甚悲。孔子曰：‘驱驱，前有贤者。’至，则皋鱼也。”“孔子辟车与之言曰：‘子非有丧，何哭之悲也？’皋鱼曰：‘……树欲静而风不止，子欲养而亲不待也。往而不可得见者，亲也。吾请从此辞矣。’立槁而死。”

7 **与其椎牛而祭墓：**《韩诗外传》载，孔子弟子曾参，读丧礼，泣下沾襟，曰：“往而不可还者，亲也；至而不可加者，年也。是故孝子欲养而亲不待也，木欲直而时不待也。是故椎牛而祭墓，不如鸡豚逮亲存也。”椎，杀；逮，及。

8 **木本水源：**表示追本溯源之意。本，树的根；源，水的源头。

9 **慎终追远：**意思是说，对父母的丧事，要办得谨慎合理；祖先虽远，须依礼追祭。

卷四

文 事

导读

本篇由前后两个部分组成。前一部分从古代著名经典名称的由来讲起，谈到对文人墨客的评价，读来清晰自然。《礼记》之所以称为《戴礼》，是因为戴德、戴圣叔侄二人曾修订《礼记》；《诗经》之所以又叫作《毛诗》，是因为毛亨、毛苌二人曾注释《诗经》。西汉政论家晁错，因善于分析辩论，汉景帝称他为“智囊“；五代文学家王仁裕，平生作诗逾万首，时称“诗窖”。

后一部分是对前一部分内容的补充和深化。从应试、作文的种种说法谈到有关历史人物在这方面的精彩表现，真叫人眼界大开。

原文

多才之士，才储八斗[1]；博学之儒，学富五车[2]。三坟五典，乃三皇五帝之书[3]；八索九丘，是八泽九州之志[4]。《书经》载上古唐虞三代之事，故曰《尚书》[5]；《易经》乃姬周文王周公所系，故曰《周易》[6]。二戴曾

译文

多才多艺的人，说是才储八斗；学识渊博的人，说是学富五车。三坟五典，是三皇五帝留传下来的书籍；八索九丘，是有关八泽九州的志书。《书经》，记载上古唐尧、虞舜及夏、商、周三代的史事，所以称作《尚书》；《易经》中的卦辞、爻辞，相传为西周文王姬昌、周公姬旦所作，所以叫作《周易》。戴德、戴圣叔侄二人曾经删订《礼记》，所以《礼记》又叫《戴礼》；毛亨、毛苌二人曾

删《礼记》，故曰《戴礼》[7]；二毛曾注《诗经》，故曰《毛诗》[8]。孔子作《春秋》，因获麟而绝笔，故曰《麟经》[9]。

经注释《诗经》，因此《诗经》又称《毛诗》。孔子写作《春秋》，因为伤感有人猎得仁兽麟，便停了笔，因此《春秋》又叫《麟经》。

注释

1 **才储八斗**：比喻人富有才华。《南史·谢灵运传》："灵运曰：'天下才共一石，曹子建独得八斗，我得一斗，自古及今共用一斗。'"

2 **学富五车**：形容读书多，学问大。五车，指五车书。

3 **三坟五典**：传说中我国最古的书籍。《左传·昭公十二年》："是能读三坟、五典、八索、九丘。"杜预注："皆古书名。"孔颖达疏："孔安国《尚书序》云：'伏羲、神农、黄帝之书谓之三坟，言大道也；少昊、颛顼、高辛、唐、虞之书谓之五典，言常道也。'" **三皇**：传说中的远古帝王。通常指燧人、伏羲、神农。 **五帝**：传说中的上古帝王。时在三皇之后，夏代以前。他们都是原始社会末期部落或部落联盟的领袖。《大戴礼·五帝德》及《史记·五帝本纪》认为是黄帝、颛顼、帝喾、唐尧、虞舜。

4 **八索九丘**：相传为古代书名。但说法不一。孔安国《尚书序》：八卦之说谓之八索，九州之志谓之九丘。张衡认为，八索九丘就是《周礼》的八议、九刑。《淮南子》则说，八索九丘为八泽、九州之志。 **八泽**：八个湖泽。所指不明。 **九州**：传说中的中国上古行政区划，州名未有定说，《尚书·禹贡》认为是冀、兖、青、徐、扬、荆、豫、梁、雍。

5 **《尚书》**：亦称《书》《书经》。儒家经典之一。"尚"即"上"，上代以来的书，故名。中国上古历史文件和部分追述古代事迹著作的汇编。相传由孔子编选而成。 **唐虞三代**：指唐尧、虞舜及夏、商、周三代。

6 **《周易》**：亦称《易经》，简称《易》。儒家重要经典之一。"易"有变易（穷究事物变化）、简易（执简驭繁）、不易（永恒之义）三义，是我国古代的占卜书。相传伏羲画八卦，再将八卦重叠演为六十四卦；周文王作六十四卦的卦辞，即彖辞；周公作解释每一爻的爻辞；孔子作十翼。

7 **二戴**：指西汉戴德、戴圣叔侄二人。二人同学《礼》于后苍，宣帝时都立为博士，戴德称大戴，戴圣称小戴。戴德删《礼记》为八十五篇，称《大戴礼记》；戴圣又删为四十九篇，称《小戴礼记》，即今本《礼记》。

8 **二毛：**指西汉毛亨和毛苌。相传西汉鲁人毛亨为古文诗学“毛诗学”的开创者，据称其诗学传自子夏，曾作《毛诗故训传》，以授赵人毛苌。相传毛苌是古文诗学“毛诗学”的传授者。世称毛亨为大毛公，毛苌为小毛公。**《诗经》：**中国最早的诗歌总集。本只称《诗》，儒家列为经典之一，故称《诗经》。编成于春秋时代，共三百零五篇。《毛诗》为古文经学，盛行于东汉以后。魏晋后通行的《诗经》就是《毛诗》。

9 **《春秋》：**儒家经典之一。编年体春秋史。相传孔子依据鲁国史官所编《春秋》加以整理修订而成。起于鲁隐公元年，终于鲁哀公十四年，为今所传最早的编年体史书。 **因获麟而绝笔：**《春秋·哀公十四年》：“春，西狩获麟。孔子曰：‘吾道穷矣。’”传说孔子作《春秋》，只此而止。杜预注：“麟者仁兽，圣王之嘉瑞也。时无明王出而遇获；仲尼伤周道之不兴，感嘉瑞之无应，故因鲁春秋而修中兴之教，绝笔于获麟之一句。所感而作，固所以为终也。”

原文

荣于华衮，乃《春秋》一字之褒；严于斧钺，乃《春秋》一字之贬[1]。缃缃黄卷，总谓经书[2]；雁帛鸾笺，通称简札[3]。锦心绣口，李太白之文章[4]；铁画银钩，王羲之之字法[5]。雕虫小技，自谦文学之卑[6]；倚马可待，羡人作文之速[7]。

译文

相传《春秋》寓有褒贬之意，比华丽的衮衣还要荣耀，指的是《春秋》一个字的褒奖；羞辱的程度比受到斩刑还要严厉，说的是《春秋》一个字的贬责。缃缃、黄卷，是经书的总称；雁帛、鸾笺，通称书信。锦心绣口，赞美李太白构思优美词藻华丽的诗文；铁画银钩，形容王羲之刚健而遒媚的书法。雕虫小技，是自谦自己文才卑下；倚马可待，是羡慕别人作文快速。

注释

1 **“荣于华衮(gǔn)”联:**《春秋》文字简短,相传寓有褒贬之意,后世称为春秋笔法。因此《春秋穀梁传集解序》说:“一字之褒,宠逾华衮之赠;片言之贬,辱过市朝之挞。”衮,古代帝王及上公的礼服;斧钺,古代军法用以杀人的斧子。

2 **缥缃:**双丝织的微带黄色的细绢,供书写用。缃,浅黄色。转指书册。 **黄卷:**书籍。古人用辛味、苦味之物染纸以防蠹,纸色黄,故称黄卷。写错可用雌黄涂改。

3 **雁帛:**《汉书·苏武传》:“昭帝即位数年,匈奴与汉和亲,汉求武等,匈奴诡言武死。后汉使复至匈奴,常惠请其守者与俱,得夜见汉使,具自陈道,教使者谓单于,言天子射上林中,得雁,足有系帛书,言武等在某泽中。使者大喜,如惠语以让单于。单于视左右而惊,谢汉使曰:‘武等实在。’”后因以雁足、雁帛为书信或传送书信人的代称。 **鸾笺:**苏易简《文房四谱·纸谱》:“蜀人造十色笺,凡十幅为一榻……然逐幅于方版之上研之,则隐起花木麟鸾,千状万态。”后人因称彩笺为鸾笺,并用以指代书信。 **简札:**古时书写用的竹简和木片,为未编成册之称。后称书信为简札。

4 **锦心绣口:**形容文思优美,词藻华丽。 **李白:**唐代著名诗人,字太白,号青莲居士。李白诗歌想像丰富,语言豪放,气势雄伟。有《李太白集》三十卷。

5 **铁画银钩:**书法术语。形容书法刚健而遒媚。画,笔画;钩,勾勒。**王羲之:**东晋书法家。字逸少。其书备精诸体,尤擅正行,字势雄强多变化,为历代学书者所宗尚,影响极大。

6 **雕虫小技:**比喻微不足道的技能。后以雕虫小技为对仅工辞赋者的贬称,亦作文士的自谦之词。虫,指虫书,古代汉字的一种字体,西汉学童必习秦书八体之一体。

7 **倚马可待:**倚在即将出发的战马前起草文件,可以等着完稿。比喻文思极其敏捷。

原文

称人近来进德，曰士别三日，当刮目相看[1]；羡人学业精通，曰面壁九年，始有此神悟[2]。五凤楼手，称文字之精奇[3]；七步成诗，羡天才之敏捷[4]。誉才高，曰今之班马[5]；羡诗工，曰压倒元白[6]。汉晁错多智，景帝号为智囊[7]；王仁裕多诗，时人号为诗窖[8]。

译文

称赞别人学识大进，就说士别三日，当刮目相看；羡慕别人学业精通，就说面壁九年才有这样超凡的领悟。赞美文章的精彩奇妙，就说五凤楼手；七步成诗，是羡慕天才的文思敏捷。赞誉人才学高，说是当今的班固、司马迁；羡慕人诗写得好，说是压倒了元稹、白居易。汉代晁错多智慧，汉景帝称他为智囊；五代人王仁裕写诗多达万篇，当时人称他为诗窖。

注释

1 **刮目相看：**意思是用新眼光看人。刮目，擦眼睛。

2 **面壁九年：**相传达摩在少林寺面壁静修了九年。后比喻在学习上下功夫极深。

3 **五凤楼手：**唐和后梁在洛阳都建有五凤楼，楼极雄伟。后借喻能为文的人为造五凤楼手。

4 **七步成诗：**《世说新语·文学》："文帝尝令东阿王七步中作诗，不成者行大法。应声便为诗曰：'煮豆持作羹，漉菽以为汁。萁在釜下燃，豆在釜中泣。本自同根生，相煎何太急！'"形容才思敏捷。

5 **班马：**汉代历史学家班固和司马迁的并称。

6 **压倒元白：**指作品胜过同时代有名的作者。元白，指唐代著名诗人元稹、白居易。两人为好友，是当时提倡写作新乐府的主要人物。

7 **晁(cháo)错：**西汉政论家。因善于分析辩论，得太子(即景帝刘启)信任，号为智囊。智囊，比喻足智多谋的人。

8 **王仁裕：**五代文学家。平生作诗逾万首，时称诗窖子。诗窖，喻富于诗才，作品很多的诗人。

原文

骚客即是诗人[1],誉髦乃称美士[2]。自古诗称李杜[3],至今字仰钟王[4]。白雪阳春,是难和难赓之韵[5];青钱万选,乃屡试屡中之文[6]。惊神泣鬼,皆言辞赋之雄豪[7];遏云绕梁,原是歌音之嘹亮[8]。

译文

骚客就是指诗人,誉髦是称赞英俊之士。自古以来论诗者推崇李白和杜甫,迄今为止书法界仰慕钟繇和王羲之。白雪阳春,是难和难续的高雅歌曲;青钱万选,是屡选屡中的奇妙文章。惊神、泣鬼,都是形容诗文雄浑豪放的气势;遏云、绕梁,本来都是比喻优美高亢的歌声。

注释

1 **骚客:**骚人,指诗人。自屈原作《离骚》以后,作诗者多仿效之,故称诗人为骚人。

2 **誉髦:**称赞英俊之士。髦,毛中的长毫,比喻英俊杰出之士。

3 **李杜:**指唐代著名诗人李白、杜甫。李白是我国历史上最著名的浪漫主义诗人,存诗九百九十余首。杜甫,其诗大胆揭露当时社会矛盾,是我国历史上最伟大的现实主义诗人。许多优秀作品显示出唐代由开元、天宝盛世转向分裂衰微的历史过程,其诗被称为诗史。

4 **钟王:**三国魏钟繇、晋人王羲之均为过去所推崇的楷行书法的代表书家,故并称钟王。

5 **白雪阳春:**古代楚国的歌曲名。属于较高级的音乐。后用以比喻高深的文学艺术作品。 **难和难赓(gēng)之韵:**难以唱和、难以续作的歌曲。赓,继续、连续。

6 **青钱万选:**《新唐书·张荐传》:"员外郎员半千数为公卿称'鹭文辞犹青铜钱,万选万中。时号鹭青钱学士。"喻文才出众。

7 **惊神泣鬼:**形容震动很大,十分感人。

8 **遏云绕梁:**《列子·汤问》:"薛谭学讴于秦青……抚节悲歌,声振林木,响遏行云。"又"昔韩娥东之齐,匮粮,过雍门,鬻歌假食。既去,而余音绕梁欐，三日不绝”。后因以遏云绕梁形容歌声优美动人，使人久而不忘。

原文

涉猎不精，是多学之弊[1]；咿唔呫毕，皆读书之声[2]。连篇累牍，总说多文[3]；寸楮尺素，通称简札[4]。以物求文，谓之润笔之资[5]；因文得钱，乃曰稽古之力[6]。文章全美，曰文不加点[7]；文章奇异，曰机杼一家[8]。

译文

涉猎不精，这是读书贪多求全的弊病；咿唔、呫毕，都是读书吟诵的声音。连篇累牍，总是用来形容冗长累赘的文辞；寸楮、尺素，通称书信。用财物求取文章，称之为润笔的酬资；因写文章得到钱财，便说是稽古之力。文章十全十美，下笔成章，说是文不加点；文章新奇颖异，自成风格，说是机杼一家。

注释

1 **涉猎**：浏览群书而不深入钻研。

2 **咿唔**：读书吟诵声。 **呫(chān)毕**：原指经师视简文教人诵读，后泛指诵读。

3 **连篇累牍**：形容文辞冗长。累牍，犹言累纸。牍，古代写字用的木片。

4 **寸楮(chǔ)**：一寸之楮，指短笺，后用以称代书信。楮，木名，亦名榖树。皮可制桑皮纸，因以为纸的代称。**尺素**：古代用绢帛书写，通常长一尺，后以此称书信。

5 **润笔**：请人作诗文书画的酬劳。

6 **稽古之力**：《后汉书·桓荣传》：“荣大会诸生，陈其车马印绶，曰：‘今日所蒙，稽古之力也，可不勉哉！’”后比喻写文章得钱财。

7 **文不加点**：文章一气写成，无须修改。形容文思敏捷，下笔成章。点，涂改。

8 **机杼一家**：比喻诗文创作中构思和布局新巧，成一家风格。机杼本指织布机，机以转轴，杼以持纬。

原文

应试无文，谓之曳白[1]；书成绣梓，谓之杀青[2]。袜线之才，自谦才短[3]；记问之学，自愧学肤[4]。裁诗曰推敲[5]，旷学曰作辍[6]。文章浮薄，何殊月露风云[7]；典籍储藏，皆在兰台石室[8]。秦始皇无道，焚书坑儒[9]；唐太宗好文，开科取士[10]。

译文

应试不写一字交白卷，称之为曳白；书写成后雕版付印，称之为杀青。袜线之才，是称自己才疏学浅的谦虚说法；记问之学，是深感自己学识肤浅的愧疚之词。作诗字斟句酌叫推敲，读书时停时学叫作辍。文章空洞浅薄，跟转眼即逝的月下露珠、风中浮云没有区别；珍贵典册、书籍的储藏，都在兰台、石室一类的地方。秦始皇暴虐无道，焚毁诗书，坑杀儒生；唐太宗喜欢儒学，发展科举制度，选拔人才。

注释

1 **曳白**：白纸上只字未写。后因称考试交白卷为曳白。

2 **绣梓**：将写成的书雕制在木板上。绣，刺，引申为刻；梓，因制版以梓木为上，故称雕版为绣梓。 **杀青**：《后汉书·吴祐传》："恢（祐父）欲杀青简以写经书。"李贤注："以火炙简令汗，取其青易书，复不蠹，谓之杀青。亦谓汗简。"一说古人著书，初稿于青竹皮上，取其易于改抹，改定后再削去青皮，书于白竹，谓之杀青。后泛指书籍写定。

3 **袜线**：孙光宪《北梦琐言》："韩昭仕王氏，至礼部尚书、文思殿大学士，粗有文章，至于琴、棋、书、算、射、法，悉皆涉猎，以此承恩于后主。时有朝士李台嘏曰："韩八座事艺，如拆袜线，无一条长。"后因谓艺多而无一精者为袜线，亦比喻才学短浅。

4 **记问**：记诵诗书以待问。指无真知灼见，仅靠记诵书本以资谈助或应答问难。 **学肤**：学识肤浅。

5 **裁诗**：剪裁诗句，亦即作诗。 **推敲**：谓斟酌字句、反复考虑。引申为对问题的斟酌研究。

6 **旷学**：时停时学。旷，间隔。 **作辍**：时作时息。辍，中止、停止。

7 **浮薄:**空洞浅薄。浮,空虚不实。 **月露风云:**《隋书·李谔传》:“连篇累牍,不出月露之形;积案盈箱,唯是风云之状。”意思是说,浅薄的文章就像月下的露、风中的浮云,转眼即逝,不能长久。比喻无用的文字。

8 **典籍:**国家重要文献。亦统称各种珍贵的典册、书籍。 **兰台:**汉代宫内藏图书之处。以御史中丞掌管,后世因称御史台为兰台。 **石室:**古代收藏图书档案的处所。

9 **焚书坑儒:**秦始皇三十四年,博士淳于越反对郡县制,要求根据古制,分封子弟。丞相李斯主张禁止儒生以古非今,以私学诽谤朝政。秦始皇采纳李斯建议,下令除《秦记》、医药、卜筮、种树书外,焚毁民间所藏的《诗》《书》和百家书等。谈论《诗》《书》的处死,以古非今的灭族。禁止私学,欲学法令的以吏为师。次年,卢生、侯生等方士、儒生以秦始皇贪权专断,滥施刑罚为由,相约逃亡。秦始皇派御史查究,将四百六十多名方士和儒生坑死在咸阳,史称焚书坑儒。见《史记·秦始皇本纪》。

10 **唐太宗:**即李世民,唐代皇帝。爱好儒学,发展科举制度。 **开科取士:**开设科目以选拔人才。唐代选士于进士科外,复置秀才、明法、明书、明算诸科,科目多达五十余种。

原文

花样不同,乃谓文章之异[1];潦草塞责,不求辞语之精[2]。邪说曰异端,又曰左道[3];读书曰肄业,又曰藏修[4]。作文曰染翰操觚[5],从师曰执经问难[6]。求作文,曰乞挥如椽笔[7];羡高文,曰才是大方家[8]。竞尚佳章,曰洛阳纸贵[9];不嫌问难,曰明镜不疲[10]。

译文

花样不同,是说文章的风格各异;潦草塞责,是说不讲究文辞语句的精工。不合正统的学说叫作异端,又叫左道;读书专心研习学业,因此称为肄业,又称藏修。用笔作文,就说染翰操觚;从师求学,就说执经问难。求人写文章,常说请挥如椽大笔;羡慕人家文章质量高,便说真是大方家。争相推崇好文章,说是洛阳纸贵;不嫌弃别人请教多,说是明镜不疲。

注释

1 **花样不同：**本指织物不同的花纹式样，后泛指事物的不同式样或种类。这里指文章的不同风格。

2 **潦草塞责：**形容做事马虎，敷衍了事，不负责任。潦草，草率、不认真；塞，搪塞。

3 **邪说：**指不合正统的有害的学说或言论。 **异端：**古代儒家称其他持不同见解的学派为异端。后泛称不合正统者为异端。 **左道：**邪道。

4 **肄业：**修习学业。后称在校学习而未毕业为肄业。肄，研习、学习。 **藏修：**谓专心向学，使业不离身。

5 **染翰：**以笔蘸墨。指作文。翰，笔。 **操觚**（gū）**：**执持木简，指作文。操，持；觚，古代用来书写的木简。

6 **执经：**旧指手执经书，从师受业。 **问难**（nàn）**：**诘问辩驳，析疑解惑。

7 **如椽笔：**指重要的文字，或比喻高超的写作才能。

8 **大方家：**谓懂得大道的人。泛指见识广博或有专长的人。

9 **洛阳纸贵：**左思作《三都赋》，构思十年，赋成，不为时人所重。及皇甫谧为作序，张载、刘逵为作注，张华叹为："班（固）、张（衡）之流也。"于是富豪之家争相传写，洛阳为之纸贵。见《晋书·左思传》。后用洛阳纸贵形容文章风行一时，人以先睹为快。

10 **明镜不疲：**比喻人的智慧不会因使用而损害。《世说新语·言语》："（晋）孝武将讲《孝经》，谢公（谢安）兄弟与诸人私庭讲习。车武子苦难问谢，谓袁羊曰：'不问则德音有遗，多问则重劳二谢。'袁曰：'必无此嫌。'车曰：'何以知尔？'袁曰：'何尝见明镜疲于累照，清流惮于惠风？'"

原文

称人书架曰邺架[1]，称人嗜学曰书淫[2]。白居易生七月，便识之无二字[3]；唐李贺才七岁，

译文

邺侯家书达三万轴，因此称书架为邺架；皇甫谧读书忘记寝与食，因此称好学不倦的人为书淫。白居易出生才七个月，便认识"之无"二字；唐人李贺刚七岁，就写下一

作《高轩过》一篇[4]。开卷有益，宋太宗之要语[5]；不学无术，汉霍光之为人[6]。汉刘向校书于天禄，太乙燃藜[7]；赵匡胤代位于后周，陶谷出诏[8]。江淹梦笔生花，文思大进[9]；扬雄梦吐白凤，词赋愈奇[10]。李守素通姓氏之学，敬宗名为人物志[11]；虞世南晰古今之理，太宗号为行秘书[12]。

首《高轩过》诗。开卷有益，这是宋太宗赵炅的名言；不学无术，这是指西汉霍光的人品。西汉光禄大夫刘向在天禄阁校书，有自称太乙之精的老者叩阁而进，吹燃藜杖的一端为他照明；赵匡胤发动陈桥兵变要取代后周柴氏做皇帝，后周翰林陶谷心知肚明，便从袖中拿出早已暗中写好的禅让诏书宣读。南朝人江淹少孤贫好学，曾梦人授以五色笔，从此文才大有长进；西汉人扬雄梦见自己口吐白凤，此后诗词歌赋更为奇妙。唐代李守素精通姓氏学，时人称为行谱，许敬宗认为不雅，虞世南便更名为人物志；虞世南博学多才，明晰古今之理，唐太宗称呼他为行秘书。

注释

1 **邺架**：韩愈《送诸葛觉往随州读书》："邺侯家多书，插架三万轴。"邺侯，即唐人李泌，封邺侯。家里藏书三万册之多。后以此比喻藏书之多，也用来指书架。

2 **书淫**：旧时称嗜书成癖，好学不倦的人。

3 **白居易**：唐代著名诗人。相传白居易自小聪慧过人，才生七月，便识"之无"二字。

4 **李贺**：唐代著名诗人。字长吉。因避家讳，被迫不得应进士科考试。又因其多病早衰，生活困顿，诗中于世事沧桑、生死荣枯，感触尤多。善于熔铸词采，驰骋想象，运用神话传说，创造出新奇瑰丽的诗境，在诗史上独树一帜。传说李贺七岁就能作诗。

5 **开卷有益**：读书就有好处。王辟之《渑水燕谈录》："(宋)太宗日阅《御览》三卷，因事有缺，暇日追补之，尝曰：'开卷有益，朕不以为劳也。'" **宋**

太宗:即赵炅。北宋皇帝,太祖赵匡胤弟,原名匡义,后改光义,即位后改炅。

6 **不学无术:**《汉书·霍光传》:“然光不学无术,暗于大理。”原本说霍光不能学古,故所行不合于道。后泛指没有学问,没有本领。**霍光:**西汉大臣。

7 **刘向:**西汉经学家、目录学家、文学家。古时传说天神太乙曾为他吹杖端以照明。《三辅黄图·阁》:“刘向于成帝之末,校书天禄阁,专精覃思。夜有老人着黄衣,植青藜杖,叩阁而进见。向暗中独坐诵书,老父乃吹杖端烟然,因以见向,授五行洪范之文。”老父自称太乙之精,即天神中最尊贵的太乙神。后因以燃藜指夜读或勤学。

8 **赵匡胤:**即宋太祖,宋朝的建立者。后周世宗柴荣时任殿前都点检,领宋州归德军节度使,掌握兵权。柴荣死后,他趁周恭帝(柴宗训)年幼,于公元960年发动陈桥兵变,返师回朝,准备即帝位。但没有周恭帝的禅让诏书。而当时担任后周翰林学士、兵部侍郎的陶谷,早已看出赵匡胤的篡位用心,便将暗中写好的禅让诏书从衣袖中拿出宣读,赵匡胤便正式即位称帝。事见《宋史·太祖本纪》。

9 **江淹:**南朝梁文学家。少孤贫好学,曾梦人授以五色笔,才思大有长进,早年即以文章著名。晚年又梦见一个自称郭璞的人,索还其笔,自后作诗,再无佳句,人称江郎才尽。见《南史·江淹传》。后因以梦笔生花称文人才思日进。

10 **扬雄:**西汉文学家、哲学家、语言学家。葛洪《西京杂记》:“雄著《太玄经》,梦吐凤凰,集《玄》之上。”后因称擅长著作为吐凤。

11 **李守素:**唐初天策府仓曹参军李守素,精通姓氏之学,即谱学,时人号为行谱。许敬宗对虞世南曰:“李仓曹以善谈人物,得此名(行谱)不雅,宜改之。”世南曰:“昔任彦升,美谈经籍,称为五经笥,今目李仓曹为人物志可矣。”见《旧唐书·李守素传》。 **敬宗:**即许敬宗。字延族,唐代大臣。

12 **虞世南:**字伯施,唐初书法家、文学家。他博学多才,明晰古今之理。有一次唐太宗出行,有司请载书相随。太宗曰:“不须,虞世南在,此行秘书也。”见刘肃《大唐新语·聪敏》。后以行秘书比喻博闻强记的人。

原文

茹古含今，皆言学博[1]；咀英嚼华，总曰文新[2]。文望尊隆，韩退之若泰山北斗[3]；涵养纯粹，程明道如良玉精金[4]。李白才高，咳唾随风生珠玉[5]；孙绰词丽，诗赋掷地作金声[6]。

译文

茹古、含今，都是说人学识渊博；咀英、嚼华，常用来说人文章新颖。韩愈文章声望崇高，学者都把他当作泰山北斗来景仰；程颢道德修养高尚纯粹，人们称赞他纯粹如精金，温润如良玉。李白文才极高，脱口而出便是珍珠宝玉；孙绰的词章十分华丽，掷地有金石之声。

注释

1 **茹古含今**：比喻博学多闻，通晓古今。

2 **咀英嚼华**：指欣赏、体味诗文的精华。

3 **韩退之**：即韩愈。唐代文学家、哲学家。字退之，河南河阳人。他与柳宗元倡导了中唐时期的古文运动，是杰出的散文家，被列为“唐宋八大家”之首。他在中国古代文坛声望极高，被尊为泰山北斗。古代认为泰山在五岳中最高，北斗在众星中最明，因常以泰山北斗比喻众所崇仰的人。

4 **程明道**：即程颢，北宋哲学家、教育家。曾和弟程颐（世称伊川先生）学于周敦颐，同为北宋理学的奠基者，世称“二程”。 **良玉精金**：赞颂程明道道德高尚纯粹。程颐《明道行状》：“纯粹如精金，温润如良玉。”

5 **咳唾随风生珠玉**：比喻言谈的珍贵。亦用来比喻文字优美，谓出口即成佳句。咳唾，咳嗽吐唾沫，比喻谈吐、议论。

6 **孙绰**：东晋文学家。少爱隐居，以文才著称。曾作《天台山赋》，初成，以示友人范荣期，曰：“卿试掷地，当作金石声也。”见《晋书·孙楚传》。 **掷地作金声**：形容文章词藻优美，声调铿锵。

科　第[1]

导读

本篇开头由读书人进入府、州、县学读书导入，主要讲述科举时代官府考试的有关制度、办法，以及由此引出的各种说法，读后使人对封建时代的科举登第有了较全面的了解。

“有志者事竟成”“成丹者火候到”，篇末作者的寄望所在，是全篇的主旨。

原文

士人入学曰游泮，又曰采芹[2]；士人登科曰释褐，又曰得隽[3]。宾兴即大比之年[4]，贤书即试录之号[5]。鹿鸣宴，款文榜之贤[6]；鹰扬宴，待武科之士[7]。文章入式，有朱衣以点头[8]；经术既明，取青紫如拾芥[9]。其家初中，谓之破天荒[10]；士人超拔，谓之出头地[11]。

译文

读书人进入府、州、县学读书叫游泮，又称采芹；读书人应试登了进士科叫作释褐，又叫得隽。宾兴是三年一次考举人的乡试，即大比之年；贤书，就是登记考中举子的花名册。鹿鸣宴，唱《鹿鸣》之诗，是款待中选的文科举子的宴会；鹰扬宴，取鹰之飞扬意，是宴请考中的武举人。文章符合要求被选中，因为有朱衣人点头同意；儒家经典既已明了，取得官职就如同拾取草芥一般容易。某家第一次有人考中进士，称之为破天荒；读书人学识超群，称之为出头地。

注释

1 **科第**:根据科条,规定次第等级。原是汉代选拔、考核官吏的一种制度。后多指科举登第。

2 **入学**:明清童生经考试录取为秀才后入府、州、县学读书,称为入学或进学。入学后即归教官管教,并须按期参加考试。入学别称入泮、游泮或采芹。

3 **登科**:科举时代称考中进士为登科,亦称登第。唐制,举子放榜,只称及第,待选服官,由吏部复试,获中,方称登科。唐以后凡应试得中即称登科。 **释褐**:科举时代称新进士及第授官为释褐,即脱去布衣(平民服装)而换上官服。 **得隽**:应试及第。

4 **宾兴**:周代的选举法,自乡小学举贤能而宾礼之,以升入国学。科举时代,地方官设宴招待应举之士,谓之宾兴。后来就称乡试为宾兴。**大比**:周代每三年调查一次人口,并考查乡吏,称大比。隋唐以后泛指科举考试。明清两代特称乡试为大比。每隔三年举行一次,各县、州、府的应试者齐集省城,由朝廷派官主考。录取者称为举人。

5 **贤书**:本意是举荐贤能的名单。后因称乡试考中为登贤书。 **试录**:明清时,将乡试、会试中的举子姓名、籍贯、名次及优等的文章,刊刻进呈。见翟灏《通俗编·仕进》。

6 **鹿鸣宴**:为新科举子而设的宴会。由州县长官宴请考官、学政及中式诸生,起于唐代。因为宴会上要唱《诗经·小雅》中的《鹿鸣》之诗,所以取名鹿鸣宴。从唐至明、清一直相沿。

7 **鹰扬宴**:清代武科乡试放榜后,考官及考中武举者共同参加的宴会。所谓鹰扬,是取威武如鹰之飞扬的意思。

8 **入式**:即中式。科举考试被取录叫中式。亦指合符规格。 **朱衣点头**:相传宋代欧阳修主持贡院举试,每阅试卷,常觉座后有一朱衣人,朱衣人点头的,文章就合格。回头看,却又不见其人,因有"唯愿朱衣一点头"之句。见陈耀文《天中记》卷三十八引《侯鲭录》。后用为科举中选的代称。

9 **青紫**:本为古时公卿服饰颜色,因借指高官显爵。 **拾芥**:拾取地上的小草。比喻取之极易。芥,小草。

10 **破天荒:**唐制,凡是考进士的人,都由地方解送入京城。当时荆州南部地区四五十年竟没有一个考中。于是,人们称荆南地区为天荒。唐宣宗大中四年,荆南刘蜕考中了进士,总算破了天荒。刺史崔铉特给钱七十万贯为破天荒钱。后用以指前所未有的第一次出现。

11 **出头地:**《宋史·苏轼传》:"(轼)后以书见修(欧阳修),修语梅圣俞曰:'吾当避此人出一头地。'"意谓当让此人高出一头。后演化为成语出人头地,比喻高人一等。

原文

中状元,曰独占鳌头[1];中解元,曰名魁虎榜[2]。琼林赐宴,宋太宗之伊始[3];临轩问策,宋神宗之开端[4]。同榜之人,皆是同年[5];取中之官,谓之座主[6]。应试见遗,谓之龙门点额[7];进士及第,谓之雁塔题名[8]。

译文

中了状元,即殿试第一名,叫作独占鳌头;中了解元,即乡试第一名,就恭维说是名魁虎榜。皇帝在琼林苑赐宴新科进士,这是从宋太宗赵光义开始的;皇帝亲临殿前平台,用策议考问新进士,这是从宋神宗赵顼开始的。同在一榜被录取的人,都算是同年;主持考试的官员,称之为座主。应试没有考中,就像鲤鱼跃不过龙门,称之为龙门点额;进士登金榜,常题姓名于雁塔,称之为雁塔题名。

注释

1 **独占鳌头:**唐宋时期,皇帝大殿前有一块雕刻着龙和大龟(鳌)的大石板,科举进士发榜时,规定状元站在这里迎榜,因此称中状元为独占鳌头。见洪亮吉《北江诗话》。后亦用以指竞赛中获得第一名。

2 **名魁虎榜:**《新唐书·欧阳詹传》:"举进士,与韩愈、李观、李绛、崔群、王涯、冯宿、庾承宣联第,皆天下选,时称龙虎榜。"龙虎榜,简称虎榜,本为进士榜。而解元是乡试第一名,再于第二年春天参加会试、殿试,这是预贺人的恭维说法。

3 **琼林赐宴:**赐宴琼林苑,即琼林宴。皇帝赐新科进士的宴会。宋太平兴国二年赐宴新科进士于皇家园林琼林苑,因有琼林宴之名。见《宋史·选举志》。后一度改为闻喜宴,元、明、清称恩荣宴。

4 **临轩问策:**皇帝不坐正殿而亲临殿前平台,用策问考贡士。殿前堂陛之间,近檐处两边有栏杆,如车之轩,故亦称轩。熙宁三年,宋神宗(赵顼)亲至集英殿,试进士以策议而不用诗赋。见《宋史·选举志》。皇帝亲试贡士,称临轩策士。

5 **同年:**科举制度中同科考中的人唐代以同举进士为同年;明、清两代,乡试、会试同时考中的人都称同年。

6 **座主:**进士主考官。

7 **龙门点额:**郦道元《水经注·河水》:"(鲤鱼)则上渡龙门,得渡为龙矣,否则点额而还。"后因称仕路失意或科场落第为点额。

8 **雁塔题名:**唐代新进士在曲江宴会以后,常题名于慈恩寺内的雁塔。见王定保《唐摭言·慈恩寺题名游赏赋咏杂记》。后因用为考中进士的代称。

原文

贺登科,曰荣膺鹗荐[1];入贡院,曰鏖战棘闱[2]。金殿唱名曰传胪[3],乡会放榜曰撤棘[4]。攀仙桂,步青云,皆言荣发[5];孙山外,红勒帛,总是无名[6]。英雄入吾彀,唐太宗喜得佳士[7];桃李属春官,刘禹锡贺得门生[8]。

译文

恭贺别人登科,常说荣膺鹗荐;进入贡院考场,说是鏖战棘闱。皇帝在金殿宣读登第进士的名次,叫作传胪;乡试、会试发榜公布结果,称为撤棘。攀仙桂、步青云,都是说人因科举高中而荣耀发达;孙山外、红勒帛,都是说人科举落第而榜上无名。天下英雄入吾彀中,这是唐太宗看到新科进士时的得意感慨;满城桃李属春官,这是放榜后刘禹锡恭贺礼部长官得到一批新门生。

注释

1 **鹗荐:**后汉孔融上表荐祢衡曰:“鸷鸟累百,不如一鹗。使衡立朝,必有可观。”见《后汉书·祢衡传》。后因称举荐人才为鹗荐,荐书为鹗书。

2 **贡院:**科举时代的试院。清代贡院两旁建号舍,以供应试者居住,北京及大省凡万余间,小省则数千间。以数十间至百间为一列,形如长巷,每巷用《千字文》编列号数(如“天”字第几号)。应试者入内即封号栅,俟交卷日方开。为了防止放榜时士子喧闹以及考试时传递作弊,历代都在试院的围墙上插上荆棘,使人不能爬越。因此试院又称棘闱、棘院。

3 **传胪:**科举制度中,在殿试后由皇帝宣布登第进士名次的典礼。其制始于宋代。古代以上传语告下为胪,即唱名之意。见赵昇《朝野类要·唱名》。又明代二三甲第一名称传胪,至清代则专称二甲第一名为传胪。

4 **撤棘:**科举时代,考试时为示严密,于试院围墙上遍插棘枝,至放榜后始撤去,因称考试放榜结束为撤棘。

5 **攀仙桂:**神话说月中有桂树,后因以攀仙桂、攀桂、折桂指科举登第。 **步青云:**青云,原指高官厚禄,后借指科举中式。

6 **孙山外:**范公偁《过庭录》载,相传吴人孙山和同乡的儿子去赴考,孙山考取最后一名。回到家乡,同乡向他打听儿子考取了没有。孙山说:“解名尽处是孙山,贤郎更在孙山外。”后来就用名落孙山或孙山外称考试不中。 **红勒帛:**宋代刘幾作文,好为怪险之语,欧阳修深恶之。后来刘幾应考,适逢欧阳修做考官。有一举人论曰:“天地轧,万物茁,圣人发。”公曰:“此必刘幾也。”就用红笔在试卷上打一个大横杠,全部抹掉,判为“大纰缪”。榜出,果为刘幾。见沈括《梦溪笔谈·人事》。后因称用红笔涂抹文章为红勒帛,简称红勒。

7 **英雄入吾彀**(gòu)**:**王定保《唐摭言·述进士》:“(唐太宗)尝私幸端门,见新进士缀行而出,喜曰:‘天下英雄入吾彀中矣!’”彀中,弓弩射程所及的范围,用以比喻掌握之中。彀,张满弓弩。

8 **桃李属春官:**刘禹锡《宣上人远寄和礼部王侍郎放榜后诗因而继和》:

“礼闱新榜动长安，九陌人人走马看。一日声名遍天下，满城桃李属春官。”桃李，比喻所栽培的门生或所举荐的人才；春官，古称礼部为春官，掌典礼，主持考试。

原文

薪，采也；槱，积也；美文王作人之诗，故考士谓之薪槱之典[1]。汇，类也；征，进也；是连类同进之象，故进贤谓之汇征之途[2]。赚了英雄，慰人下第[3]；傍人门户，怜士无依[4]。虽然，有志者事竟成，伫看荣华之日[5]；成丹者火候到，何惜烹炼之功[6]。

译文

“薪”是采木作柴，“槱”是聚积木柴以备燃烧，“薪之槱之”是《诗经》中赞美周文王善于选拔和任用人才的诗句，所以后来就把考试称之为薪槱之典；“汇”是聚集同类，“征”是进取，《易·泰》中的卦辞“以其汇，征吉”，讲的就是连类同进的卦象，所以后世就把举荐贤人称之为汇征之途。赚了英雄，是对落榜人的一种安慰说法；傍人门户，是对读书人无依无靠的怜惜言辞。虽然这样，怀有大志的人事业终将成功，定能看到他荣华富贵的一天；火候到了仙丹自然就能炼成，万万不能吝惜烹炼的功夫。

注释

1 **作人：**培育人才。**薪槱之典：**《诗经·大雅·棫朴》：“芃芃棫朴，薪之槱之。济济辟王，左右趣之。”《毛序》：“《棫朴》，文王能官人也。”意思是说，这是一首歌颂周文王善于选拔和任用人才的诗。后来就称考试为薪槱之典。薪，采木作柴；槱(yǒu)，聚积木柴以备燃烧。

2 **汇征之途：**《易·泰》：“初九，拔茅茹，以其汇，征吉。”意思是说，初九，拔起一把茅草，因为它们的根连在一起，所以找它时要根据它们的种类，往前行进是吉祥的。汇，聚集同类；征，进取。后因以汇征之途称举荐贤人。 **象：**卦象。

3 **赚了英雄：**唐制，进士科甚重，老死于文场者亦无限。时人云：“太宗皇帝真长策，赚得英雄尽白头。”见王定保《唐摭言》。

4 **傍人门户：**投靠权贵，不能自立。

5 **有志者事竟成：**有志气的人，最后一定成功。竟，终于。

6 **成丹者火候到：**火候到了仙丹自然就能炼成。成丹，指道家将朱砂等药物贮于鼎内用火炼成丹药。火候，指道家炼丹时对火力文武大小久暂的节制。

制 作

导读

传说远古时代用绳子打结来记事，大事打大结，小事打小结，后来黄帝的史官仓颉创造文字代替了结绳。本篇紧扣“制作”二字，从远古时代的结绳记事写起，接着写前前后后有关制作的事是怎样发生的。伏羲怎样画成八卦，大禹怎样写成治理天下的九类大法；上古神农尝百草，后世承传为书，叫作《神农本草》；舜帝的农官后稷种百谷，吃粮才有了依靠；周公姬旦制作了指南车，南朝钱乐制作了浑天仪……道出各种事物的由来，令人大开眼界。

“凡今人之利用，皆古圣之前民”，篇末结语总结全文，表达了作者对古圣先民的敬仰之情。

原文

上古结绳记事[1]，苍颉制字代绳[2]。龙马负图，伏羲因画八

译文

传说上古用绳子打结的办法帮助记事，黄帝的史官仓颉创造文字代替了结绳。相传伏羲时有龙马载着图从黄河中浮出来，伏羲便依

卦[3]；洛龟呈瑞，大禹因列九畴[4]。历日是神农所为[5]，甲子乃大挠所作[6]。算数作于隶首[7]，律吕造自伶伦[8]。甲胄舟车，系轩辕之创始[9]；权量衡度，亦轩辕之立规[10]。

据河图上的阴阳文画成了八卦；传说大禹治水时有神龟负文从洛水中出现，大禹就依据洛书写成了治理天下的九类大法。日历正节气、审寒暑，是神农创制的；用天干、地支相配来纪日，是黄帝史官大挠发明的。计算方法是黄帝的臣子隶首所作，音乐的六律六吕是黄帝的乐师伶伦所创。甲、胄、舟、车，是轩辕氏的首创；计量轻重、多少、长短的器具，也是轩辕氏定下的规矩。

注释

1 **上古**：远古，指有文字以前的时代。如与中古并提时，一般指秦汉以前。 **结绳**：指文字产生前的一种帮助记忆的方法。用绳子打结以记事，相传大事打大结，小事打小结。

2 **苍颉**：即仓颉。相传为黄帝史官，汉字创造者。文字不可能由一人独创，仓颉可能是古代整理文字的一个代表人物。

3 **龙马负图**：传说伏羲氏时，有龙首马身的神马在黄河中出现，背负河图。伏羲根据图画成八卦，就是后来《易经》的来源。 **伏羲**：一作宓羲、皇羲。神话中人类的始祖。传说人类由他和女娲氏兄妹相婚而产生，八卦出于他的制作。 **八卦**：亦称八经卦。包括乾、坤、震、巽、坎、离、艮、兑。《易经》六十四卦皆由八卦两两相重组成。《易传》作者认为八卦主要象征天、地、雷、风、水、火、山、泽八种自然现象，每卦又象征多种事物，并认为“乾”“坤”两卦在八卦中占有特别重要的地位，是自然界和人类社会一切现象的根源。

4 **洛龟呈瑞**：传说大禹治水时有神龟从洛水出现，背负洛书，大禹据此写成治理天下的九类大法。 **畴**：类。

5 **历日**：《事物纪原·正朔历数部》：“畴昔神农正节气、审寒温，以为早晚之期，故立历日。”犹日历。 **神农**：传说中的古帝名，古史又称炎帝。

6 **甲子**：甲居天干首位，子居地支首位。干支依次相配，如甲子、乙丑之类，统称甲子。古人主要用以纪日，后人主要用以纪年，故常以甲子指岁月、年龄。 **大挠：**黄帝史官，相传他始作甲子。

7 **算数：**计数之术，即计算方法。 **隶首：**人名。相传为黄帝之臣。

8 **律吕：**音乐术语。六律、六吕的合称，即十二律。传说是黄帝的乐师伶伦所创。

9 **轩辕：**即黄帝。古史传说姓公孙。居于轩辕之丘，故名轩辕。相传铠甲、头盔、舟、车均为黄帝始创。

10 **权量衡度：**权，秤锤；量，计量物体多少（如升、斛）的容器；衡，秤杆，计量轻重（如两、斤）的器具；度，计量长短（如尺、丈）的标准。 **立规：**定下的规定。

原文

伏羲氏造网罟，教佃渔以赡民用[1]；唐太宗造册籍，编里甲以税田粮[2]。兴贸易，制耒耜，皆由炎帝[3]；造琴瑟，教嫁娶，乃是伏羲[4]。冠冕衣裳，至黄帝而始备[5]；桑麻蚕织，自元妃而始兴[6]。神农尝百草，医药有方[7]；后稷播百谷，粒食攸赖[8]。燧人氏钻木取火，烹饪初兴[9]；有巢氏构木为巢，宫室始创[10]。

译文

伏羲氏制造了网，教人打猎、捕鱼来供应百姓的食用；唐太宗造户籍登记丁口和田亩，设置里甲来征收田粮税。实行货物交易，制作农具，都是从炎帝开始；制造琴瑟乐器，教人婚嫁礼节的是伏羲。帽子服装，到黄帝时才开始完备；养蚕织布，到黄帝的元妃嫘祖才开始兴起。神农氏遍尝百草，这才有了药方；舜帝的农官后稷播种百谷，吃粮才有了依靠。燧人氏钻木取火，烹饪的方法才开始兴起；有巢氏架木做巢，房屋才开始创建。

注释

1 **网罟(gǔ)：**用绳线结成的捕鱼或鸟兽的用具。罟，网的总称。 **教佃渔以赡民用：**教人狩猎、捕鱼来供百姓食用。佃，通“畋(tián)”，打猎。

2 **唐太宗造册籍**:唐高祖武德二年,制定租庸调法,向受田课丁征收田租、力庸、户调三种赋役。对开征办法和数量都有明确的规定。见《旧唐书·食货志上》。册籍,簿册,这里指户籍和田亩册。唐初每年一造计账,三年一造户籍,划定十六岁为中,二十一岁为丁。 **里甲**:里,古时居民聚居的地方,周时二十五家为里。至于里甲,则是明代开始设立的州县的基层组织。一百一十户为里,十户为甲。

3 **兴贸易,制耒耜**(lěi sì):《易·系辞下》:"(神农氏)斫木为耜,揉木为耒,耒耨之利,以教天下……日中为市,致天下之民,聚天下之货,交易而退,各得其所。"耒耜,古代耕地翻土的工具。后亦以耒耜泛称农具。耒是耒耜的柄,耜是耒耜的铲。

4 **造琴瑟**:琴瑟,两种古乐器名。相传为伏羲始作。一说神农作琴,伏羲作瑟。 **教嫁娶**:女婚为嫁,男婚为娶。这里是说伏羲最先制定婚嫁的礼节。

5 **冠冕衣裳**:帽子衣服。《易·系辞下》:"黄帝、尧、舜垂衣裳而天下治。"意思是说,从黄帝开始,改变过去那种穿羽皮草木的御寒习惯,而穿上丝麻布帛长垂的衣裳。

6 **桑麻蚕织**:《史记·五帝本纪》:"黄帝居轩辕之丘,而娶于西陵之女,是为嫘祖。嫘祖为黄帝正妃。"传说嫘祖是我国养蚕治丝方法的创造者。自南朝宋元嘉以来,历代封建王朝皆设先农坛,祀嫘祖为先蚕(蚕神)。

7 **神农尝百草**:传说上古神农见民有疾病,不知药石,他便"尝百草之滋味……一日而遇七十毒"。见《淮南子·修务训》。"神农尝草,殆死者数十。"见《弘明集·理惑论》。《通志·三皇纪》载,他最终得到三百六十种药物,以应周天之数,后世承传为书,谓之《神农本草》。神农尝百草的传说,史书上记载最多,流传也最广。

8 **后稷播百谷**:《尚书·舜典》:"(舜)帝曰:'弃,黎民阻饥,汝后稷,播时百谷。'"后稷,古代周族始祖。善于种植粮食作物,为舜的稷官,主管农事,教民耕种。周族认为他是开始种稷、麦的人。 **攸赖**:所依赖。攸,所。

9 **燧人氏：**古帝名，传说中钻木取火的发明者。 **烹饪：**烧煮食物。

10 **有巢氏：**传说中构木为巢而居的创始者。《韩非子·五蠹》说，远古时代，为了避免野兽侵袭，有巢氏教民构木为巢，居住在树上。

原文

夏禹欲通神祇，因铸镛钟于郊庙[1]；汉明尊崇佛教，始立寺观于中朝[2]。周公作指南车，罗盘是其遗制[3]；钱乐作浑天仪，历家始有所宗[4]。阿育王得疾，因造无量宝塔[5]；秦始皇防胡，特筑万里长城[6]。叔孙通制立朝仪[7]，魏曹丕秩序官品[8]。周公独制礼乐[9]，萧何造立律条[10]。

译文

大禹想要表示对天地神祇的诚心，因而在郊庙铸造了大钟；汉明帝尊崇佛教，开始在中国建立寺庙。周公姬旦制作了指南车，后世的罗盘就是它遗留下来的式样；南朝钱乐制作了浑天仪，后世历法家这才有所遵循。古印度阿育王得了病，因而建造佛塔八万四千座，佛家称为无量宝塔；秦始皇为了防御匈奴南侵，将秦、赵、燕三国的北边长城连贯为一，俗称万里长城。西汉博士叔孙通，带领儒生共同制定了朝廷礼仪；魏文帝曹丕，采纳陈群的建议，建立了选拔官吏的九品中正制。周公姬旦亲自制定了周朝的礼乐，西汉萧何主持制定了汉朝的律例科条。

注释

1 **夏禹：**传说中古代部落联盟领袖。传说他为了祭祀天地神灵，在郊庙铸有镛钟。 **镛钟：**大钟。 **神祇：**天地神灵的总称，在天为神，在地为祇。

2 **汉明：**即东汉明帝刘庄，光武帝子。相传曾遣使往天竺（古印度别称）求佛经像，时以白马驮来，故立白马寺于洛阳，是为佛教传入中国之始。见《后汉书·西域传》。 **寺观**(guàn)**：**佛寺和道观。僧人所居称寺，道士所居称观。 **中朝：**指中国。

3 **周公：**西周初年政治家，即姬旦。周文王子，武王弟。采邑在周，故称周公。关于作指南车事，史籍记述不一。传说黄帝与蚩尤战于涿鹿之野，蚩尤作大雾,将士皆迷四方,黄帝遂造指南车以指方向。又周初越裳氏来朝,使者迷其归路,周公赐軿车以指南。东汉张衡、魏马钧、南齐祖冲之都有造指南车之事。参阅崔豹《古今注·舆服》《宋书·礼志》《晋书·舆服志》。 **罗盘:**航海用的指南针。静止时,大致指南、北方向。在中国,宋朝的海船上已用罗盘辨别方向。又旧时风水先生用来观测风水的器具,也称罗盘。

4 **钱乐作浑天仪:**浑天仪,我国古代观测天体位置的仪器,类似现在的天球仪。为东汉张衡所造。传至魏晋,中原覆败,沉浸于北方。晋义熙中,武帝平长安,得衡旧仪。仪状虽举,不缀经星七曜。宋元嘉中,诏钱乐更铸。后又作小浑天仪。钱乐,南朝宋人,官太史令。见《宋书·天文志》。

5 **阿育王:**古印度摩揭陀国孔雀王朝国王。在位期间立佛教为国教,并广建寺塔。佛家称阿育王所建佛塔为无量宝塔。传说他得病后,以神力分佛舍利于诸鬼神,造八万四千塔,遍布世界,都同日而就。见《魏书·释老志》。

6 **万里长城:**秦始皇(嬴政)灭六国完成统一后,为防御匈奴南侵,于公元前214年将秦、赵、燕三国的北边长城予以修缮,连贯为一。故址西起临洮,北傍阴山,东至辽东,俗称万里长城,至今犹有遗迹残存。见《史记·秦始皇本纪》。

7 **叔孙通:**汉初薛县人。汉朝建立,与儒生共立朝仪,刘邦以为"今日始知为皇帝之贵"。 **朝仪:**本古代帝王临朝的典礼,后亦称人臣朝君的礼仪为朝仪。

8 **曹丕:**曹操次子。操死,他袭位为魏王。不久代汉称帝,为魏文帝,都洛阳,国号魏。 **秩序官品:**即实行九品中正制。魏晋南北朝时保证世族特权的官僚选拔制度。东汉末,曹操当政,提倡唯才是举。献帝延康元年,曹丕采纳吏部尚书陈群的建议,推荐各郡有声望的人,出任中正,将当地士人按才能分别评定为九等(九品),政府按等选用,谓之"九品官人法",仍保持曹操用人"不计门第"的原则。见《三国志·魏书·陈群传》。

9 **周公独制礼乐**:《礼记·明堂位》:“武王崩,成王幼弱,周公践天子之位以治天下。六年,朝诸侯于明堂,制礼作乐,颁度量而天下大服。”

10 **萧何造立律条**:萧何,汉初大臣。定律令制度,所作《九章律》,今佚。律条,律例科条,即法令。

原文

尧帝作围棋,以教丹朱[1];武王作象棋,以象战斗[2]。文章取士,兴于赵宋[3];应制以诗,起于李唐[4]。梨园子弟,乃唐明皇作始[5];《资治通鉴》,乃司马光所编[6]。笔乃蒙恬所造[7],纸乃蔡伦所为[8]。凡今人之利用,皆古圣之前民[9]。

译文

传说尧帝制作围棋,教不肖子丹朱下棋,以闲其情;相传周武王制作象棋,进退攻守,用来象征战争。凭文章选拔人才,从赵氏的宋朝开始;用诗赋取士,开始于李氏的唐朝。梨园子弟,是从唐明皇开始的;《资治通鉴》,是北宋司马光主持编撰的。传说毛笔是秦时名将蒙恬制作的,纸是东汉宦官蔡伦发明的。凡属今人所使用的物品,都是古圣先民的创造。

注释

1 **尧帝作围棋**:相传尧帝之子丹朱不肖,傲慢荒淫,尧帝便制作围棋,以闲其情。见张华《博物志》。

2 **武王**:即周武王姬发,文王之子,西周王朝的建立者。 **象棋**:中国传统棋种,相传为周武王作。历史悠久,棋制多有变迁。近代象棋定型于北宋末南宋初,其时即甚流行。

3 **文章取士**:宋神宗时,从王安石之议,更改科举法,罢诗赋、帖经、墨义,专以经义策论试士,试义者须通经有文采乃为中格。见《宋史·选举志》。因宋代系赵氏王朝,故称赵宋。

4 **应制以诗**:指奉皇帝之命作诗。制,皇帝的命令。

5 **梨园子弟**:唐玄宗(即唐明皇)曾选乐工三百人,宫女数百人,教授乐曲于梨园,亲自订正声误,号“皇帝梨园子弟”。见《新唐书·礼乐志》。

后世因称戏班为梨园，戏曲演员为梨园子弟。

6 **《资治通鉴》：**北宋司马光领衔编撰。二百九十四卷，又考异、目录各三十卷，为编年体通史。上起战国，下终五代，共一千三百六十二年。从英宗治平三年开始编撰，至神宗元丰七年完成，历时十九年。神宗以"鉴于往事，有资于治道"，命名为《资治通鉴》。 **司马光：**北宋大臣、史学家。

7 **蒙恬：**秦时名将。张华《博物志》说毛笔为蒙恬所造。崔豹《古今注》则说，秦以前已有笔，蒙恬不过是对毛笔加以改良而已。

8 **蔡伦：**东汉造纸术发明家。桂阳郡人，字敬仲。他总结前人经验，始用树皮、麻头、破布等原料造纸，世称"蔡伦纸"。今湖南耒阳北有蔡伦宅，传即当时造纸处。

9 **前民：**开创的前人。

技　艺

导读

医生从事"岐轩之术"，堪舆家指风水先生，星士指算命的人，丹青师傅称绘画的人，相士叫"大风鉴"，木匠称"大工师"。在本篇看来，医生、风水先生、画家、算命先生、相士、木匠等人所掌握的专项技能，都被称作技艺。

汉初陈平制作木偶美人在城上起舞，从而替为匈奴冒顿所困的刘邦解了围；三国时诸葛亮制作木牛流马，巧妙地为刘备运送粮食。篇末列举古人的精妙技巧，说明技巧在使用上的价值。

原文

医士业岐轩之术，称曰国手[1]；地师习青乌之书，号曰堪舆[2]。卢医扁鹊，古之名医[3]；郑虔崔白，古之名画[4]。晋郭璞得《青囊经》，故善卜筮地理[5]；孙思邈得龙宫方，能医虎口龙鳞[6]。善卜者，是君平、詹尹之流[7]；善相者，即唐举、子卿之亚[8]。推命之人曰星士[9]，绘画之士曰丹青[10]。

译文

医生从事于岐轩之术，称为国手；风水先生读青乌子的书，号称堪舆家。战国时家住卢国的医生扁鹊，是古代著名的医生；唐代的郑虔和北宋的崔白，都是古代著名的画家。东晋郭璞得到师傅郭公的《青囊经》，所以精通天文、卜筮、堪舆之术；唐代孙思邈得到了龙王赠送的水府药方，因此能够医治虎口龙鳞。善于占卜的人，有严君平、郑詹尹这一类人；擅长看相的人，是唐举、姑布子卿这一辈人。算命的人叫作星士，绘画的人称作丹青师傅。

注释

1 **岐轩之术：**即中医学。岐轩，岐伯与轩辕黄帝的合称。岐，岐伯，古名医，黄帝之臣。相传轩辕曾与岐伯论医而作《内经》。因此后世称岐轩或岐黄为医家之祖，称医药学和医术为岐轩之术或岐黄之术。见《称谓录·医》引《帝王世纪》。 **国手：**一国中某项技艺出众的人。

2 **地师：**即堪舆家，指相地看风水的迷信职业者，俗称风水先生。**堪舆：**即风水，迷信术数的一种，指住宅基地或坟地的形势，也指相宅、相墓之法。“堪”为高处，“舆”为下处。认为风水与祸福有关。 **青乌之书：**青乌子是传说中的堪舆名师，后世以“青乌”一词作为堪舆的雅称。

3 **扁鹊：**战国时医学家。渤海郡鄚人。原名秦越人，因医术高明，所以人们把他比作传说中轩辕黄帝时代的神医扁鹊，尊称为扁鹊先生。因家在卢国，所以又名卢医。后因诊治秦武王病，被秦太医令李醯妒忌杀害。见《史记·扁鹊列传》。

4 **郑虔：**唐代画家。擅书画，曾将其书画呈献玄宗，玄宗署曰：“郑虔(诗、书、画)三绝。”见《新唐书·文艺传》。 **崔白**:北宋画家。擅画花竹、禽鸟,尤工秋荷凫雁,也画人物、佛道、鬼神、走兽、山林。见郭若虚《图画见闻志》。

5 **郭璞**:东晋文学家、训诂学家。博学,好古文奇字,又喜阴阳卜筮之术。《晋书·郭璞传》:“有郭公者,客居河东,精于卜筮。璞从之受业。公以青囊中书九卷与之,由是遂洞五行、天文、卜筮之术。”后世堪舆术士有《青囊经》,原题《九天玄女青囊海角经》,前有托名郭璞序。

6 **孙思邈**:唐代医学家。沈汾《续仙传》载,传说他曾救治的一条青蛇是龙王之子,龙王便召他进龙宫,赠给水府药方三十首。段成式《酉阳杂俎》说,孙思邈曾为病龙点鳞,为虎取出吞进的金钗。

7 **君平**:即严光,西汉隐士。成帝时,卜筮于成都市,日得百钱即闭门讲授《老子》,著书十余万言。 **詹尹**:即郑詹尹。战国时为卜筮官之长(太卜)。

8 **唐举**:战国时梁人。善相术。也作唐莒。 **子卿**:春秋时赵国相士,姓姑布,字子卿。曾给孔子和赵襄子看过相。 **亚**:同一类的人或物。

9 **星士**:替人占算命运的术士。

10 **丹青**:中国古代绘画常用朱红、青色,故称画为丹青。也泛指绘画艺术。民间称画工为丹青师傅。

原文

大风鉴,相士之称[1];大工师,木匠之誉[2]。若王良、若造父,皆善御之人[3];东方朔、淳于髡,系滑稽之辈[4]。称善卜卦者,曰今之鬼谷[5];称善记怪者,曰古之董狐[6]。称诹日之人曰太史[7],称书算之人曰掌文[8]。掷

译文

大风鉴,是称相士;大工师,是赞美木匠。像赵简子的车夫王良,像周穆王的车夫造父,都是善于驾车驭马的人;西汉时的东方朔,战国时的淳于髡,都是博学善辩的一类人。称擅长卜卦的人,说是今天的鬼谷;称善于搜集记录神怪之事的人,说是古代的董狐。称呼选择吉日的人叫太史,称呼书写推算的人叫掌文。赌博的人投掷骰子时,大着嗓门喝白呼黑;擅长射箭的人,

骰者，喝雉呼卢[9]；善射者，穿杨贯虱[10]。

能百步之外射穿杨柳叶，能从虱心穿过。

注释

1 **风鉴**：本指凭风貌品评人物，后指相人之术。

2 **工师**：官名。春秋时齐、鲁等国设置，战国时各国沿置。掌百工和官营手工业。后用以称誉木匠。

3 **王良、造父**：古代善于驾车驭马的人。王良是春秋时晋国赵简子的车夫。造父是周穆王的车夫。传说曾取骏马以献穆王，穆王使造父御，西巡狩，乐之忘归。乃赐造父以赵城，由此为赵氏。见《史记·赵世家》。

4 **东方朔**：西汉文学家。武帝时为太中大夫。性诙谐滑稽，以奇计俳辞得亲近，为武帝弄臣。 **淳于髡**：战国时齐国人。姓淳于，曾受髡刑（剃去头发之刑），因称淳于髡。以博学、滑稽、善辩著称。 **滑稽**：谓能言善辩，言辞流走无滞竭。一说，滑，乱的意思；稽，同的意思。谓"辨捷之人，言非若是，说是若非，能乱异同"。见《史记·滑稽列传》司马贞索隐。

5 **鬼谷**：即鬼谷子。相传战国时楚人，姓名传说不一。隐于鬼谷，因号鬼谷子或鬼谷先生。长于养性持身和纵横捭阖之术，著《鬼谷子》一卷。

6 **记怪**：搜集记录神怪之事。 **董狐**：春秋时晋国史官，世袭太史职。晋灵公十四年，晋卿赵盾因避灵公杀害而出走，未出境，其族人赵穿杀灵公。董狐认为责在赵盾，在史册上书"赵盾弑其君"，孔子誉为良史。见《左传·宣公二年》。后世因以董狐为直书不讳的良史的代称。

7 **诹**(zōu)**日**：选择吉日。 **太史**：官名。商末、西周、春秋时掌起草文书，策命诸侯卿大夫，记载史事，编写史书，兼管国家典籍、天文历法、祭祀等。秦汉设太史令。魏晋以后，太史仅掌推算历法。明清两代均称钦天监。

8 **掌文**：犹掌记。掌管文书记载，古代官名。

9 **骰**(tóu)：博具。用骨或木制成，成正立方体，六面分别刻一点至六点之数，由参与者所掷得的点数决定胜负。传说为三国魏曹植所创。 **喝**

雉呼卢：旧时赌徒赌兴正酣时的样子，亦指赌博。雉（白点子）、卢（黑点子），古时樗蒲骰子掷出的两种采。

10 **穿杨：**《战国策·西周策》："楚有养由基者，善射，去柳叶者百步而射之，百发百中。"能在百步之外射穿选定的某一片杨柳叶子，形容射箭技术很高明。 **贯虱：**《列子·汤问》："昌（纪昌）以牦悬虱于牖，南面而望之。旬日之间，浸大也；三年之后，如车轮焉。以睹余物，皆丘山也。乃以燕角之弧，朔蓬之簳射之，贯虱之心而悬不绝。"箭能从虱心穿过，射技实在高超。

原文

樗蒲之戏，乃云双陆[1]；橘中之乐，是说象棋[2]。陈平作傀儡，解汉高白登之围[3]；孔明造木牛，辅刘备运粮之计[4]。公输子削木鸢，飞天至三日而不下[5]；张僧繇画壁龙，点睛则雷电而飞腾[6]。然奇技似无益于人[7]，而百艺则有济于用[8]。

译文

樗蒲这种古代的博戏，说的就是后来的双陆；橘中的乐趣，说的就是下象棋。陈平制作木偶美人在城上起舞，从而替被匈奴冒顿困在白登山上的刘邦解了围；孔明出祁山伐魏时制作木牛流马，从而帮刘备设计了运送粮食的巧妙办法。公输般削木为鸢，能飞到天上三天不下来；张僧繇在墙上画龙，一点眼睛就雷鸣电闪，破壁腾空飞去。虽然技艺过于奇巧，对人好像没有益处，但各种技艺在使用上都是有价值的。

注释

1 **樗（chū）蒲：**古代博戏。以掷骰决胜负，得采有卢、雉、犊、白等称。看掷得的骰色而定。起于汉魏，盛行于晋。见李肇《国史补》。 **双陆：**一称"双六"。古代博戏，局如棋盘，左右各有六路。子称作"马"，黑白各十五枚，两人相博，骰子掷采行马，白马从右到左，黑马反之，先出完者为胜。始于天竺，流行于曹魏。

2 **橘中之乐：**象棋游戏的别称。牛僧孺《玄怪录》载："有巴邛人，不知姓，家有橘园生有两大橘。剖开,每橘有二老叟,皆相对象戏。”后遂称象棋为橘中戏,称下象棋为橘中乐。

3 **陈平:**汉初阳武人。汉朝建立,封曲逆侯。传曾为刘邦六出奇计。汉七年,汉高祖讨伐韩王信于代,至平城白登山,为匈奴冒顿所围,七日不得食。其一面为冒顿妻阏氏兵,陈平访知阏氏妒忌,即造木偶美人,运机关,舞城上,阏氏望见,认为是活人,担心城破后冒顿必纳伎女为妾,遂退军,因而解了白登之围。

4 **孔明:**诸葛亮,字孔明,三国时蜀汉政治家、军事家。相传诸葛亮曾六出祁山伐魏,做木牛流马运粮。

5 **公输子:**我国古代著名工匠。姓公输,名般,春秋时鲁国人,故又称鲁班。历代木工都尊他为祖师。相传他曾用木制成像鸟的飞行器,即木鸢,以窥宋城,飞三日不下。见张鷟《朝野佥载》。

6 **张僧繇(yóu):**南朝梁画家。张彦远《历代名画记》:“(梁)武帝崇饰佛寺,多命僧繇画之……金陵安乐寺四白龙,不点眼睛,每云:‘点睛即飞去。’人以为妄诞,固请点之。须臾,雷电破壁,两龙乘云腾去上天,二龙未点眼者见在。”

7 **奇技似无益于人:**《庄子·列御寇》:“朱泙漫学屠龙于支离益,单(殚)千金之家,三年技成而无所用其巧。”朱泙漫、支离益,均为虚设人名。

8 **济:**有益,有利。

讼狱

导读

本篇介绍古代有关打官司(讼)与刑罚(狱)方面的常识,如乡里的监牢叫"岸",朝廷的监牢叫"狱";"释纷"指替别人解除诉讼,"嫁祸"指被别人栽赃冤枉。读后自然使人大长见识。篇末结语总结全篇,有理有力,体现了作者的一片苦心。篇中所谈到的"请君入瓮"的故事,可以说是古代讼狱的典型。周兴和来俊臣都是武则天的酷吏。一次,有人用密信告发周兴与人联络谋反,武则天大怒,便命来俊臣查办。来俊臣知道周兴奸狡,就办了一桌酒席邀请他。席间,来俊臣问:"如果囚犯死不认罪,怎么办?"周兴说:"这很容易。找一个大坛子,用炭火在四周烤,然后让囚犯进去,他就什么事都会承认的。"来俊臣就照周兴说的做准备,并对周兴说:"有人密告你谋反,就请老兄钻进瓮里吧。"周兴十分恐惧,连忙磕头认罪。

原文

世人唯不平则鸣[1],圣人以无讼为贵[2]。上有恤刑之主,桁杨雨润[3];下无冤枉之民,肺石风清[4]。虽囹圄便是福堂[5],而画地亦可为狱[6]。与人构讼,曰鼠

译文

百姓只要遇到不公平的事就会发出不满的呼声,圣人以人世间没有官司可打为可贵。上有慎用刑罚的君主,罪犯被感化向善,如同雨露滋润万物;下面没有受冤枉的百姓,喊冤人所站的肺石就显得冷清了。虽然幽苦能使人弃恶从善,牢狱可能成为福堂;但上古民风淳朴,在地上画个圈也能算作监牢。与

牙雀角之争[7];罪人诉冤,有抢地吁天之惨[8]。狴犴猛大而能守,故狱门画狴犴之形[9];棘木外刺而里直,故听讼在棘木之下[10]。

人结怨打官司,说是鼠牙雀角的争斗;罪人申诉冤情,常有抢地吁天的惨状。狴犴生得勇猛肥大,性能守门,所以监牢门上画有狴犴的图形;棘木外面长着针刺而里面却是直的,所以古代的司法官在棘木下审理案件。

注释

1 **不平则鸣**:语本韩愈《送孟东野序》"大凡物不得其平则鸣"。后指遇事不平发出不满的呼声。

2 **无讼为贵**:《论语·颜渊》:"子曰:听讼,吾犹人也。必也使无,讼乎!"人世间没有官司可打,这才是可贵的。

3 **恤刑**:指用刑慎重不滥。 **桁(háng)杨雨润**:比喻贤明的君主慎于用刑而使罪犯受感化向善,如雨水滋润万物。桁杨,古时加在颈上或脚上以拘系囚犯的刑具。

4 **肺石风清**:肺石清冷。比喻法庭裁判公正。肺石,古时设在朝廷门外的石头,百姓得击石鸣冤,也可以站在石上控诉地方官吏。因色赤如肺形而得名。

5 **囹圄便是福堂**:《魏书·刑罚志》:"夫人幽苦则思善,故囹圄与福堂同居。朕欲其改悔而加以轻恕耳。"囹圄,牢狱;福堂,幸福之所。

6 **画地亦可为狱**:上古民风淳朴,在地上画一圆圈就可以当作牢狱。

7 **鼠牙雀角**:《诗经·召南·行露》:"谁谓雀无角,何以穿我屋?……谁谓鼠无牙,何以穿我墉?"陈奂《传疏》:"雀、鼠,喻强暴之男也;穿屋、穿墉(墙),喻无礼也。"谓强暴欺凌,引起争讼。后因以鼠牙雀角用为争讼之辞。

8 **抢(qiāng)地吁天**:头撞地口呼天。形容情状极为凄惨。

9 **狴犴(bì' àn)**:传说中的兽名。重义气,好诉讼,能辨是非,仗义执言,所以古代牢门上就画有它的图形。

10 **听讼在棘木之下**:《礼记·王制》:"正以狱成告于大司寇,大司寇听之棘木之下。”正、大司寇，都是古代的司法官。后因称法庭为棘林，称最高审判机关大理寺为棘寺。

原文

乡亭之系有岸，朝廷之系有狱，谁敢作奸犯科[1]；死者不可复生，刑者不可复赎，上当原情定罪[2]。囹圄是周狱[3]，羑里是商牢[4]。桎梏之设，乃拘罪人之具[5]；缧绁之中，岂无贤者之冤[6]。两争不放，谓之鹬蚌相持[7]；无辜牵连，谓之池鱼受害[8]。请公入瓮，周兴自作其孽[9]；下车泣罪，夏禹深痛其民[10]。

译文

乡亭的监牢有岸，朝廷的监牢有狱，谁敢违法犯罪；死了的人不能再活过来，服过了刑的人也无法再用金钱赎回来，因此上面应当依据实情量刑定罪。囹圄是周代的监狱，羑里是商代的牢房。设置脚镣手铐，是用来拘系罪犯的刑具；在囚禁的犯人中间，哪能没有被冤屈的好人。双方争执而各不相让，称之为鹬蚌相持；无缘无故受到牵连，称之为池鱼受害。请公入瓮，是唐代酷吏周兴自作自受；下车泣罪，是大禹对他的百姓深表怜悯。

注释

1 **乡亭之系有岸**：乡亭拘押罪犯的地方叫岸。乡亭，古代基层行政单位。系，拴缚、拘囚，这里指关押犯人的地方，即监牢。岸，通“犴”，监狱。**作奸犯科**：为非作歹，违法乱纪。作奸，做坏事；犯科，违犯法律。

2 **原情定罪**：考察犯罪的实际情况，慎重量刑定罪。

3 **囹圄**(líng yǔ)：监狱，相传始于周朝。

4 **羑**(yǒu)**里**：古城名，故址在今河南省汤阴县北。商纣王曾囚周文王于此。

5 **桎梏**：脚镣手铐，古代用来拘系罪人手脚的刑具。

6 **缧**(léi)**绁**：拘系犯人的绳索，引申为囚禁。

7 **鹬**(yù)**蚌相持**：《战国策·燕策二》载，赵且伐燕，苏代为燕谓惠王曰：“今者臣来过易水，蚌方出曝，而鹬啄其肉，蚌合而钳其喙。鹬曰：‘今日不雨，明日不雨，即有死蚌。’蚌亦谓鹬曰：‘今日不出，明日不出，即有死鹬。’两者不肯相舍，渔者得而并禽之。”比喻双方相持不下，第三者因而得利。鹬，水鸟名，长嘴灰背，喜吃小鱼与贝类。

8 **池鱼受害**：源于“城门失火，殃及池鱼”。传说春秋时，宋国城门失火，用护城河水救火，水被汲干了，河中的鱼因此也遭祸殃。后用来比喻无辜受祸的人。

9 **请公入瓮**：周兴、来俊臣都是唐代有名的酷吏。《资治通鉴·唐则天皇后天授二年》载，有人告周兴与丘神勣通谋，太后武则天命来俊臣审问。“俊臣与兴方推事对食，谓兴曰：‘囚多不承，当为何法？’兴曰：‘此甚易耳！取大瓮，以炭四周炙之，令囚入中，何事不承？’俊臣乃索大瓮，火围如兴法，因起谓兴曰：‘有内状推兄，请兄入此瓮。’兴惶恐叩头伏罪。”比喻以其人之道，还治其人之身。瓮，大坛子。

10 **下车泣罪**：刘向《说苑·君道》：“禹出见罪人，下车问而泣之。”意谓禹对罪人表示怜悯。后以此颂扬为政宽仁，自责其失。

原文

好讼曰健讼[1]，累及曰株连[2]。为人解讼，谓之释纷[3]；被人栽冤，谓之嫁祸[4]。徒配曰城旦[5]，遣戍是问军[6]。三尺乃朝廷之法[7]，三木是罪人之刑[8]。古之五刑：墨、劓、剕、宫、大辟[9]；今之律例：笞、杖、死罪、徒、流[10]。

译文

喜欢打官司叫作健讼，无罪受牵连称作株连。替别人解除诉讼，称之为释纷；被别人栽赃冤枉，称之为嫁祸。判徒刑流放去做苦役，叫作城旦；充军到边境驻防，叫作问军。三尺是朝廷的法律，三木是加在犯人颈、手、足上的刑具。古代的五种刑罚是：墨、劓、剕、宫、大辟；隋唐以后的五种刑罚是：笞、杖、死罪、徒、流。

注释

1 **健讼**：《易·讼》：“险而健，讼。”孔颖达疏：“犹人意怀险恶，性又刚健，所以讼也。”后人误将“健”“讼”两字连读，因称好打官司为健讼。

2 **株连**:因一人犯罪而牵连他人。

3 **解讼**:解除诉讼。 **释纷**:消除纠纷。

4 **嫁祸**:移祸于人。

5 **徒配**:判徒刑流放做苦役。徒,强制犯人服劳役的刑罚;配,发配、流刑。**城旦**:强制筑城。秦汉时的一种刑罚。

6 **遣戍**:发送犯人守边,使效力赎罪。 **问军**:问罪充军。

7 **三尺**:古代将法律刻写在三尺长的竹简上,故称法律为三尺,也称三尺法。

8 **三木**:古时刑具,枷、镣、钮这三种刑具分别加在犯人颈、手、足上。

9 **五刑**:中国古代的五种刑罚。此词最早见于《尚书·舜典》:"流宥五刑。"五刑的具体名称,见于《尚书·吕刑》:墨(黥面)、劓(割鼻)、剕(断足)、宫(男子去势,女子幽闭)、大辟(死刑)。以上五刑始于尧舜之时。

10 **律例**:刑法的正条及其成例。律是法律的本文,例是补充律文不足而设的条例或例案。古代的五刑,后来略有变化,屡加更定。隋代至明、清改为笞(汉代用竹片,隋唐用荆条抽打)、杖(晋以前用鞭,隋唐时用木棍击打)、死罪(死刑)、徒(拘禁罚作苦役)、流(流放边远地区)。

原文

上古时削木为吏,今日之淳风安在[1];唐太宗纵囚归狱,古人之诚信可嘉[2]。花落讼庭闲,草生囹圄静,歌何易治民之简[3];吏从冰上立,人在镜中行,颂卢奂折狱之清[4]。可见治乱之药石,刑罚为重;兴平之粱肉,德教为先[5]。

译文

上古时削木为吏,犯人抱木吏自觉到庭受审,今天这种淳朴的民风在哪里呢?唐太宗贞观六年将两百多名死囚释放回家,第二年秋天他们果然如期归狱,古人的诚实可靠实在值得赞许。花落讼庭闲,草生囹圄静,这是百姓歌颂唐代益昌县令何易治民简约有方;抱案吏从冰上立,诉冤人在镜中行,这是百姓赞美唐代南海太守卢奂断案清正廉明。可见治理乱世要以刑罚为重,这好比治病的良药;振兴太平要以道德教化为先,这好比能强身的美味。

注释

1 **削木为吏**:古时候削木头作为狱吏。相传上古民风淳朴,将木吏放在犯人家里,到开庭审理时,犯人不需人捉拿,而自己抱着木吏到公庭听讼。

2 **纵囚归狱**:唐太宗贞观六年十二月,把二百九十名已判死刑的囚犯释放回家,并规定于第二年秋天归狱就刑。结果第二年秋天犯人们都按时归狱,太宗嘉其诚信,全都赦免。事见新、旧《唐书》之《太宗本纪》。纵囚,释放囚犯。

3 **何易**:即何易于,唐代益昌县令,廉洁爱民,民皆息讼,县内三年无囚。民人歌曰:"花落讼庭闲,草生囹圄静。"见《新唐书·何易于传》。

4 **卢奂**:唐玄宗天宝初年为南海太守。南海兼水陆都会,物产珍怪,前守刘巨麟、彭杲皆因赃败,故以卢奂代之。卢奂断案清正明察,民人歌曰:"抱案吏从冰上立,诉冤人在镜中行。"见《新唐书·卢奂传》。 **折狱**:断案。

5 **"治乱之药石"联**:后汉崔寔,少沉静,好典籍,明于政体,吏才有余。他在《政论》中认为"盖为国之法有似理身,平则养,疾则攻焉。夫刑罚者治乱之药石也,德教者兴平之粱肉也。夫以德教除残,是以粱肉理疾也;以刑罪理平,是以药石供养也"。见《后汉书·崔寔传》。**粱肉**:精米肥肉,指美味食品。

释道鬼神

导读

本篇分为前后两个部分。前一部分详细介绍了中国道教、佛教的由来,以及有关这方面的常识,同时作者用神话故事把它们说得神乎其神,深不可测，读来也别有一番乐趣。

后一部分围绕儒、道、佛三家展开，并大力宣扬他们的无边法力。如梁代高僧道生法师在苏州讲佛法，能使顽石点头；张天师的七世孙张虚靖成仙后，能降龙伏虎，鸡犬都跟着升天。前后两部分中的传说故事，既遥相呼应又相互补充，读来一样精彩。

原文

如来释迦即是牟尼，原系成佛之祖[1]；老聃李耳即是道君，乃为道教之宗[2]。鹫岭祇园，皆属佛国[3]；交梨火枣，尽是仙丹[4]。沙门称释，始于晋道安[5]；中国有佛，始于汉明帝[6]。篯铿即是彭祖，八百高年[7]；许逊原宰旌阳，一家超举[8]。

译文

如来佛就是释迦牟尼，本是佛教的始祖；春秋时代的李耳，谥号聃，故又叫老聃，后来被道教尊为始祖。灵鹫山和祇园，释迦牟尼曾经说法的地方，都属于佛国；交梨和火枣，道家说是神仙吃的果品，因此全是仙丹。和尚、僧侣以释为姓，是从东晋僧人道安开始的；中国有佛教，开始于东汉明帝。传说中的篯铿封于彭城，又叫彭祖，寿高八百岁；东晋道士许逊原本是旌阳县令，相传全家四十二口拔宅飞天，鸡犬相随。

注释

1 **如来释迦：**即释迦牟尼。佛教创始人。释迦牟尼，意即释迦族的圣人，是佛教徒尊称他的圣号。如来，释迦牟尼的十种称号之一。释迦牟尼常用以自称，一般也以如来佛称释迦牟尼。其含义有两说。《成实论》认为“如”指“如实”，“如来者，乘如实道来成正觉”。《金刚经》认为“如来者，无所从来，亦无所去，故名如来”。

2 **老聃(dān)李耳：**即老子。春秋时思想家，道家的创始人。《史记·老庄申韩列传》：“老子者，楚苦县厉乡曲仁里人也。姓李名耳，字伯阳，谥曰聃。周守藏室之史也。”孔子曾向他问礼，后退隐，著《老子》。

3 **鹫岭：**即灵鹫山。在中印度，为佛说法之地。山顶似鹫，又鹫群常集山顶，王舍城人因名之曰鹫头山。 **祇(qí)园:**祇树给孤独园的省称。为释迦牟尼去舍卫国说法时与僧徒的停居之处。古印度舍卫国豪商给孤独长者须达,在王舍城听如来讲法,深为敬慕。回国后要买祇陀太子的园林建精舍献如来。祇陀戏言布金遍地乃卖,须达乃倾家布金。祇陀感其诚,二人同心建立精舍,名祇树给孤独园,省称祇园,亦称祇园精舍。参见释法显《佛国记》。**佛国:**佛的出生地,指天竺,即古印度。

4 **交梨火枣:**道教称神仙所食的两种果品。 **仙丹:**仙人服用的灵丹。

5 **沙门称释:**沙门,梵语音译"沙门那"的简称,亦译"桑门",即僧侣、僧徒,表示勤修善法、止息恶行的意思。释,中国佛教对释迦牟尼的简称,后又泛指佛教。东晋僧人道安更以"释"为姓,开中国汉族僧尼称释之先河。

6 **汉明帝:**刘庄,汉光武帝之子,东汉皇帝。《后汉书·西域传》:"世传明帝梦见金人长大,顶有光明,以问群臣。或曰:'西方有神,名曰佛。其形长丈六尺,而黄金色。'帝于是遣使天竺,问佛道法,遂于中国图画形象焉。"从此,佛教传入中国。

7 **篯(jiān)铿:**即彭祖。相传古之长寿者。颛顼玄孙,生于夏代,商代封于彭城,至殷末已七百六十七岁(一说八百岁)。殷王以为大夫,托病不问政事。事见《神仙传》及《列仙传》。旧时因以彭祖为长寿的象征。

8 **许逊:**东晋道士。字敬之,南昌县人。学道于吴猛,后举孝廉,曾为旌阳县令。感晋室纷乱,弃官东归,周游江湖。传说康宁二年在南昌西山,举家四十二口拔宅飞升。宋代封为神功妙济真君,世称许真君或许旌阳。事见《太平广记·许真君》。

原文

波罗犹云彼岸[1],紫府即是仙宫[2]。曰上方,曰梵刹,总是佛场[3];曰真宇,曰蕊珠,皆称仙境[4]。伊蒲馔,可以

译文

梵语波罗密多,就是汉语所说的到彼岸;紫府,就是道家说的仙人住所。说上方,说梵刹,都是佛教活动的场所;说真宇,说蕊珠,都是称誉仙人的居所。在家修行的男性佛教徒的食物,可以施舍给僧人;用黑饭草煎汁浸米

斋僧[5]；青精饭，亦堪供佛[6]。香积厨，僧家所备[7]；仙麟脯，仙子所飧[8]。

做成的饭，也能够供养神佛。香积厨，是僧家所必备的斋厨；仙麟脯，是仙子所吃的熟食。

注释

1 **波罗**：即波罗密。梵语的音译，也译作“波罗伽”“波罗密多”，意译为“到彼岸”或“度”。佛教指由生死此岸度人达到涅槃（寂灭）彼岸。见《大智度论》。

2 **紫府**：道家称仙人住所。

3 **上方**：指仙、佛所居的天界。 **梵刹**：梵，意谓“清净”；刹，意谓“地方”。原指佛国、佛土，后转化为寺院之美称。 **佛场**：佛教礼拜、诵经、祭祀、学道、行道的场所。

4 **真宇**：真人的庭宇。真人，道家称修真得道或成仙的人。 **蕊珠**：道家传说天上上清宫有蕊珠宫，为神仙所居。后来诗文中常以指道士的宫观。

5 **伊蒲馔**(zhuàn)：在家修行的男性佛教徒的饮食。即斋供，素食。伊蒲，梵语音译“伊蒲塞”的省称，指在家受五戒的男性佛教徒。馔，食物。 **斋僧**：供僧人吃饭。

6 **青精饭**：立夏吃的乌米饭。采南烛枝叶，以其汁浸米，蒸饭曝干，色碧，道家谓久服可延寿益颜。

7 **香积厨**：指僧寺的食厨。

8 **仙麟脯**：指仙家所食的用麒麟制成的干肉。 **飧**(sūn)：晚餐，引申为熟食。

原文

佛图澄显神通，咒莲生钵[1]；葛仙翁作戏术，吐饭成蜂[2]。达摩一苇渡江[3]，栾巴噀酒灭火[4]。

译文

天竺僧人佛图澄显神通，焚香诵咒，顷刻间钵中生出青莲花；三国道士葛仙翁作法术，张口吐饭变成一群蜂，蜂飞入口又成饭。天竺人达摩因与梁武帝话不投机，便乘夜用一根芦苇悄悄渡过长江北去；后汉人栾巴将桓帝赐给他喝的酒向西南方喷去，竟然扑灭了在其家乡成都发生的一场火灾。晋代道士吴猛欲渡长江

吴猛画江成路[5]， 麻姑掷米成珠[6]。	无船，便用白羽扇划开江水，遂成了大路；神话中的女仙麻姑降落蔡经家，取米数升掷于地，米尽成珍珠。

注释

1 **佛图澄：**西晋末僧人，本姓帛。西晋怀帝永嘉四年，东来洛阳。石勒建立后赵政权后，先后以方术取得石勒、石虎的信任，被尊为大和尚。《晋书·佛图澄传》："（石）勒召澄，试以道术。澄即取钵盛水，烧香咒之，须臾钵中生青莲花，光色曜日。勒由此信之。"

2 **葛仙翁：**即葛玄。三国吴方士，字孝先，晋葛洪之从祖父。世号葛仙公，又称太极仙翁。传说从左慈学道，得《九丹金液仙经》，修炼成仙。相传曾喷饭成蜂数百只，复张口，蜂飞入，仍为饭。见葛洪《神仙传》、干宝《搜神记》。

3 **达摩：**即菩提达摩。中国佛教禅宗创始人。被尊为西天（印度）禅宗二十八祖和东土（中国）禅宗初祖。相传为天竺香至王第三子，南朝宋末泛海到广州，又往北魏洛阳传布禅学。达摩过金陵时，因与梁武帝话不投机，要潜回江北，但无船只，便用一根芦苇悄悄渡过长江。

4 **栾巴：**字叔元，东汉魏郡内黄人，一说蜀郡人。相传通晓道术。桓帝（刘志）时为尚书。有一天正朝大会，巴独后到。桓帝赐他喝酒，他竟把酒向西南喷去，有司奏巴不敬。诏问巴，巴顿首谢曰："臣本县成都失火，臣故因酒为雨以灭火。"诏即以驿书问成都，成都答言：正旦失火，时有大雨，从东北来，火乃息，雨皆酒气。见《后汉书·栾巴传》李贤注引《神仙传》。**噀（xùn）：**喷。

5 **吴猛：**晋代豫章分宁人。年四十，邑人丁义授其神方。后还豫章，江水大涨，无舟，猛以白羽扇划开江水，成路而过，过毕乃没，观者皆惊异。见《晋书·吴猛传》。

6 **麻姑：**中国古代神话中的女仙。葛洪《神仙传》载，麻姑为建昌人，修道于牟州东南姑余山。东汉桓帝时应仙人王方平之召，降于蔡经家，年十八九，貌美。自云："接待以来，已见东海三为桑田。"又取米数升掷于地，米尽成珍珠。

原文

飞锡挂锡，谓僧人之行止[1]；导引胎息，谓道士之修持[2]。和尚拜礼曰和南[3]，道士拜礼曰稽首[4]。曰圆寂，曰荼毗，皆言和尚之死[5]；曰羽化，曰尸解，悉言道士之亡[6]。

译文

锡杖飞行、锡杖悬挂，这是说僧人的出游或停留；导引行路、胎息敛气，这是说道士的修身养性。和尚双手合十的行礼方式，叫作和南；道士举一手向人行礼，称为稽首。圆寂、荼毗，讲的都是和尚的死；羽化、尸解，说的都是道士的死。

注释

1 **飞锡挂锡：**佛家语。孙兴公《游天台山赋》："王乔控鹤以冲天，应真飞锡以蹑虚。"李周翰注："王乔，仙人。应真，得真道之人。执锡杖而行于虚空，故云飞也。"锡为锡杖，上有环，为僧侣随身之物。故后世称僧人游方为飞锡。挂锡，挂起锡杖。僧人远游持锡杖，投宿时不以杖着地，必挂置之，故曰挂锡。

2 **导引：**中国古代一种强身除病的养生方法，后也为道家、医家所用。 **胎息：**练气功时一种功力较深的呼吸法。中国古代养生方法之一。就像胎儿在母腹中，能够不用嘴和鼻子呼吸，故名。后为道教承袭。

3 **和南：**梵语音译。意译为稽首和敬礼，指僧人合掌问礼。

4 **稽首：**道士举一手向人行礼叫稽首。

5 **圆寂：**即涅槃。佛教修行，以涅槃为最终目的，即诸德圆满俱足，诸恶寂灭净尽之义。故称僧尼之死为圆寂。 **荼毗：**梵语音译。意为火葬。佛教僧尼死后，将尸体火化，称荼毗。

6 **羽化：**中国古代称成仙为羽化，取变化飞升之意。后世道教徒老病死者，也叫羽化。 **尸解：**道教用语。谓遗弃肉体而仙去。

原文

女道曰巫，男道曰

译文

女道士叫作巫，男道士称作觋，自古就

觋，自古攸分[1]；男僧曰僧，女僧曰尼，从来有别[2]。羽客黄冠，皆称道士[3]；上人比丘，并美僧人[4]。檀越檀那，僧家称施主[5]；烧丹炼汞，道士学神仙[6]。和尚自谦，谓之空桑子[7]；道士诵经，谓之步虚声[8]。

是这样划分；男僧人叫作僧，女僧人称作尼，从来就有这样的区别。羽客、黄冠，都是誉称道士；上人、比丘，同是赞美和尚。梵语檀越、檀那，指向寺院和僧人施舍财物饮食的世俗信徒，佛家称为施主；外炼金丹、内修精血，道士想做长生不老的神仙。和尚谦称自己，说是无父无母，就像有莘氏女采桑时从空桑中得到的婴儿，因而称之为空桑子；道士念经，就是仿效曹植游山时所听到的空中诵经声，因而称之为步虚声。

注释

1 **巫、觋**(xí)：以装神弄鬼替人祈祷为职业的人。古代称女巫为巫，男巫为觋。

2 **僧**：梵语音译，“僧伽”的简称。男子出家修行称僧，通称和尚。 **尼**：梵语音译，“比丘尼”的简称，信佛出家的女子称尼，通称尼姑。

3 **羽客**：道士的别称。**黄冠**：道士所戴束发之冠。用金属或木类制成，其色尚黄，故曰黄冠。因以为道士的别称。

4 **上人**：佛教指智德兼备可为僧众之师的高僧。南朝宋以后多用为僧人的尊称。 **比丘**：梵语音译。意译为乞者。佛教指出家修行的男僧，即和尚。按照佛教典章，少年出家，初受戒，称作沙弥；到二十岁，再受具足戒，才能成为比丘。

5 **檀越、檀那**：梵语音译。都指施主。 **施主**：佛教对向寺院施舍财物、饮食的世俗信徒的尊称。

6 **烧丹炼汞**：古代方士的术语，也是道教的道术之一。原指将朱砂等药物放于炉火中烧炼，以制长生不死丹药。后有内丹、外丹之分。将人体拟作炉鼎，以静功和心法修炼精、气、神的，称内丹。道家称人的精血为汞，因此内丹也叫炼汞。一说汞是炼丹的主要原料。用炉火烧炼药石的，称外丹。

7 **空桑子：**和尚取“无父母”之意，谦称自己。传说有莘氏女采桑，于空桑中得一婴儿，由庖人养大，取名伊。后有莘氏女嫁商汤为妻，伊作为陪嫁之臣随往。汤用为小臣，后用为相，故称伊尹。见《列子》。

8 **步虚声：**道士诵经的声音。传说陈思王曹植游山，忽闻空中有诵经声，清远嘹亮。解音人说是神仙的声音。虚声，天空的声音。道士诵经，是仿效空中神仙的声音，所以称为步虚声。见刘敬叔《异苑》。

原文

菩者普也，萨者济也，尊称神祇，故有菩萨之誉[1]；水行龙力大，陆行象力大，负荷佛法，故有龙象之称[2]。儒家谓之世，释家谓之劫，道家谓之尘，俱谓俗缘之未脱[3]；儒家曰精一，释家曰三昧，道家曰贞一，总言奥义之无穷[4]。达摩死后，手携只履西归[5]；王乔朝君，舄化双凫下降[6]。辟谷绝粒，神仙能服气炼形[7]；不灭不生，释氏唯明心见性[8]。

译文

菩是普遍的意思，萨是救助的意思，因此天地神灵有菩萨的美誉；在水里行进以龙的力量最大，在陆地行走以象的力气最大，所以精通佛法的罗汉有龙象的称号。儒家称之为世俗，佛家称之为劫数，道家称之为凡尘，都是说未摆脱世俗的人事牵累；儒家说精心一意，佛家说善心正定，道家说守贞如一，都是说深奥的道理无穷。达摩死后很久，有人看见他手提一只鞋从东方归往西天；后汉王乔朝见皇帝，不用车马，而是站在由鞋化成的两只野鸭上从空中降下。辟谷绝粒，神仙不食五谷，只吃药物，能够运用吐纳之法修炼身体；不灭不生，释迦牟尼能内心悟道，达到超脱生死的境界。

注释

1 **神祇：**天地神灵的总称。在天为神，在地为祇。**菩萨：**梵语“菩提萨埵”音译的简称。原为释迦牟尼修行尚未成佛时的称号，后泛称所崇拜的神像为菩萨。

2 **龙象:**龙与象。水行中龙力大,陆行中象力大,佛教用以比喻诸罗汉中修行勇猛有最大力者。后因以名高僧。

3 **世、劫、尘:**《楞严经》载,儒为世,释为劫,道为尘。三十年为一世,五百年为一劫,千年为一尘。《论语·子路》:"如有王者,必世而后仁。"世,指三十年。佛经言天地从形成到毁灭谓之一劫,需经历若干万年,是古印度最长的时间单位。又道家称一世为一尘。可见关于"世、劫、尘"所指的具体时间说法并非一致。其实,从俗缘来看,这里都是指凡间、人世间。 **俗缘未脱:**意谓还未摆脱世俗的人事关系,不能得道成仙。道教、佛教称世俗的人事牵累为俗缘。

4 **精一:**精心一意。 **三昧:**梵文音译。意译为"定""正定",即排除一切杂念,使心神平静。后称解脱束缚为三昧。 **贞一:**专一,守一。道家谓保持本性,自然无为。

5 **"达摩死后"联:**传说达摩死后很久,北魏使者宋云从西域回来,在葱岭看见达摩手提一只鞋从东方走来,宋云问:"师何往?"达摩曰:"西天去。"见张鼎思《琅邪代醉编》。

6 **"王乔朝君"联:**《后汉书·王乔传》:"王乔者,河东人也。显宗室,为叶令。乔有神术,每月朔望,常自县诣台朝,帝怪其来数,而不见车骑,密令太史伺望之。言其临至,辄有双凫从东南飞来。于是候凫至,举罗张之,但得一只舄焉。乃诏尚方诊视,则四年中所赐尚书官属履也。" **舄(xì):**古代一种复底鞋。 **凫(fú):**野鸭。

7 **辟谷:**即不吃五谷。据称为中国古代的一种修养方法。辟谷时,仍食药物,并须兼做导引等功夫。后为道教承袭,当作修仙方法之一。 **绝粒:**犹辟谷。道家以摒除火食、不进米谷为主的一种修炼方法。 **服气:**道家吐纳之法。也泛指绝食。

8 **不灭不生:**佛教认为一切现象,只是因缘条件的组合,没有现象的本体。人们察觉到的现象,只是一个幻象。因此现象既没有真实的存在过,当然也无所谓生灭。

原文

梁高僧谈经入妙，可使顽石点头，天花坠地[1]；张虚靖炼丹既成，能令龙虎并伏，鸡犬俱升[2]。藏世界于一粟，佛法何其大[3]；贮乾坤于一壶，道法何其玄[4]。妄诞之言，载鬼一车[5]；高明之家，鬼瞰其室[6]。《无鬼论》，作于晋之阮瞻[7]；《搜神记》，撰于晋之干宝[8]。

译文

梁代高僧道生法师讲经讲到绝妙处能使顽石点头，云光法师能使天上的鲜花纷纷落地；张天师的七世孙张虚靖，炼丹成仙后，能降龙伏虎，鸡犬都跟着升天。把整个世界藏在一粒米中，佛家的法力何等强大；将整个乾坤贮在一把壶里，道家的法术多么玄妙。无稽之谈，就像说装了一车鬼魂；富贵人家，鬼都要偷看他的家室。《无鬼论》，是晋朝的阮瞻所写；《搜神记》，是晋朝的干宝所撰。

注释

1 **顽石点头**：南朝梁高僧道生法师在苏州虎丘山讲佛法，开始无人相信，他便聚石为徒。当讲《涅槃经》提到万物皆有佛性时，顽石皆为点头。见晋无名氏《莲社高贤传》。 **天花坠地**：传说梁武帝时云光法师讲经，感动上天，天上各色鲜花，纷纷坠落。见《高僧传》。

2 **张虚靖**：《列仙传》载，东汉人张天师张道陵的七世孙张虚靖，学长生不老之术，遍游名山，炼丹既成，龙降虎伏，白日升天。临去，其炼丹药器置于庭，鸡犬舐之，亦皆得升天。 **龙虎并伏**：道家以龙虎喻心火肾水，制伏嗔怒情欲，使心火下降，肾水滋润，称作龙虎并伏。

3 **藏世界于一粟**：释普济《五灯会元》："一粒粟中藏世界，半升铛内煮乾坤。"一粟，一粒米。粟，古代对粮食的通称。

4 **贮乾坤于一壶**：后汉方士费长房，曾为市掾。市中有一老翁卖药，悬一壶于肆头，日暮辄入壶中休息。费长房见而异之，奉酒脯拜翁。次日翁与房俱入壶中，见楼台壮丽，旨酒佳肴，充盈其间，惊曰："此别一乾坤也。"于是便随翁入山学道。见《后汉书·费长房传》、葛洪《神仙传》。

5 **载鬼一车:**装了一车鬼。这里指荒诞离奇。

6 **鬼瞰其室:**扬雄《解嘲》:“高明之家,鬼瞰其室。”指鬼神窥望显达富贵人家,将祸害其满盈之志。

7 **《无鬼论》:**晋人阮瞻持无鬼论,每自谓此理足可辨证幽明。忽有一客诣瞻,议论风生,以为有鬼,瞻以为无鬼,争论不已。客乃作色曰:“鬼神古今圣贤所共传,君何得独言无也,即仆便是鬼。”于是变为异形,须臾消灭。见《晋书·阮瞻传》。

8 **《搜神记》:**志怪小说集。东晋干宝撰。记叙鬼神灵异、人物变化之事,其中保存了很多优秀的民间传说。干宝,东晋史学家、文学家。字令升,新蔡人。勤学博览,并好阴阳术数。

原文

颜子渊、卜子商,死为地下修文郎[1];韩擒虎、寇莱公,死作阴司阎罗王[2]。至若土谷之神曰社稷[3];干旱之鬼曰旱魃[4]。魑魅魍魉,山川之祟[5];神荼郁垒,啖鬼之神[6]。仕途偃蹇,鬼神亦为之揶揄[7];心地光明,吉神自为之呵护[8]。

译文

孔子的弟子颜子渊、卜子商,死后在阴间做了修文郎;隋朝大将韩擒虎、北宋丞相寇莱公,死后在地府担任阎罗王。至于说到土神和谷神,就叫社稷;使人间干旱的鬼,叫作旱魃。魑魅魍魉,都是山川中为害的精怪;神荼、郁垒,是吃鬼的门神。官路困顿不通,连鬼神也要对他拍手戏弄;心地光明磊落,吉神自然呵护庇佑。

注释

1 **“颜子渊、卜子商”联:**颜渊,春秋末鲁国人,名回,字子渊,孔子学生。卜子商,即子夏,卜氏,名商,春秋末晋国人,一说卫国人,孔子学生。晋人苏韶死后,其堂弟苏节白昼见韶,因问幽冥之事。韶曰:“颜渊、卜商,俱为地下修文郎。”见段成式《酉阳杂俎》。后因称文人死亡为修文或修文地下。

2 **韩擒虎:**隋朝大将。字子通,河南东垣人。有文武才能,以胆略见称。后俘陈后主,因功进位上柱国。 **寇莱公:**即北宋政治家寇準。封莱国公,故称寇莱公。 **阎罗王:**印度古代神话中管理阴间之王,能判人生前善恶,加以赏罚。佛教沿用其说,称为管理地狱的魔王。佛教传入中国后,也成为中国地府的管理者。

3 **社稷:**古代帝王、诸侯所祭的土神和谷神。旧时用作国家的代称。

4 **旱魃**(bá)**:**古代传说中能造成旱灾的怪物。

5 **魑魅魍魉**(chī mèi wǎng liǎng)**:**指各种各样的鬼怪,现在多用来比喻各种各样的坏人。魑魅,传说中的山神、鬼怪;魍魉,传说中山川中的精怪。 **祟**(suì)**:**古谓鬼怪祸害人。

6 **神荼**(shēn shū)**郁垒**(lǜ)**:**二神名。传说中能治服恶鬼,后世遂以为门神,画像丑怪凶恶。 **啖**(dàn)**:**吃。

7 **仕途偃蹇**(jiǎn)**: :**仕途困顿不顺利。仕途,做官的途径;偃蹇,困顿。 **揶揄**(yé yú)**:**戏弄,侮弄。

8 **心地:**佛教语。佛教认为三界唯心,心如滋生万物的大地,能随缘生一切诸法,故称心地。 **吉神呵护:**《太上感应篇》载,人心起于善,善虽未为而吉神已随之。呵护,呵禁卫护。呵,大声斥责。

鸟　兽

导读

本篇由前后四个部分组成,每个部分都围绕“鸟兽”展开。列举了鸟兽的名称、别名,与人相关联的情况,以及由此产生的一大批成语。如第一部分的“狐假虎威”“狗尾续貂”“画蛇添足”,第二部分的“鞭长莫及”“割鸡焉用牛刀”“盲人骑瞎马”,第三部分的“缘木求鱼”“指鹿为马”“井底之蛙”,第四部分的“鹤立鸡群”“守株待兔”“狡兔三窟”,等等。

原文

麟为毛虫之长[1],虎乃兽中之王[2]。麟凤龟龙,谓之四灵[3];犬豕与鸡,谓之三物[4]。騄駬骅骝,良马之号[5];太牢大武,乃牛之称[6]。羊曰柔毛,又曰长髯主簿[7];豕名刚鬣,又曰乌喙将军[8]。鹅名舒雁[9],鸭号家凫[10]。

译文

麒麟,古代传说中的仁兽,是有毛动物中的首领;老虎,相传能吃鬼魅,是百兽之王。麒麟、凤凰、乌龟和龙,古人认为都有灵性,称之为四灵;狗、猪和鸡,是古代歃血为盟中所用的动物,称之为三物。騄駬和骅骝,是古代良马的名号;太牢和大武,是祭祀中牛的称呼。羊的别名叫柔毛,又叫长髯主簿;猪的别名叫刚鬣,又叫乌喙将军。鹅的名字叫舒雁,因为它形似雁而又徐行不迫;鸭的名号是家凫,因为它的样子像野鸭。

注释

1 **麟:**即麒麟。传说中的仁兽名。形状像鹿,头上有角,全身有鳞甲,有尾。

2 **虎:**应劭《风俗通义》载,虎,阳物,百兽之长,能噬食鬼魅。

3 **四灵:**古人认为有灵性的四种神兽。《礼记·礼运》:“何谓四灵?麟、凤、龟、龙。”

4 **三物:**盟誓中所用的三种动物。古人结盟、立誓时,用动物的血滴入酒中,饮酒盟誓。君王用猪血,大臣用狗血,百姓用鸡血。

5 **騄駬骅骝:**古代良马名,周穆王八骏之一。騄駬,亦作“騄耳”“绿耳”,则当为绿色马;骅骝,亦名“枣骝”,当为赤色马。

6 **太牢:**牛的别称。《大戴礼记·曾子天圆》:“诸侯之祭,牛曰太牢;大夫之祭,羊曰少牢;士之祭特牲,豕曰馈食。”**大武:**指牛。《礼记·曲礼下》:“凡祭宗庙之礼,牛曰一元大武。”孔颖达疏:“元,头也;武,迹也。牛若肥则脚大,脚大则迹痕大,故云一元大武也。”

7 **柔毛:**指羊。《礼记·曲礼下》:“凡祭宗庙之礼……羊曰柔毛。”孔颖达疏:

"若羊肥则毛细而柔弱,故王云柔毛,言肥泽也。" **长髯主簿:**崔豹《古今注·鸟兽》说,羊曰柔毛,有美髯,故曰长髯主簿。

8 **刚鬣**(liè)、**乌喙**(huì)**将军:**猪的别名。《礼记·曲礼下》:"凡祭宗庙之礼……豕曰刚鬣。"孔颖达疏:"豕肥则毛鬣刚大也。王云刚鬣,言肥大也。"乌喙,乌鸦嘴。比喻猪贪食,因称猪为乌喙将军。

9 **舒雁:**鹅的别名。因鹅形似雁而又徐行不迫,故称舒雁。

10 **家凫**(fú)**:**指鸭。凫,野鸭。

原文

鸡有五德,故称之曰德禽[1];雁性随阳,因名之曰阳鸟[2]。家狸乌圆,乃猫之誉[3];韩卢楚犷,皆犬之名[4]。麒麟驺虞,俱好仁之兽[5];螟螣蟊贼,皆害苗之虫[6]。无肠公子,螃蟹之名[7];绿衣使者,鹦鹉之号[8]。狐假虎威,谓借势而为恶[9];养虎贻害,谓留祸之在身[10]。

译文

鸡有文、武、勇、仁、信五德,所以古人称之为德禽;大雁生性爱阳而恶阴,所以用阳鸟来称呼它。家狸和乌圆,是猫的美称;韩卢和楚犷,都是狗的别名。麒麟和驺虞,都是喜好仁义的神兽;螟、螣、蟊、贼,都是危害禾苗的虫子。无肠公子,是螃蟹的别名;绿衣使者,是唐玄宗赐给鹦鹉的封号。狐假虎威,是说凭借他人的权势为非作歹;养虎贻害,是说纵容敌人而给自己留下祸害。

注释

1 **德禽:**指鸡。古时说鸡有五德,故称德禽。《韩诗外传》:"田饶告哀公曰:'君独不见夫鸡乎?头戴冠者文也,足搏距者武也,敌在敢斗者勇也,见食相呼者仁也,守夜不失时者信也。'"

2 **阳鸟:**候鸟雁的别名。《尚书·禹贡》:"彭蠡既猪,阳鸟攸居。"郑玄注:"阳鸟,鸿雁之属,随阳气南北。"

3 **家狸:**狸,俗称野猫。猫似狸,故称家狸。 **乌圆:**猫的别名。猫的瞳孔早晚正圆,中午则缩成一线。

4 **韩卢楚犷**:古时良犬名。《广雅》:"犬之良者,犹宋国之鹊、韩国之卢、楚国之犷、晋国之獒。"

5 **驺虞**:传说中的义兽名。《诗经·召南·驺虞》:"彼茁者葭,壹发五豝,于嗟乎驺虞。"毛传:"驺虞,义兽也。白虎黑文,不食生物,有至信之德则应之。"

6 **螟螣(tè)蟊(máo)贼**:危害禾苗的四种虫子。《诗经·小雅·大田》:"去其螟螣,及其蟊贼。"毛传:"食心曰螟,食叶曰螣,食根曰蟊,食节曰贼。"

7 **无肠公子**:葛洪《抱朴子·内篇》:"称无肠公子者,蟹也。"后用作螃蟹的别名。

8 **绿衣使者**:王仁裕《开元天宝遗事》载,相传唐玄宗时,长安富豪杨崇义,家养一鹦鹉。杨妻刘氏与李弇私通,李弇杀杨埋尸井中。刘控于官,县官至杨家检校。架上鹦鹉曰:"杀主者李弇也。"遂严讯得实。事闻于玄宗,封鹦鹉为绿衣使者。鹦鹉能学人言,有慧性。

9 **狐假虎威**:《战国策·楚策一》:"虎求百兽而食之,得狐。狐曰:'子无敢食我也。天帝使我长百兽,今子食我,是逆天帝命也。子以我为不信,吾为子先行,子随我后,观百兽之见我而敢不走乎!'虎以为然,故遂与之行,兽见之皆走。虎不知兽畏己而走也,以为畏狐也。"后以狐假虎威比喻借别人的威势欺压人。

10 **养虎贻害**:《史记·项羽本纪》载,楚汉双方以鸿沟为界停战后,项羽引兵东去,刘邦欲西归,张良、陈平对刘邦说:今汉天下有其大半,楚兵饥疲,正是消灭他们的最好时机。如果让他们回去,"此所谓养虎自遗患也"。后用以比喻纵容敌人,自留后患。贻,遗留,留下。

原文

犹豫多疑,喻人之不决[1];狼狈相倚,比人之颠连[2]。胜负未分,不知鹿死谁手[3];基业易主,正如燕入他家[4]。雁

译文

犹豫多疑,比喻人做事迟疑不果断;狼狈相倚,比喻人行动艰难、生活没有依靠。胜败尚未分明,就说不知鹿死谁手;家业或江山换了主人,正好比燕子飞进了别人家里。鸿雁秋天飞往南方,传说中秋节前先飞到南方的

到南方，先至为主，后至为宾[5]；雉名陈宝，得雄则王，得雌则霸[6]。刻鹄类鹜，为学初成[7]；画虎类犬，弄巧反拙[8]。美恶不称，谓之狗尾续貂[9]；贪图不足，谓之蛇欲吞象[10]。

大雁就是主人，中秋节后才飞到的小雁就是客人了；神灵陈宝，本是一对野鸡，秦穆公得到雌的就称霸天下，雄的降落雉县，东汉刘秀在那里发迹，就成了一统天下的光武帝。“刻鹄类鹜”，是说学习初见成效；“画虎类犬”，是说弄巧成拙。美丑不相称，称之为“狗尾续貂”；贪得无厌，称之为“蛇欲吞象”。

注释

1 **犹豫：**迟疑不决。犹，一种动物，性多疑。方以智《通雅》：“崔浩曰：‘犹，仰鼻长尾，性多疑。一曰似麂，居山中，闻人声豫登木，无人乃下。’世谓不决曰犹豫，此也。”

2 **狼狈：**传说狈是跟狼同类的野兽，前腿极短，每行常驾两狼，失狼则不能动。而狼前二足长，后二足短。狼无狈不立，狈无狼不行，若相离则进退不得矣。后因以狼狈比喻互相勾结干坏事，如狼狈为奸；也用来形容处境困难、生活无依的样子。 **颠连：**困顿、苦难。

3 **不知鹿死谁手：**《晋书·石勒载记下》：“人岂不自知，卿言亦已太过。朕若逢高皇，当北面而事之，与韩、彭竞鞭而争先耳；脱遇光武，当并趋于中原，未知鹿死谁手！”鹿，指猎取的对象，原比喻政权，后也比喻争逐的对象。不知鹿死谁手，意谓不知谁取得最后胜利。

4 **燕入他家：**刘禹锡《乌衣巷》：“朱雀桥边野草花，乌衣巷口夕阳斜。旧时王谢堂前燕，飞入寻常百姓家。”东晋时，宰相王导、谢安等豪门大族曾住在乌衣巷。诗人写这首诗时王、谢已经没落，但燕子哪管它故宅换主，照旧寻巢。

5 **雁到南方：**传说中秋节以前先飞到南方的大雁就是主人，而中秋节以后到达的小雁则是客人。

6 **雉名陈宝：**神名。干宝《搜神记》载，秦穆公时，陈仓人掘地得物，似羊非羊，似猪非猪。牵之献穆公，路逢二童子曰：“此名为媪，常在地食死人脑。若欲杀之，以柏插其首。”媪说：“彼二童子名为陈宝，得雄者王，得雌者伯。”陈仓人舍媪逐之，童子化为雉飞去。陈仓人告之穆公，公大出猎，得雌。又化为石，公置之汧、渭之间。后穆公果霸诸侯。至文公时，立祠享祭，祠名陈宝。雄雉飞往南阳，秦人将其落脚之地命名为雉县。后为汉光武帝刘秀的发迹之处。

7 **刻鹄类鹜：**比喻模拟相类似的人或事物，但不能逼真，还可得其近似。鹄，天鹅；鹜，野鸭。

8 **画虎类犬：**比喻好高骛远，一无所成，反贻笑柄。 **弄巧反拙：**本想要弄聪明，结果做了蠢事。拙，笨拙。

9 **狗尾续貂：**《晋书·赵王伦传》载，赵王伦篡位后，大封其党羽，“奴卒厮役，亦加以爵位。每朝会，貂蝉盈座，时人为之谚曰：‘貂不足，狗尾续。’”本为讽刺滥封官爵，后泛指以坏续好，前后不相称。多指文艺作品。貂，一种毛皮珍贵的动物，古代皇帝的侍从用貂的尾巴做帽子装饰。

10 **蛇欲吞象：**《山海经·海内南经》：“巴蛇食象，三岁而出其骨。”比喻贪得无厌。

原文

祸去祸又至，曰前门拒虎，后门进狼[1]；除凶不畏凶，曰不入虎穴，焉得虎子[2]。鄙众趋利，曰群蚁附膻[3]；谦己爱儿，曰老牛舐犊[4]。无中生有，曰画蛇添足[5]；进退两难，曰羝羊触藩[6]。杯中蛇影，自起猜疑[7]；塞翁失马，难分祸福[8]。龙驹凤雏，晋闵鸿夸吴中陆士龙之异[9]；伏龙凤雏，司马徽称孔明庞士元之奇[10]。

译文

消除一个祸害却又招来另一个祸害，叫作前门拒虎，后门进狼；为了铲除凶恶就不能畏惧它，就说不入虎穴，焉得虎子。鄙视小人追求利禄，就说群蚁附膻；谦称自己疼爱儿子，说是老牛舐犊。无中生有，叫作画蛇添足；进退两难，称作羝羊触藩。杯中蛇影，形容人自生猜疑；塞翁失马，说明祸福可以互相转化。若非龙驹，当是凤雏，这是晋代闵鸿夸奖吴中陆士龙幼时就不同寻常；伏龙、凤雏，这是司马徽称赞孔明、庞统是盖世奇才。

注释

1 **前门拒虎，后门进狼：**比喻消除一个祸患却又招来另一个祸患。

2 **不入虎穴，焉得虎子：**比喻不冒危难，不能成事。也比喻不经历最艰苦的实践，就不能取得重大的成就。

3 **群蚁附膻(shān)：**比喻追名逐利，竞相趋往。膻，羊臊气。

4 **老牛舐(shì)犊：**老牛舔小牛，比喻爱子情深。舐，以舌舔物；犊，小牛。

5 **画蛇添足：**比喻多此一举，不但无益，反而有害。

6 **羝(dī)羊触藩：**公羊同篱笆抵撞，就把角缠在上面，进退不得。比喻进退两难。羝羊，公羊；触，抵撞；藩，篱笆。

7 **杯中蛇影：**晋代乐广为河南尹，请客饮，有角弓挂壁，影落杯中如蛇，客饮，疑而患病。广因复请饮，仍置前处，告以弓影，客疑乃释，而疾亦愈。见《晋书·乐广传》。后用以比喻因疑虑不解而自相惊恐。

8 **塞翁失马：**《淮南子·人间训》："近塞上之人，有善术者，马无故亡而入胡，人皆吊之，其父曰：'此何遽不为福乎？'居数月，其马将胡骏马而归。"后人所说成语塞翁失马，安知非福，本此。比喻虽然暂时受到损失，但也可能因此得到好处，坏事可以变成好事。

9 **龙驹凤雏：**陆云，字士龙，西晋文学家。与兄陆机齐名，时称"二陆"。《晋书·陆云传》："(云)幼时，吴尚书广陵闵鸿见而奇之，曰：'此儿若非龙驹，当是凤雏。'"比喻聪颖英俊的儿童。龙驹，幼龙；凤雏，幼凤。

10 **伏龙凤雏：**《三国志·蜀书·诸葛亮传》裴松之注引《襄阳记》："刘备访世事于司马德操。德操曰：'儒生俗士，岂识时务？识时务者在乎俊杰。此间自有伏龙、凤雏。'备问为谁，曰：'诸葛孔明、庞士元也。'""伏龙"又作"卧龙"。 **司马徽：**字德操，东汉末颍川阳翟人。善知人，庞德公称为"水镜"。久居荆州，曾荐诸葛亮、庞统于刘备。 **孔明：**即诸葛亮，字孔明，三国蜀汉政治家、军事家。东汉末，隐居邓县隆中，留心世事，被称为"卧龙"，后成为刘备的重要谋士。 **庞士元：**庞统，字士元，襄阳人。初与诸葛亮齐名，号称"凤雏"。

原文

吕后断戚夫人手足，号曰人彘[1]；胡人腌契丹王尸骸，谓之帝羓[2]。人之狠恶，同于梼杌[3]；人之凶暴，类如穷奇[4]。王猛见桓温，扪虱而谈当世之务[5]；甯戚遇齐桓，扣角而取卿相之荣[6]。楚王轼怒蛙，以昆虫之敢死[7]；丙吉问牛喘，恐阴阳之失时[8]。以十人而制千虎，比言事之难胜[9]；驰韩卢而搏蹇兔，喻言敌之易摧[10]。

译文

吕后切断戚夫人的手脚，把她叫作人彘；契丹王耶律德光病死于南侵途中，契丹人便挖去他的肠胃，用盐腌起来，载尸北归，汉人称之为帝羓。狠毒凶恶的人，就与凶兽梼杌相同；凶狠残暴的人，就跟恶兽穷奇类似。前秦人王猛到华山见东晋大将军桓温，一边在身上捉虱子，一边谈论当前天下大事；春秋时，甯戚在牛车下吃饭，恰好遇到齐桓公，他便敲打牛角唱歌，齐桓公认为他有才华，便拜他为上卿。越王准备伐吴，看见鼓气发怒的青蛙，就手扶车前横木俯首向它致敬，因为青蛙的敢死精神可以让士卒效法；西汉丞相丙吉看见横死的路人不闻不问，因为有地方官查处，看见牛在喘气却仔细查问，原来是担心阴阳失调，这正是丞相应管的大事。用十个人去制伏千只老虎，比喻事情难于取胜；驱赶韩国的猛犬去捕捉跛脚的兔子，这是比喻敌人容易被摧毁。

注释

1 **人彘：**汉高祖刘邦宠爱戚夫人，欲立其子赵王如意为太子，而废惠帝，未果。及高祖死，吕后挟恨，断戚夫人手足，去眼，熏耳，饮喑（哑）药，使居厕中，称为人彘。事见《史记·吕后本纪》。

2 **帝羓**（bā）**：**五代后晋开运末，契丹王耶律德光率兵南侵，途中病死胡林。契丹人剖其腹，挖去肠胃，以盐充之，载而北归。汉人目之，称为帝羓。见《太平广记·帝羓》。羓，干肉。

3 **梼杌**（táo wù）**：**传说中的凶兽名，常用以比喻恶人。

4 **穷奇：**恶兽名。《山海经·西山经》："（邽山）其上有兽焉，其状如牛，猬毛，名曰穷奇，音如嗥狗，是食人。”

5 **王猛见桓温：**王猛，十六国时前秦大臣，后为前秦苻坚的丞相。桓温，东晋大将军，明帝婿。《晋书·王猛传》：“（猛）隐于华阴山，怀佐世之志，希龙颜之主，敛翼待时，候风云而后动。桓温入关，猛被褐而诣之，一面谈当世之事，扪虱而言，旁若无人。” **扪虱：**摸捉虱子，形容放达任性，毫无拘束的样子。

6 **扣角：**敲打牛角。相传春秋时卫人甯戚家贫，为人挽车，至齐，在牛车下吃饭，恰遇齐桓公，因击角而歌。桓公闻而知其善，命管仲迎之，拜为上卿。后成为求仕的典故。

7 **楚王轼怒蛙：**此处“楚王”应为“越王”。《韩非子·内储说上》载，越王伐吴，出门看见鼓气发怒的青蛙，便手扶车前的横木，俯身致敬，目的是为了使士卒效法青蛙的敢死精神。轼，车前横木。古代男子立在车上，向人致敬时便凭轼俯身。 **昆虫：**虫类的统称。

8 **丙吉问牛喘：**丙吉是西汉丞相。有一次外出，逢清道群斗者，死伤横道，吉过之不问，掾史独怪之。吉前行，逢人逐牛，牛喘吐舌。吉止驻，使骑吏问：“逐牛行几里矣？”掾史独谓前者当问而不问，后者不当问而问。丙吉曰：“民斗相杀伤，长安令、京兆尹职所当禁备逐捕……宰相不亲小事，非所当于道路问也。方春少阳用事，未可大热，恐牛近行用暑故喘，此时气失节，恐有所伤害也。三公典调和阴阳，职（所）当忧，是以问之。”掾史乃服，以吉知大体。事见《汉书·丙吉传》。后用作称颂官员关心民间疾苦之典。

9 **十人制千虎：**比喻有些事情因力量不够而难于取胜。《宋史·常安民传》：“猛虎负嵎，莫之敢撄，而卒为人所胜者，人众虎寡也。故以十人而制一虎，则人胜；以一人制十虎，则虎胜。奈何以十人而制千虎乎？”

10 **驰韩卢而搏蹇（jiǎn）兔：**比喻战胜敌人轻而易举。《战国策·秦策三》载，范雎说秦昭王曰：“以秦卒之勇，车骑之多，以当诸侯，譬若驰韩卢而逐蹇兔也，霸王之业可致。”韩卢，战国时韩国的名犬，因色黑，故名卢；蹇兔，跛足的兔子。

原文

兄弟如鹡鸰之相亲[1]，夫妇如鸾凤之配偶[2]。有势莫能为，曰虽鞭之长，不及马腹[3]；制小不用大，曰割鸡之小，焉用牛刀[4]。鸟食母者曰枭[5]，兽食父者曰獍[6]。苛政猛于虎[7]，壮士气如虹[8]。腰缠十万贯，骑鹤上扬州，谓仙人而兼富贵[9]；盲人骑瞎马，夜半临深池，是险语之逼人[10]。

译文

兄弟就像鹡鸰鸟，患难之中互相救助，相亲相爱；夫妇如同鸾鸟和凤凰，既经匹配就雌雄不乱。有权势却不能作为，就说马鞭虽长但打不到马腹上；处理小事情不用花大力气，就说宰割像鸡这样的小动物，何必动用杀牛的刀。连母亲也吃的鸟，叫作枭；连父亲也吃的兽，称为獍。苛重的政令赋税比老虎还凶猛，壮士的豪气就像天上贯日的长虹。腰带上缠了钱，骑鹤上天而去，是说世人富贵而登仙的样子；盲人骑着瞎马，半夜走到很深的池塘，是说这险语逼人太甚。

注释

1 **鹡鸰**(jí líng)**:**亦作“脊令”。《诗经·小雅·常棣》:“脊令在原，兄弟急难。”比喻兄弟相亲。

2 **鸾凤:**鸾鸟和凤凰。比喻夫妇。鸾，传说中凤凰一类的鸟。

3 **虽鞭之长，不及马腹:**《左传·宣公十五年》:“宋人使乐婴齐告急于晋，晋侯欲救之。伯宗曰:‘不可。古人有言曰:虽鞭之长，不及马腹。天方授楚，未可与争。’”杜预注:“言非所击。”谓马腹非鞭击之处。后用鞭长不及或鞭长莫及比喻力不能及。及，够得上。

4 **割鸡之小，焉用牛刀:**《论语·阳货》:“子之武城，闻弦歌之声。夫子莞尔而笑，曰:‘割鸡焉用牛刀？’”意谓治理这样小的地方，用得着礼乐吗？后喻做小事不必用大力气或小题不必大做。

5 **枭**(xiāo)**:**鸟名。俗名猫头鹰。旧传枭为不孝之鸟，寄巢生子，大则食其母。故以喻恶人。

6 **獍**(jìng)**:**传说中的恶兽名，也叫破镜。任昉《述异记》:“獍之为兽，状如虎豹而小,始生,还食其母。”一说獍食其父。因用以比喻不孝与忘恩负义之人。《史记·孝武本纪》:“古者天子常以春秋解祠,祠黄帝用一枭、破镜。”裴骃《集解》引孟康:“枭,鸟名,食母。破镜,兽名,食父。黄帝欲绝其类,使百物祠皆用之。”

7 **苛政猛于虎:**《礼记·檀弓》:“夫子曰:‘小子识之,苛政猛于虎也。’”意谓繁重的赋税和徭役比老虎还要凶暴可怕。

8 **壮士气如虹:**壮士的豪气有如天上的长虹,可以穿日而过。

9 **骑鹤上扬州:**比喻贪婪的妄想。《殷芸小说》:“有客相从,各言所志:或愿为扬州刺史,或愿多赀财,或愿骑鹤上升。其一人曰:‘腰缠十万贯,骑鹤上扬州。’欲兼三者。”后以此比喻欲集做官发财、成仙于一身,或形容贪婪的妄想。

10 **盲人骑瞎马,夜半临深池:**《世说新语·排调》载,东晋南郡公桓玄、荆州刺史殷仲堪及参军顾恺之一起谈“危语”。桓说:“矛头淅米剑头炊。”(在矛头上淘米,在剑尖上煮。)殷说:“百岁老翁攀枯枝。”顾说:“井上辘轳卧婴儿。”这时,殷手下一位参军也在座,他说:“盲人骑瞎马,夜半临深池。”仲堪听了十分不悦,因为仲堪有一只眼睛瞎了。大家感到扫兴,就停止了说“危语”。形容乱窜瞎撞,非常危险或面临极危险的情况而不自知。

原文

黔驴之技,技止此耳[1];鼯鼠之技,技亦穷乎[2]。强兼并者曰鲸吞[3],为小贼者曰狗盗[4]。养恶人如养虎,当饱其肉,不饱则噬;养恶人如养鹰,饥之则附,饱之则飏[5]。隋珠弹雀,谓得少

译文

黔驴之技是说炫耀拙劣的伎俩而本领却仅此而已;鼯鼠之技是说能耐也是十分有限。强行兼并的行为,叫作鲸吞;做小偷的人,称为狗盗。重用恶人就像豢养老虎,应当让他把肉吃饱,否则就会吃人;重用坏人如同养鹰,饿了才会依附于你,饱了就会飞去。用隋侯之珠去弹鸟雀,是说得到的少而失去的多;要打老鼠又怕损坏器物,是说担

而失多[6]；投鼠忌器，恐因甲而害乙[7]。事多曰猬集[8]，利小曰蝇头[9]。心惑似狐疑[10]，人喜如雀跃[11]。爱屋及乌，谓因此而惜彼[12]；轻鸡爱鹜，谓舍此而图他[13]。

心因为甲的事却又损害了乙。事情多叫作猬集，利益小称作蝇头。心有疑惑，常说狐疑；人们高兴，便说雀跃。爱那个人而连带地爱停留在他屋上的乌鸦，是说因为喜爱这个而爱护那个；轻视家鸡而喜爱野鸭，是说舍弃这个而去追求别的。

注释

1 **黔驴之技：**柳宗元《黔之驴》载，黔无驴，有好事者船载以入，放之山下。虎见之，庞然大物，以为神，蔽林间窥之。驴一鸣，虎大骇，远遁，以为且噬己，甚恐。然往来视之，觉无异能者。稍近，益狎。驴不胜怒，蹄之。虎因喜，计之曰："技止此耳！"因跳踉大㘎，断其喉，尽其肉，乃去。后因以黔驴之技谓仅有的一点技能也用完了。

2 **鼯(wú)鼠之技：**传说鼯鼠有五技(能飞不能过屋，能缘不能穷木，能游不能渡谷，能穴不能掩身，能走不能先人)，但都不专精，因而受困。比喻技能不精，虽多无益。

3 **鲸吞：**像鲸一样地吞食，多用来比喻以强吞弱，兼并土地。《旧唐书·萧铣等传论》："自隋朝维绝，宇县瓜分；小则鼠窃狗盗，大则鲸吞虎踞。"

4 **狗盗：**小偷。谓像狗一样钻进人家里。

5 **"养恶人如养虎"联：**三国时，吕布因陈登向曹操求为徐州牧，不得。吕布怒，拔戟斫几曰："今吾所求无一获，而卿父子并显重，为卿所卖耳！"陈登徐喻之曰："登见曹公言，待将军譬如养虎，当饱其肉，不饱则将噬人。公曰：'不如卿言也。譬如养鹰，饥则为附，饱则扬去。'"见《三国志·魏书·陈登传》。

6 **隋珠弹雀：**比喻做事不知衡量轻重，因而得不偿失。隋珠，古代传说中的明珠。《淮南子·览冥训》："譬如隋侯之珠，和氏之璧，得之者富，失之者贫。"高诱注："隋侯，汉东之国，姬姓诸侯也。隋侯见大蛇伤断，以药傅之。后蛇于江中衔大珠以报之，因曰隋侯之珠，盖明月珠也。"亦作"随珠"。

7 **投鼠忌器**:比喻欲除祸害,但有所顾忌。 **甲、乙**:借用字,犹言彼此。

8 **猬集**:比喻事情繁多,像刺猬的硬刺那样聚在一起。猬,即刺猬,动物名,遍身有刺。

9 **蝇头**:比喻细小的事物,多指小字或小的财利。

10 **狐疑**:犹豫不决。《汉书·文帝纪》:"方大臣诛诸吕迎朕,朕狐疑。"颜师古注:"狐之为兽,其性多疑,每渡冰河,且听且渡,故言疑者而称狐疑。"

11 **雀跃**:像雀一样跳跃,形容特别高兴。

12 **爱屋及乌**:比喻爱其人而推爱及与之有关的人或物。《尚书大传·大战》"爱人者,兼其屋上之乌"。

13 **轻鸡爱鹜**:比喻舍此而求彼。

原文

嗾恶为非,曰教猱升木[1];受恩不报,曰得鱼忘筌[2]。倚势害人,真似城狐社鼠[3];空存无用,何殊陶犬瓦鸡[4]。势弱难敌,谓之螳臂当辕[5];人生易死,乃曰蜉蝣在世[6]。小难制大,如越鸡难伏鹄卵[7];贱反轻贵,似鸴鸠反笑大鹏[8]。小人不知君子之心,曰燕雀岂知鸿鹄志[9];君子不受小人之侮,曰虎豹岂受犬羊欺[10]。

译文

嗾使恶人为非作歹,说是教猱升木;受人恩惠却不报答,叫作得鱼忘筌。倚仗权势去害人,真像栖息在城墙里的狐狸和土地庙中的老鼠;存积下来没有用处的东西,跟不能守夜的陶犬和不能报晓的瓦鸡有什么两样。力量弱小抵挡不了强大的敌人,称之为螳臂当辕;人生短暂,容易死亡,说是蜉蝣在世。才能小的人难以办成大事,就像越鸡不能孵化天鹅蛋一样;目光短浅的人却瞧不起志向远大的人,如同只能在树林跳上跳下的斑鸠反而嘲笑扶摇而上九万里的大鹏鸟一样。小人不懂得君子的想法,说是燕雀小鸟怎么能知道鸿鹄的远大志向;君子不受小人之辱,说是虎豹怎么能忍受犬羊的欺侮。

注释

1 **教猱(náo)升木**:《诗经·小雅·角弓》:"毋教猱升木,如涂涂附。"比喻教唆坏人做坏事。猱,猴类,身体便捷,善攀援。

2 **得鱼忘筌(quán)**:《庄子·外物》:"荃者,所以在鱼,得鱼而忘荃。"比喻成功以后就忘了赖以成功的事物、条件。筌,亦作"荃",捕鱼用的竹器。

3 **城狐社鼠**:城墙下的狐狸,土地庙里的老鼠。比喻有所凭借而为非作歹又很难除掉的人。《晋书·谢鲲传》:"(王敦)谓鲲曰:'刘隗奸邪,将危社稷,吾欲除君侧之恶,匡主济时,何如?'对曰:'隗诚始祸,然城狐社鼠也。'"意为掘狐恐坏城墙,熏鼠恐坏社庙,喻刘隗在君侧不可去。

4 **陶犬瓦鸡**:陶土做的狗,泥土塑的鸡。比喻无用之物。

5 **螳臂当辕**:《庄子·人间世》:"汝不知夫螳螂乎?怒其臂以当车辙,不知其不胜任也。"比喻不自量力,必然失败。亦作"螳臂当车"。辕,车前驾牲畜的直木或曲木,代称车。

6 **蜉蝣(fú yóu)在世**:比喻人生短暂。蜉蝣,一种小飞虫,其成虫的生存期极短。

7 **越鸡难伏鹄卵**:《庄子·庚桑楚》:"庚桑子曰:'辞尽矣,奔蜂不能化藿蠋,越鸡不能伏鹄卵,鲁鸡固能矣!鸡之与鸡,其德非不同也。有能与不能者,其才固有巨小也。今吾才小,不足以化子。子胡不南见老子!'"越鸡,越地所产的鸡,较小;伏,孵;鹄卵,天鹅蛋;鲁鸡,鲁地所产的鸡,或当时鲁地鸡种优良,所以比越地的大。庄子的本意是才有大小,小才无法担当大任。后也指小的控制不了大的。

8 **鸴(xué)鸠反笑大鹏**:《庄子·逍遥游》:"北冥有鱼,其名为鲲。鲲之大,不知其几千里也。化而为鸟,其名为鹏……鹏之徙于南冥也,水击三千里,抟扶摇而上者九万里,去以六月息者也。""蜩与学鸠笑之曰:'我决起而飞,抢榆枋(而止),时则不至而控于地而已矣,奚以之九万里而南为?'"庄子的原意在于阐明大小之间的区别没有什么意义,要人任其自然。后人常赋予它新的意义:目光短浅的人不能理解别人的远大志向。鸴鸠,亦作"学鸠",即斑鸠。

9 **燕雀岂知鸿鹄志**:《史记·陈涉世家》:"陈涉太息曰:'嗟乎,燕雀安知鸿鹄之志哉！'" 比喻庸俗的人不能理解志南远大者的抱负。

10 **虎豹岂受犬羊欺：**比喻英雄或权责一旦失势，陷入困境，就会受人欺凌。

原文

跖犬吠尧，吠非其主[1]；鸠居鹊巢，安享其成[2]。缘木求鱼，极言难得[3]；按图索骥，甚言失真[4]。恶人借势，曰如虎负嵎[5]；穷人无归，曰如鱼失水[6]。九尾狐，讥陈彭年素性谄而又奸[7]；独眼龙，夸李克用一目眇而有勇[8]。指鹿为马，秦赵高之欺主[9]；叱石成羊，黄初平之得仙[10]。

译文

盗跖的犬对尧狂吠，并非尧不好，而是尧不是它的主人；斑鸠强占着喜鹊筑的巢，心安理得享受别人的劳动成果。爬到树上去找鱼，用这种办法根本不可能达到目的；按照画上的图像去寻找良马，也是办不到的，因为图像与真马相差太远。恶人仰仗权势，叫作如虎负嵎；穷人没有归宿，称作如鱼失水。九尾狐，是人们讥讽宋代陈彭年本性谄媚而又奸诈所用的绰号；独眼龙，是人们赞美唐末李克用只有一只眼睛却很勇敢的誉称。指着一只鹿却说是一匹马，这是秦朝丞相赵高欺诈秦二世；对着石头大喝一声"羊起"，石头竟然全都变成了羊，这是黄初平在金华山得道成仙的传说。

注释

1 **跖(zhí)犬吠尧：**意谓各为其主。《史记·淮阴侯列传》："(蒯通)对曰：'跖之狗吠尧，尧非不仁，狗固吠非其主也。"跖，人名。相传为春秋时柳下惠之弟，是率九千人横行天下的大盗，故谓之盗跖。一说为黄帝时大盗。

2 **鸠居鹊巢：**《诗经·召南·鹊巢》："维鹊有巢，维鸠居之。"后指强占他人的住处或心安理得地享受他人的劳动成果。

3 **缘木求鱼：**《孟子·梁惠王上》："以若所为，为若所欲，犹缘木而求鱼也。"比喻方式、方法完全错误，不可能达到目的。

4 **按图索骥:**照图上画的去寻求好马。索,寻找;骥,一作“骏”,好马。按图索骥,比喻食古不化,拘泥成法办事。今多比喻依照一定的线索去寻求某一事物。

5 **如虎负嵎:**本义为依靠有利地形。《孟子·尽心下》:“有众逐虎。虎负嵎,莫之敢撄。”多比喻坏人仰仗权势作恶。也指残敌凭险顽抗,成语有负隅顽抗。负,凭借;嵎,亦作“隅”,山势曲折险峻处。

6 **如鱼失水:**《庄子·庚桑楚》:“庚桑子曰:‘小子来!夫函车之兽,介而离山,则不免于网罟之患;吞舟之鱼,砀而失水,则蚁能苦之。故鸟兽不厌高,鱼鳖不厌深。’”因以如鱼失水比喻失去了依靠。

7 **九尾狐:**传说中的异兽。《山海经·南山经》:“有兽焉,其状如狐而九尾,其音如婴儿,能食人,食者不蛊。”古人以为祥瑞。后则以九尾狐为妖魅多诈的象征,用来比喻阴险奸佞之人。 **陈彭年:**字永吉,北宋抚州南城人。雍熙进士,官至兵部侍郎。时人谓陈彭年奸佞媚上,称之为九尾狐。

8 **独眼龙:**李克用,唐末沙陀族人。其父朱邪赤心助唐镇压庞勋起义,赐名李国昌。克用初随父冲锋陷阵,骁勇善战,军中称为飞虎子,又因一目失明,绰号独眼龙。见《旧五代史·唐武皇纪上》。后泛指瞎了一只眼的人。

9 **指鹿为马:**《史记·秦始皇本纪》:“赵高欲为乱,恐群臣不听,乃先设验。持鹿献于二世,曰:‘马也。’二世笑曰:‘丞相误耶?谓鹿为马。’问左右,左右或默,或言马以阿顺赵高。或言鹿者,高因阴中诸言鹿者以法。后群臣皆畏高。”后以指鹿为马比喻有意颠倒黑白,混淆是非。

10 **叱石成羊:**东晋黄初平,年十五,与兄黄初起一道牧羊。一日,初平遇道士引至金华山石室中。其兄初起寻之,见初平,问羊安在。曰:“在山东。”往视之,但见有白石磊磊。初平叱之曰:“羊起!”石皆起而为羊。见葛洪《神仙传》。

原文

卞庄勇能擒双虎[1],高骈一矢贯双雕[2]。司马懿畏蜀如虎[3],诸葛亮辅汉如龙[4]。鹪鹩巢林,不过一枝;鼹鼠饮河,不过满腹[5]。弃人甚易,曰孤雏腐鼠[6];文名共仰,曰起凤腾蛟[7]。

译文

春秋时卞庄子有勇力,一举能擒两虎;唐朝人高骈看见双雕并飞,一箭贯穿两只雕。魏军统帅司马懿看见诸葛亮的军队便坚壁不出,部属贾羽、魏平说他"畏蜀如虎,奈天下笑何";蜀汉丞相诸葛亮号卧龙,辅佐刘备鞠躬尽瘁,有如飞龙在天。鹪鹩鸟在树林里筑巢,不过占据一根树枝;鼹鼠在河里饮水,不过喝满一肚子。抛弃一个人极容易,就像抛弃孤雏腐鼠一般;文章超群,人所共仰,就说有如凤凰起舞,蛟龙腾空。

注释

1 **卞庄:**即卞庄子。春秋时鲁国卞邑大夫,以勇力驰名。《史记·张仪列传》:"庄子欲刺虎,馆竖子止之,曰:'两虎方且食牛,食甘必争,争则必斗,斗则大者伤,小者死,从伤而刺之,一举必有双虎之名。'卞庄子以为然,立须之。有顷,两虎果斗,大者伤,小者死。庄子从伤者而刺之,一举果有双虎之功。"

2 **高骈:**字千里,唐末幽州人。年轻时见有二雕并飞,骈曰:"我且贵,当中之。"发一矢贯二雕。后为秦州刺史、淮南节度使等,威重一时。见《新唐书·高骈传》。

3 **司马懿畏蜀如虎:**三国时,诸葛亮率军出祁山伐魏,魏军统帅司马懿敛军依险,坚壁不出。诸葛亮派人送巾帼与懿,以激怒之,懿仍不出。贾诩、魏平曰:"公畏蜀如虎,奈天下笑何?"见《三国志·蜀书·诸葛亮传》注引《汉晋春秋》及《晋书·宣帝纪》。

4 **诸葛亮辅汉如龙:**《纲鉴总论》:"鞠躬尽瘁,死而后已。亮之所以如龙也。"

5 **"鹪鹩巢林"联:**《庄子·逍遥游》载,许由不愿接受尧所让天子之位,说:

“子治天下，天下既已治也，而我犹代子，吾将为名乎？名者，实之宾也，吾将为宾乎？鷦鷯巢于深林，不过一枝；偃鼠饮河，不过满腹。归休乎君，予无所用天下为！”许由感到自满自足，不想去追求过多的功名，否则就连一枝之地，满腹之食也不保险了。鷦鷯，一种小鸟，因巢筑得极精巧，故又称巧妇鸟。鼹鼠，俗称田鼠，善掘洞，危害农作物。说它形大如牛，不可信。后以巢林一枝，比喻安于狭隘的居处；以鼹饮满腹，比喻度量细小。

6 **孤雏腐鼠：**比喻微贱不足道的人或物。孤雏，孤独的幼鸟。

7 **起凤腾蛟：**形容文章内容丰富，文采华丽，有如凤凰起舞，蛟龙腾空。

原文

为公乎，为私乎，惠帝问蛤蟆[1]；欲左左，欲右右，汤德及禽兽[2]。鱼游于釜中，虽生不久[3]；燕巢于幕上，栖身不安[4]。妄自称奇，谓之辽东豕[5]；其见甚小，譬如井底蛙[6]。父恶子贤，谓是犁牛之子[7]；父谦子拙，谓是豚犬之儿[8]。

译文

惠帝询问蛤蟆鸣叫是为公还是为私，商汤的仁德施及禽兽任其左右逃奔。鱼在锅里游动，虽然活着也不会太久；燕子在帐幕上筑巢，即使能暂时栖身也会很不安全。妄自尊大、自命不凡的人，称之为辽东豕；见识短浅、阅历不广的人，就像井底蛙。父亲坏儿子却贤能，说是犁牛之子；父亲谦逊地说儿子笨拙，说是豚犬之儿。

注释

1 **惠帝问蛤蟆：**《晋书·惠帝纪》：“帝（司马衷）又尝在华林园，闻蛤蟆声，谓左右曰：‘此鸣者为官乎？私乎？’或对曰：‘在官地为官，在私地为私。’及天下荒乱，百姓饿死，帝曰：‘何不食肉糜？’”一个昏君形象，跃然纸上。

2 **汤德及禽兽：**形容仁德之君刑政宽大。《史记·殷本纪》载，一天成汤出外，看见野外有人四面张着罗网，祈祷说：“从天上地下和四方来的，都进入我的罗网。”汤说：“唉！一网打尽了啊！”于是就叫张网人撤去三面的罗网，并命他祈祷说：“想往左的，就往左；想往右的，就往右；不听从命令的，才进入我的罗网。”诸侯听到这件事，说：“汤的恩德达到顶点了，竟能推广到禽兽身上。”

3 **鱼游于釜中：**《后汉书·张纲传》：“若鱼游釜中，喘息须臾间耳。”比喻身临绝境，生命危在旦夕。釜，锅。

4 **燕巢于幕上：**《左传·襄公二十九年》：“夫子之在此也，犹燕之巢于幕上。”比喻处境危险。

5 **辽东豕：**《后汉书·朱浮传》载，东汉朱浮、彭宠积怨，彭举兵攻浮。朱浮与彭书曰：“伯通自伐，以为功高天下。往时辽东有豕，生子白头，异而献之。行至河东，见群豕皆白，怀惭而还。若以子之功论于朝廷，则为辽东豕也。”后以辽东豕喻少见多怪，自命不凡。

6 **井底蛙：**井底下的青蛙只能看到井口那么大的一块天。比喻见识短浅的人。

7 **犁牛之子：**《论语·雍也》：“子谓仲弓，曰：‘犁牛之子骍且角，虽欲勿用，山川其舍诸？’”犁牛，杂色的耕牛。骍牛马等毛皮红色。角，这里指两角长得端正。古代祭祀用的牛必须毛皮红色和两角端正，要单独饲养，不能用耕牛。这里是说，仲弓虽然出身贫贱，但仍可做官。后比喻父虽不善却无损其子的贤明。

8 **豚犬之儿：**《三国志·吴书·吴主传》注引《吴历》：“公见舟船、器仗、军伍整肃，喟然叹曰：‘生子当如孙仲谋，刘景升儿子若豚犬耳。’”刘表，字景升，平庸无能，献帝初平元年任荆州刺史，据有今湖南、湖北地方。子刘琮，后投降曹操。

原文

出人群而独异，如鹤立鸡群[1]；非配偶以相从，如雉求牡匹[2]。天上石麟，夸小儿之迈众[3]；人中骐骥，比君子之超

译文

才华或仪表出众，不同于别人，就像是鹤立鸡群；不是夫妻却互相跟随，就像是雉求牡匹。天上石麟，是南朝名僧宝志称赞徐陵幼时就超越了众人；人中骐骥，南朝徐勉自小就好学不倦，同宗把他比做超凡的

凡[4]。怡堂燕雀，不知后灾[5]；瓮里醯鸡，安有广见[6]。马牛襟裾，骂人不识礼义[7]；沐猴而冠，笑人见不恢宏[8]。羊质虎皮，讥其有文无实[9]；守株待兔，言其守拙无能[10]。

君子。在堂前安居自乐的燕雀，不知道火灾就要来临；长期生活在瓮中的醯鸡，怎么能有广远的见识。马牛穿着衣服，是骂人不懂得礼义；猕猴戴着帽子，是讥笑人目光短浅。羊质虎皮，是讽刺那些徒有虚名而无实际能力的人；守株待兔，是说那些笨拙无能而又妄想不劳而获的人。

注释

1 **鹤立鸡群：**比喻人的才能或仪表出众。《晋书·嵇绍传》："（绍）始入洛，或谓王戎曰：'昨于稠人中始见嵇绍，昂昂然如野鹤之在鸡群。'"这里指嵇绍丰采过人。

2 **雉求牡匹：**比喻淫乱无礼。飞禽的公母叫雌雄，走兽的公母叫牡牝。雉，野鸡，当求其雄，今却求其牡匹，如淫乱之人犯礼以相求也。

3 **天上石麟：**对儿童前程远大的赞语。《陈书·徐陵传》："时宝志上人者世称其有道，陵年数岁，家人携以候之，宝志手摩其顶曰：'天上石麒麟也。'" **迈众：**超越众人。迈，超过。

4 **人中骐骥：**比喻出类拔萃的人才。骐骥，良马。《南史·徐勉传》："（勉）及长好学，宗人孝嗣见之，叹曰：'此所谓人中之骐骥，必能致千里。'"

5 **怡堂燕雀：**讽刺那些居安而不思危、祸至而不知避的糊涂者。《孔丛子·论势》："燕雀处屋，子母相哺，呴呴焉其相乐也，自以为安矣。灶突炎上，栋宇将焚。燕雀颜不变，不知祸之及己也。"

6 **瓮里醯(xī)鸡：**《庄子》郭象注："醯鸡者，瓮中之蠛蠓。"比喻见识不广。醯鸡，瓮中之蠛蠓，是一种比蚊还小的飞虫。

7 **马牛襟裾：**穿着人衣的牛马。比喻徒有外表而无知不知，不懂礼义廉耻或行为卑污，没有人性的人。襟裾，指衣服。

8 **沐猴而冠：**猕猴戴人帽，像人样，却办不成人事。比喻装扮像个人物，而实际并不像。

9 **羊质虎皮：**扬雄《法言·吾子》："羊质虎皮，见草而说，见豺而战，忘其皮之虎也。”原来是说羊披上虎皮，怯弱的本性不变。后来比喻徒有虚名而无实际能力的人。

10 **守株待兔**：《韩非子·五蠹》："宋人有耕者，田中有株（树蔸），兔走，触株折颈而死。因释其耒而守株，冀复得兔。兔不可复得，而身为宋国笑。今欲以先王之政，治当世之民，皆守株之类也。”故事原是要讽刺“今欲以先王之政，治当世之民”的人。后来用来比喻只凭过去经验办事，刻板守旧而不知变通的人或妄想不劳而获而坐享其成的人。

原文

恶人如虎生翼，势必择人而食[1]；志士如鹰在笼，自是凌霄有志[2]。鲋鱼困涸辙，难待西江水，比人之甚窘[3]；蛟龙得云雨，终非池中物，比人大有为[4]。执牛耳，为人主盟[5]；附骥尾，望人引带[6]。鸿雁哀鸣，比小民之失所[7]；狡兔三窟，诮贪人之巧营[8]。风马牛，势不相及[9]；常山蛇，首尾相应[10]。

译文

帮助坏人，坏人就像老虎长了翅膀，势必要选择人来当食物；有远大志向的人就像是关在笼子里的鹰，本来就有直上九霄的壮志。小鱼被困在干车沟里，很难等到西江的救命水，常用来比喻人处境十分困难；蛟龙得到云雨，便会腾跃天空，终究不是池中之物，比喻有抱负的人总有施展才华的一天。执牛耳，是指人居于领导地位；附骥尾，是希望别人提携荐引。鸿雁哀鸣，这是比喻受灾百姓流离失所；狡兔三窟，讥讽贪财的人善于经营。春秋时晋楚两国相距遥远，即使牛马走失，也不会跑入对方境内，这是楚成王质问晋献公伐楚没有道理；常山的一种蛇，首尾能互相呼应，兵家就用它来比喻一种首尾相应的用兵阵法。

注释

1 **恶人如虎生翼**：意思是如果帮助坏人作恶就会助长坏人的气势，坏人就会像长了翅膀的老虎，更加肆无忌惮。

2 **志士如鹰在笼**：《晋书·慕容垂载记》载，晋时，慕容垂初投苻坚，权翼谏秦王曰："垂爪牙名将，所谓今之韩白……且垂犹鹰也，饥则附人，饱则高飏，遇风尘之会，必有凌霄之志，唯宜急其羁绊，不可任其所欲。"

3 **鲋鱼困涸(hé)辙：**小鱼被困在干车沟里。比喻处境十分困难的人。

4 **蛟龙得云雨：**《资治通鉴·汉献帝建安十五年》载，刘备诣孙权，求督荆州。周瑜上疏于孙权曰："刘备以枭雄之姿，而有关羽、张飞熊虎之将，必非久屈为人用者……今猥割土地以资业之，聚此三人俱在疆场，恐蛟龙得云雨，终非池中物也！"比喻有才华的人终有施展抱负的一天。

5 **执牛耳：**古代诸侯歃血为盟，割牛耳取血，盛牛耳于珠盘，由主盟者执盘，因称主盟者为执牛耳。后泛指在某一方面居领导地位。

6 **附骥尾：**比喻依附贤者或先人以成名。后来一般用为谦词。骥，良马。

7 **鸿雁哀鸣：**《诗经·小雅·鸿雁》："鸿雁于飞，哀鸣嗷嗷。"后用来比喻流离失所的灾民。

8 **狡兔三窟：**狡猾的兔子有三个洞穴。原比喻藏身的地方多，便于逃避灾祸。后用来比喻从多方面谋求安身立命以避灾祸。多用于贬义。

9 **风马牛：**《左传·僖公四年》："齐侯以诸侯之师侵蔡。蔡溃，遂伐楚。楚子使与师言曰：'君处北海，寡人处南海，唯是风马牛不相及也。'"风，放逸、走失的意思，是说齐、楚相去遥远，即使马牛走失，也不会跑到对方境内。意指齐国进攻楚国没有道理。后用以比喻事物之间毫不相干。一说兽类雌雄相诱叫作风，马与牛不同类，不致相诱。

10 **常山蛇：**传说中一种能首尾互相救应的蛇。后比喻一种首尾相应、各部紧密配合的作战阵法。《孙子·九地》："故善用兵，譬如率然。率然者，常山之蛇也。击其首则尾至，击其尾则首至，击其中则首尾俱至。"

原文

百足之虫，死而不僵，以其扶之者众[1]；千岁之龟，死而留甲，因其卜之则灵[2]。大丈夫宁为鸡口，毋为牛后[3]；士君子岂

译文

百足虫死而不僵，因为它有众多的扶持者；千年的乌龟死后人们留下它的甲壳，据说它有灵性，用来占卜很灵验。大丈夫宁肯做可以自由啄食的鸡嘴，也不做受人鞭打的牛屁股；士君子怎么甘心像伏在巢

甘雌伏，定要雄飞[4]。毋偈促如辕下驹[5]，毋委靡如牛马走[6]。猩猩能言，不离走兽；鹦鹉能言，不离飞鸟[7]。人唯有礼，庶可免相鼠之刺；若徒能言，夫何异禽兽之心[8]。

中的雌鸟屈居人下，一定要像雄鸟展翅高飞。不要拘束不安，就像车辕下的小马驹；不要精神委靡，就像牛马一样供人驱使的仆人。猩猩能说话，仍是走兽；鹦鹉能说话，还是飞禽。人只有讲礼仪，才可以避免不如老鼠的讽刺；如果人不懂礼仪，只是会说话，那他的心与禽兽的心就没有什么差别。

注释

1 **百足之虫，死而不僵：**曹冏《六代论》载，三国时魏主曹叡卒，子芳立，曹冏请众建藩臣："故语曰：'百足之虫，至死不僵，扶之者众也。'此言虽小，可以譬大。"后比喻势力雄厚的集团或家族，虽然衰败了，其影响依然存在。现多用于贬义。百足，虫名，马蚿的别名，大者名马陆。长约一寸，躯干计二十节，切断后头尾仍可各行而去。

2 **千岁之龟，死而留甲：**古人认为龟是有灵性的神兽，寿命也很长，因此龟死后人们留下龟甲用来占卜吉凶。

3 **宁为鸡口，毋为牛后：**《战国策·韩策》："臣闻鄙语曰：'宁为鸡口，无为牛后。'今大王西面交臂而臣事秦，何以异于牛后？"鸡嘴虽小，但可以自由啄食；牛屁股虽大，但只能任人鞭打。比喻宁肯在局面小的地方自主，也不愿在局面大的地方任人支配。

4 **岂甘雌伏，定要雄飞：**汉代赵温担任京兆郡丞，叹息说："大丈夫当雄飞，安能雌伏！"于是弃官而去，后被拜为司徒。雌伏，指屈居人下；雄飞，奋发猛进。比喻不甘心，无所作为。

5 **辕下驹：**车辕下的小马。比喻人有所畏忌而显得拘束不安。驹，幼马。

6 **牛马走：**像牛马一样供人驱使的人，犹言仆人。常用作自谦之词。

7 **"猩猩能言"联：**《礼记·曲礼上》："鹦鹉能言，不离飞鸟，猩猩能言，不离禽兽。今人而无礼，虽能言，不亦禽兽之心乎？"意思是说，人如果不讲礼节，就跟飞禽走兽没有区别。

8 **"人唯有礼"联：**《诗经·鄘风·相鼠》："相鼠有体，人而无礼。人而无礼，胡不遄死？”意思是说，连老鼠都有皮、有齿、有体，人只有讲礼仪，才可以避免不如老鼠。否则，他的心就跟禽兽没有区别。

花　木

导读

本篇由前后两个部分组成。前一部分紧扣“花木”展开，交代相关花木的本名、别号，如竹子的别号叫“筼筜”，桂花的别名叫“木樨”；干笋又叫“玉版”，芋头又叫“蹲鸱”；“国色天香”，形容牡丹花的香色可贵；“冰肌玉骨”，形容梅花的傲寒斗艳。同时特意将花木与人事关联在一起，从正反两方面举例说明人与花木的关系。

后一部分则主要是与“花木”相关的历史典故。欧阳修的母亲家贫无纸笔，便用芦苇秆在地上画字叫他学习；西晋王戎家有好李，为了使别人不能留种，便将李核钻穿再出卖。篇中运用大量的例证，表达作者的爱憎情感，读来深受启发。

原文

植物非一，故有万卉之称[1]；谷种甚多，故有百谷之号[2]。如茨如梁，谓禾稼之蕃[3]；惟夭惟乔，谓草木之茂[4]。莲乃花中君子[5]，海棠花内神仙[6]。国色天香，乃牡丹之富贵[7]；

译文

植物并非一种，所以有万卉的称呼；谷物种类很多，所以有百谷的名号。如茨如梁是形容庄稼长势茂盛；惟夭惟乔是说草木生长茂盛。莲花出淤泥而不染，周敦颐称它是花中君子；海棠花色艳丽而不妖冶，贾耽说它是花内神仙。国色天香，是形容牡丹的富贵气派；冰肌玉骨，是赞美梅花冰肌玉骨，乃梅萼之清奇[8]。兰为王者之香[9]，菊同隐逸之士[10]。

的清奇品格。兰生幽谷，孔子说它当为王者香；菊开九月，周敦颐说它是花之隐逸者。

注释

1 **卉**(huì)**：**草的总称。

2 **百谷：**谷类的总称。谷非一种，举其成数，故称百谷。

3 **如茨如梁：**《诗经·小雅·甫田》："曾孙之稼，如茨如梁。" 形容庄稼长得厚如屋盖，高如车梁。茨，屋盖。屋盖，用芦苇、茅草盖的屋顶。 **蕃：**茂盛。

4 **惟夭惟乔：**《尚书·禹贡》："厥草惟夭，厥木惟乔。" 形容草木茂盛。夭，茂盛的样子；乔，高。

5 **花中君子：**周敦颐《爱莲说》："予谓菊，花之隐逸者也；牡丹，花之富贵者也；莲，花之君子者也。" 莲花品格高洁，所以说它是花中的君子。

6 **花内神仙：**贾耽《百花谱》载，海棠为花中神仙，色甚丽，但花无香无实。西蜀昌州产者，有香有实，土人珍为佳果。海棠花色艳丽而不妖冶，所以说它是花内神仙。

7 **国色天香：**形容牡丹花的香色可贵，不同于一般花卉。后亦用来形容女子的美丽。

8 **冰肌玉骨：**形容梅花的傲寒斗艳。后亦用来形容女子的肌肤莹洁光润。

9 **兰为王者之香：**《孔子家语》载，孔子自卫反鲁，见幽谷之中香兰独茂，喟然叹曰："兰当为王者香，今乃与众草伍。" 伤己之不遇，乃援琴鼓之，作《猗兰操》。

10 **菊同隐逸之士：**菊花在百花零落后的九月开放，周敦颐称它为"隐逸者"。隐逸之士，即隐士，隐居不仕的人。

原文

竹称君子[1]，松号大夫[2]。萱草可

译文

竹子有君子之德，所以被称为君子；秦始皇登泰山，曾在大松树下避雨，封它为五大夫，所以

忘忧[3]，屈轶能指佞[4]。筼筜，竹之别号[5]；木樨，桂之别名[6]。明日黄花，过时之物[7]；岁寒松柏，有节之称[8]。樗栎乃无用之散材[9]，楩楠胜大任之良木[10]。	松树别号五大夫。萱草又叫忘忧草，据说可以使人忘却忧愁；屈轶又叫指佞草，相传能指向奸伪谄媚之徒。筼筜是竹子的别号，木樨是桂花的别名。明日黄花，比喻过时的事物；岁寒松柏，是对身处逆境却能保持节操者的赞美。樗树和栎树，是两种没有用处的树木；黄楩木和楠木，都是能有大用的优质木材。

注释

1 **竹称君子：**竹有君子之道四焉，即根牢、身直、心空、有节，所以竹被称为“君子”。

2 **松号大夫：**《史记·秦始皇本纪》：“（始皇）乃遂上泰山，立石，封，祠祀。下，风雨暴至，休于树下，因封其树为五大夫。”应劭《汉官仪》说始皇所封的树是松树。后来就以“五大夫”为松的别名。五大夫，爵位名，是秦、汉二十等爵的第九级。

3 **萱草可忘忧：**萱草又名忘忧草，据说可以使人忘却忧愁。

4 **屈轶能指佞（nìng）：**屈轶，神话中的草名。张华《博物志》：“尧时有屈轶草生于庭，佞人入朝，则屈而指之，一名指佞草。”佞，佞人，指奸伪谄媚之徒。

5 **筼筜（yún dāng）：**大竹名。皮薄，节长而竿高。杨孚《异物志》：“筼筜生水边，长数丈，围一尺五六寸，一节相去六七尺，或相去一丈。庐陵界有之。”后为竹之别名。

6 **木樨：**即桂花。原产中国，久经栽培，变种较多，常见的有金桂（丹桂，花橙黄色）、银桂（花黄白色）和四季桂等。为珍贵的观赏芳香植物。

7 **明日黄花：**明日，指重阳节后；黄花，指菊花。苏轼《九日次韵王巩》：“相逢不用忙归去，明日黄花蝶也愁。”后常借以比喻过时的事物。

8 **岁寒松柏：**《论语 · 子罕》：“岁寒，然后知松柏之后凋也。”因松柏岁寒不凋，故后世诗文中常以岁寒松柏比喻在逆境危困中仍能保持节操的人。岁寒，一年的寒冬时节，比喻困境。

9 **樗栎(chū lì)**:原指樗、栎两种不材之木。后用以比喻才能低下,多用为自谦之词。 **散材**:无用之木。常比喻不为世所用之人。

10 **楩(pián)楠**:楩,南方大木名,即今黄楩木。楠,生南方,干甚端伟,高者十余丈,巨者数十围,木材坚密芳香,为建筑及制造器物的良材。

原文

玉版,笋之异号[1];蹲鸱,芋的别名[2]。瓜田李下,事避嫌疑[3];秋菊春桃,时来迟早[4]。南枝先,北枝后,庾岭之梅[5];朔而生,望而落,尧阶蓂荚[6]。苾刍背阴向阳,比僧人之有德[7];木槿朝开暮落,比荣华之不长[8]。芒刺在背,言恐惧不安[9];薰莸异气,犹贤否有别[10]。

译文

玉版是干笋的异名;蹲鸱是芋头的别号。瓜田里不弯腰提鞋,李树下不举手整帽,为的是避免有偷瓜摘李的嫌疑;秋天的菊花九月开,春天的桃花三月开,是说时间季节有迟也有早。南边枝条的花先开,北边枝条的花后开,是说庾岭上的梅花南暖北寒;夏历初一开始生荚,十五以后开始落荚,这就是生长在尧帝庭阶上的蓂荚。苾刍这种植物背阴向阳,比喻僧人一心向佛有德行;木槿的花早晨开放傍晚凋谢,用来比喻人的荣华不能长久。芒刺在背,是说心里害怕坐立不安;薰莸异气,比喻好人与坏人自有区别。

注释

1 **玉版**:干笋。

2 **蹲鸱**:大芋头,因状似蹲伏的鸱鸟得名。

3 **瓜田李下**:古乐府《君子行》:"君子防未然,不处嫌疑间,瓜田不纳履,李下不正冠。"经过瓜田,不弯腰提鞋子;走过李树下面,不举手扶正帽子,这是为了避免有偷瓜、摘李子的嫌疑。比喻容易招惹嫌疑的地方。

4 **秋菊春桃**:表明时间早晚不同。

5 **庾岭之梅**:因南暖北寒,故而庾岭之梅往往南枝已落,北枝方开。庾岭,即大庾岭，为我国五岭之一，在今江西、广东交界处。古时多植梅树，故又名梅岭。

6 **尧阶蓂(míng)荚：**《竹书纪年·陶唐氏》载，相传尧帝时有土阶三尺，下有草曰蓂荚。蓂荚每月朔日（夏历每月初一）生一荚，至望日（夏历每月十五）后日落一荚，至月晦（夏历月终的那一天）而尽。若月小则余一荚。后以此借指时光、日期。蓂荚，传说中的一种瑞草。

7 **苾刍(bì chú)：**梵语音译，佛教僧人的总称，意谓佛的弟子。苾刍是一种植物。据说它有五种德性，其中"不背日光"（背阴向阳），比喻一心向佛。因此称僧人为苾刍。

8 **木槿(jǐn)：**木名。落叶灌木，夏秋开红、白或紫色花，朝开暮敛。因以此比喻好景不长。

9 **芒刺在背：**《汉书·霍光传》："宣帝始立，谒见高庙，大将军（霍）光从骖乘，上内严惮之，若有芒刺在背。"后来就用芒刺在背比喻心中惶恐，坐立不安。芒刺，植物茎叶、果壳上的小刺。

10 **薰莸：**《左传·僖公四年》："一薰一莸，十年尚犹有臭。"杜预注："薰，香草；莸，臭草。十年有臭，言善易消，恶难除。"后常以之比喻善人与恶人。**贤否(pǐ)：**贤良与不肖。否，恶。

原文

桃李不言，下自成蹊[1]；道旁苦李，为人所弃[2]。老人娶少妇，曰枯杨生稊[3]；国家进多贤，曰拔茅连茹[4]。蒲柳之姿，未秋先槁[5]；姜桂之性，愈老愈辛[6]。王者之兵，势

译文

桃李不说话，那下面却自然形成了一条小路；道旁的苦李子，常常被人们所抛弃。老头子娶少妻，说是枯萎的杨树又长出了嫩芽；国家进用的贤人多，说是拔起白茅根系相连。水杨因落叶早，秋天未到就是一副枯槁的样子，用来比喻人的早衰；生姜和肉桂的特性，愈老愈辛辣，用来比喻人老来性格愈刚强。行王道的军队克敌制胜，如同破竹毫无阻碍；战国时七国争雄，天下的土地像瓜一样被分割开来。淝水之战时，前秦主

如破竹[7]；七雄之国，地若瓜分[8]。苻坚望阵，疑草木皆是晋兵[9]；索靖知亡，叹铜驼会在荆棘[10]。	苻坚登上寿春城观阵，见晋军部阵整齐，八公山上草木皆类人形，心中胆怯，连草木都被怀疑成了晋兵；西晋尚书索靖有远见，知道西晋王朝就要灭亡，因而感叹洛阳宫门的铜驼周围不久将会长满荆棘。

注释

1 **桃李不言，下自成蹊**(xī)：比喻实至名归。《汉书·李广传赞》："李将军悛悛如鄙人，口不能出辞，及死之日，天下知与不知，皆为流涕，彼其中心诚信于士大夫也。谚曰：'桃李不言，下自成蹊。'此言虽小，可以喻大。"颜师古注："蹊，谓径道也，言桃李以其华（花）实之故，非有所召呼，而人争归趣（趋），来往不绝，其下自然成径，以喻人怀诚信之心，故能潜有所感也。"蹊，小路。

2 **道旁苦李，为人所弃**：晋代王戎年方七岁，与群儿戏于道旁。有李树多实，群儿竞相取之，唯王戎独不动。人问之，戎曰："树在道旁而多子，必苦李也。"人摘而尝之，果然。见《晋书·王戎传》。

3 **枯杨生稊**(tí)：《易·大过》："九二，枯杨生稊，老夫得其女妻。"旧时比喻老夫娶少妻或老年得子。稊，通"荑"，植物嫩芽。

4 **拔茅连茹**(rú)：《易·泰》："拔茅茹以其汇。"比喻志趣相同者互相引荐，擢用一人就连带引进许多人。茅，白茅，一种多年生的草；茹，植物根部互相牵连的样子。

5 **蒲柳之姿**：《世说新语》："蒲柳之姿，望秋而落；松柏之质，经霜弥茂。"故以喻人之早衰。

6 **姜桂之性**：生姜和肉桂，两种调味品，其味愈老愈辣。因用以比喻人到老来性格愈刚强。 **辛**：辣味。

7 **势如破竹**：《晋书·杜预传》："今兵威已振，譬如破竹，数节之后，皆迎刃而解。"后因以此形容作战或工作节节胜利，毫无阻碍。

8 **七雄**：指战国时秦、楚、燕、齐、韩、赵、魏七大强国。 **瓜分**：如切瓜一般，比喻分割或分配。

9 **“苻坚望阵”联：**东晋孝武帝太元八年，前秦苻坚率八十七万大军南下侵晋，晋相谢安、谢玄等率北府兵八万在淝水迎击，大败苻坚。这就是历史上有名的淝水之战。开始时，晋兵在洛涧（即洛河）大破秦军前哨，苻坚及弟苻融登上寿春城而望晋师，见列阵整齐，将士精锐，北望八公山上草木，皆类人形，以为都是晋兵，始有惧色。这就是“八公山上，草木皆兵”的由来。后以草木皆兵形容人因极度惊恐而疑神疑鬼。

10 **“索靖知亡”联：**《晋书·索靖传》：“靖有先识远量，知天下将乱，指洛阳宫门铜驼，叹曰：‘会见汝在荆棘中耳！’”索靖，西晋尚书，封关内侯；铜驼，铜铸的骆驼。后因以铜驼荆棘形容亡国后残破的景象。

原文

王祐知子必贵，手植三槐[1]；窦钧五子齐荣，人称五桂[2]。鉏麑触槐，不忍贼民之主[3]；越王尝蓼，必欲复吴之仇[4]。修母画荻以教子，谁不称贤[5]；廉颇负荆以请罪，善能悔过[6]。

译文

宋代王祐知道儿子将来一定显贵，便亲手在庭前种植了三棵槐树，后来次子王旦果真做了宰相；五代时窦钧有五个儿子，都先后登科做了大官，时人称之为燕山五桂。春秋时晋国力士鉏麑不忍心刺杀为民作主的好官赵盾，又不敢违抗灵公的命令，因而撞到槐树上自杀了；越王勾践受尽了吴国的耻辱，归国后吃着苦蓼，决心要向吴国报仇。宋代欧阳修家贫，四岁丧父，母亲就用芦秆在地上画字教他，时人都称赞他的母亲贤良；战国时赵国名将廉颇得知蔺相如为了国家利益而处处忍让后，便背负荆条登门请罪，廉颇的优点就在于能够自己悔过。

注释

1 **王祐：**北宋大臣，字景叔，大名莘县人。事宋太祖（赵匡胤）、太宗，官至兵部侍郎。王祐有大功于朝，不得相，于是手植三槐于庭曰：“吾之后世必有为三公者，此其所以志也。”后次子王旦于宋真宗时为宰相，王祐被追封为晋国公。见《宋史·王旦传》。**三槐**:《周礼·秋官·朝士》:“面三槐,三公位焉。”三槐本古代外朝所植的三棵槐树,三公位在其下。后为三公的代称。

2 **窦钧**:即窦禹钧。五代后晋涿州范阳人,与兄禹锡以词学名。有五子,名仪、俨、侃、偁、僖,都相继登科。冯道与禹钧为故交,尝赠诗云:“燕山窦十郎,教子以义方,灵椿一枝老,丹桂五枝芳。”时称窦氏五龙、燕山五桂。俗传五子登科,语本此。见《宋史·窦仪传》。

3 **鉏**(chú)**麑触槐**:春秋时,晋灵公无道,赵盾屡次进谏。灵公很讨厌,就派力士鉏麑去刺杀他。一天,赵盾盛服将朝,时尚早,坐而假寐。鉏麑叹曰:“不忘恭敬,民之主也。贼民之主,不忠;弃君之命,不信。有一于此,不如死也。”遂触庭槐自杀。见《左传·宣公二年》。

4 **越王尝蓼**(liǎo):春秋时,越王勾践被吴王夫差困于会稽,身称为臣,妻请为妾。后得归国,卧薪尝胆,励志复仇。《吴越春秋·勾践归国外传》:“越王念复吴仇非一旦也。劳身苦心,夜以接日,目卧则攻之以蓼,足寒则渍之以水,冬常抱冰,夏还握火。愁心苦志,悬胆于户,出入尝之。”蓼,一种苦草,有辛辣味。尝蓼以驱睡意。

5 **画荻教子**:宋代欧阳修四岁丧父,母亲韩国夫人郑氏,守节自誓,亲教子读书,家贫无纸笔,就用荻茎(芦苇秆)在地上画字学习。

6 **负荆请罪**:《史记·廉颇蔺相如列传》载,廉颇和蔺相如是战国时赵国的武将和文臣。廉颇因官位在蔺之下而不服,扬言见面时要羞辱他。从此蔺就处处忍让躲避。有人问其故,蔺说,如果两人发生冲突,就不利于国家。廉颇听说后,就背上荆条到蔺家请罪。后来就用负荆请罪表示完全承认错误,请求对方惩罚。荆,荆条,古时用作打人的刑具。

原文

弥子瑕常恃宠,将余桃以啖君[1];秦商鞅欲行令,使徙木

译文

春秋时卫灵公的幸臣弥子瑕,依仗国君的宠爱,曾把自己吃剩下来的桃子给卫灵公吃;战国时秦相商鞅要实行新的法令,又怕百姓不相信,就用高额赏金让人移动大木的办法来树立威信。西晋司徒王戎,家

原文	译文
以立信[2]。王戎卖李钻核，不胜鄙吝[3]；成王剪桐封弟，因无戏言[4]。	有好李，为了不让别人留种，出卖时便将李核钻穿，真是卑鄙吝啬到了极点；周成王年幼时，与弟弟叔虞一起游戏，成王将桐叶剪成玉版封赐弟弟，史官当即请成王择日再正式加封，因为天子无戏言，这样叔虞就被封为唐侯。

注释

1 **余桃以啖(dàn)君：**《韩非子·说难》载，春秋时，弥子瑕有宠于卫灵公。一天，弥子瑕与灵公游于果园，食桃而甘，不尽，弥子瑕以其半啖君，君曰："爱我哉！忘其口味以啖寡人。"及弥子瑕色衰爱弛，得罪于君。君曰："是固尝矫驾吾车，又尝啖我以余桃。"比喻爱憎喜怒无常。

2 **徙木以立信：**《史记·商君列传》载，战国时秦相商鞅实行变法，恐民不信，乃先在国都南门立三丈之木，募民能徙置北门者赐十金。民怪之，莫敢徙。又下令，能徙者赐五十金。后有一人徙之，即赐五十金，以示不欺。于是颁布新法，令行于民。比喻取信于民，言而有信。

3 **王戎卖李钻核：**西晋司徒王戎性极贪吝，家有好李，出卖时唯恐别人将种子留着栽植，因此常用钻子钻穿李核。见《世说新语·俭啬》。

4 **成王剪桐封弟：**《史记·晋世家》："武王崩，成王立，唐(诸侯国)有乱，周公诛灭唐。成王与叔虞(成王弟)戏，削桐叶为珪以与叔虞，曰：'以此封若。'史佚因请择日立叔虞。成王曰：'吾与之戏耳。'史佚曰：'天子无戏言。言则史书之，礼成之，乐歌之。'于是遂封叔虞于唐。"比喻帝王封赐臣民，言出必行。

原文	译文
齐景公以二桃杀三士[1]，杨再思谓莲花似六郎[2]。倒啖蔗，渐入佳境[3]；	春秋时，齐景公采纳相国晏婴的建议，用论功食桃的办法，将两个桃子赏赐给居功骄傲的公孙接、田开疆、古冶子三人，三人因争功食桃而相继自杀；唐高宗时，皇后武则天宠幸容貌俊美的六郎张宗昌，惯会谄媚的内史杨再思奉承说莲花似六郎。倒吃甘蔗，

蒸哀梨，大失本真[4]。煮豆燃萁，比兄残弟[5]；砍竹遮笋，弃旧怜新[6]。元素致江陵之柑[7]，吴刚伐月中之桂[8]。

越吃越甜，因此说是渐入佳境；哀姓家的梨子，本来味道鲜美，入口即消，但如果蒸一下再吃，味道就完全变了样，因此说是大失本真。煮豆燃萁，比喻兄长残害弟弟；砍竹遮笋，比喻弃旧爱新。唐代方士董元素有仙术，夜召江陵柑橘呈献宣宗；相传吴刚学仙有过，罚令砍伐月中桂树，但创口随砍随合，永远也砍不断。

注释

1 **二桃杀三士**：相传齐景公时，公孙接、田开疆、古冶子事奉景公，都以搏虎闻名于世，但都勇而无礼，恃功骄傲。齐相晏子劝景公除去此三人，于是设计让景公送去两个桃子，使三人论功食桃。三人互不相让，最终都弃桃自杀。见《晏子春秋·谏下》。后用以比喻借刀杀人。

2 **莲花似六郎**：唐代春官侍郎张昌宗，排行第六，小字六郎，容貌俊美，人称六郎貌似莲花，高宗后武则天幸之。内史杨再思为人奸佞谄媚，奉承曰："人言六郎面似莲花，再思以为莲花似六郎，非六郎似莲花也。"见《旧唐书·杨再思传》。

3 **倒啖蔗**：《晋书·顾恺之传》："恺之每食甘蔗，恒自尾至本，人或怪之。云：'渐入佳境。'"后即用以比喻兴味逐渐浓厚或境况逐渐好转。

4 **蒸哀梨**：南京有哀姓人家所产的梨子，大如升，味道甚美，入口即消，若蒸而食之，则失真味。后以此比喻不识货，糊里糊涂地糟蹋好东西。

5 **煮豆燃萁**：《世说新语·文学》："文帝（曹丕）尝令东阿王（曹植）七步中作诗，不成者行大法。应声便为诗曰：'煮豆持作羹，漉菽以为汁。萁在釜下燃，豆在釜中泣。本是同根生，相煎何太急！'帝深有惭色。"比喻骨肉相残。萁，豆茎。

6 **砍竹遮笋**：多指在爱情上或对事物喜爱不专一。

7 **元素致江陵之柑**：《异闻录》载，唐代方士董元素有仙术，自江南来，宣宗夜召与语曰："今南中柑橘正熟，卿能致之否？"元曰："请安一盒于御榻前。"数刻，有微风入帘，元素乃解其盒，柑满其中。奏曰："此江陵枝江县柑。”上尝之，惊叹不已。

8 **吴刚伐月中之桂：**段成式《酉阳杂俎·天咫》：“旧言月中有桂，有蟾蜍。故异书言，月桂高五百丈，下有一人，常斫之，树创随合。其人姓吴名刚，西河人，学仙有过，谪令伐树。”

原文

捐资济贫，当效尧夫之助麦[1]；以物申敬，聊效野人之献芹[2]。冒雨剪韭，郭林宗款友情殷[3]；踏雪寻梅，孟浩然自娱兴雅[4]。商太戊能修德，祥桑自死[5]；寇莱公有深仁，枯竹复生[6]。

译文

捐资周济贫困，就要像宋代范尧夫用麦舟资助石曼卿那样，鼎力而为；用物资表达敬意，就说是姑且效法乡下人献芹的诚意。冒雨剪韭菜，这是说东汉学者郭林宗款待朋友一片深情；踏雪寻梅花，这是说唐代诗人孟浩然自乐有雅兴。商朝帝王太戊能够修明德政，因此祥桑树便自己枯死；北宋宰相寇準有仁德，因此枯死的竹枝又长出一片嫩芽。

注释

1 **尧夫助麦：**宋朝范尧夫，系范仲淹次子，尝往东吴取租，得麦五百斛。舟次丹阳，遇石曼卿。曼卿曰：三丧浅土，欲葬而北归，无可与谋者。尧夫以麦舟济之。至家，仲淹曰：“东吴曾见故人乎？”曰：“有石曼卿者，因三丧未举，留滞丹阳。”仲淹曰：“何不以麦舟与之？”曰：“已付之矣。”事见释惠洪《冷斋夜话》。

2 **野人献芹：**《列子·杨朱》：“昔人有美戎菽、甘枲茎、芹萍子者，对乡豪称之。乡豪取而尝之，蜇于口，惨于腹。众哂而怨之，其人大惭。”后用献芹或芹献为自谦所献菲薄，不足当意之辞。

3 **冒雨剪韭：**东汉郭泰，字林宗，博通经典，居家教授，弟子至千人。林宗自种畦圃，友人范达夜至，自冒雨剪韭，作汤饼以供之。。

4 **踏雪寻梅：**明程羽文《诗本事·诗思》载，唐代诗人孟浩然，情怀旷达，尝冒雪骑驴以寻梅，称诗思在灞桥风雪中驴子背上。后以此形容诗人雅兴。

5 **祥桑自死**:《史记·殷本纪》:"帝太戊(商朝第十代帝王)立,伊陟为相。亳(国都)有祥桑榖(楮树)共生于朝,一暮大拱。帝太戊惧,问伊陟。伊陟曰:'臣闻妖不胜德。帝之政其有阙与?帝其修德。'太戊从之,而祥桑枯死而去。"后以此警诫帝王应修德。

6 **枯竹复生**:北宋宰相寇準(封莱国公),于真宗乾兴初贬雷州司户参军,道出公安,剪竹插神祠前祝曰:準之心若有负朝廷,此竹必不生;準若无负国家,此枯竹当再生。已而果然。见《宋史·寇準传》。

原文

王母蟠桃,三千年开花,三千年结子,故人借以祝寿诞[1];上古大椿,八千岁为春,八千岁为秋,故人托以比严君[2]。去稂莠,正以植嘉禾[3];沃枝叶,不如培根本[4]。世路之蓁芜当刬[5],人心之茅塞须开[6]。

译文

传说西王母的蟠桃,三千年开一次花,三千年结一次果,所以人们借用桃子来祝贺生日;相传上古时的大椿树,八千年为春季,八千年为秋季,所以希望父亲长寿的儿子就把它比作自己的父亲。除掉稂莠一类的杂草,正是为了扶持嘉禾;与其使枝叶肥美,倒不如去培植根本。人生路上类似蓁芜的艰难险阻,应当刬除;人们心中的茅塞,也需要疏通开来。

注释

1 **王母蟠桃**:《汉武帝内传》载,汉武帝生日,有一青鸟集于殿前,上问东方朔此何鸟,对曰:"此名青鸾,西王母所畜,预来传信,王母将至矣。"少刻王母果至,以玉盘奉桃七枚,王母自食二枚,以五枚与帝。帝欲留核种之。王母笑曰:"此桃三千年开花,三千年结子,非下土所植也。"

2 **上古大椿**:《庄子·逍遥游》:"上古有大椿者,以八千岁为春,八千岁为秋。"后因以长寿的大椿,象征父亲。 **严君**:《易·家人》:"家人有严君焉,父母之谓也。"后专以称父。

3 **稂莠**(láng yǒu):两种危害禾苗的杂草,亦比喻坏人。

4 **沃枝叶**:吴兢《贞观政要·论安边》载,唐太宗贞观四年,李靖大败突厥之后，诸部首领来归者多，皆拜为将军、中郎将，布列于朝廷，五品以上百余人，殆与朝士相半。凉州都督李大亮上疏曰："臣闻欲绥远者必先安近。中国百姓，天下根本；四夷之人，犹如枝叶。扰其根本以厚枝叶，而求其安，未之有也。"沃，使肥美，用作使动词。

5 **蓁(zhēn)芜**：荆棘杂草丛生。比喻人生道路上的各种艰难险阻。

6 **茅塞**：被茅草堵塞。比喻思路不通或愚昧无知，需有人开导。多用为谦词。

图书在版编目(CIP)数据

幼学琼林/曹日升导读注译. —长沙:岳麓书社,2020.4

(古典名著普及文库)

ISBN 978-7-5538-0945-8

Ⅰ.①幼… Ⅱ.①曹… Ⅲ.①古汉语—启蒙读物②《幼学琼林》—注释③《幼学琼林》—译文 Ⅳ.①H194.1

中国版本图书馆CIP数据核字(2018)第215814号

YOUXUE QIONGLIN

幼学琼林

导读注译:曹日升

责任编辑:孙世杰

责任校对:舒 舍

封面设计:罗志义

岳麓书社出版发行

地址:湖南省长沙市爱民路47号

直销电话:0731-88804152 0731-88885616

邮编:410006

岳麓书社网址:www.yueluhistory.com

2020年4月第1版第1次印刷

开本:890mm×1240mm 1/32

印张:10

字数:297千字

ISBN 978-7-5538-0945-8

定价:28.00元

承印:湖南众鑫印务有限公司

如有印装质量问题,请与本社印务部联系

电话:0731-88884129